ESTADO E FEDERALISMO NO CONTEXTO DA ELABORAÇÃO DOS PLANOS MUNICIPAIS DE EDUCAÇÃO EM GOIÁS

Catalogação na Fonte
Elaborado por: Josefina A. S. Guedes
Bibliotecária CRB 9/870

A474e 2024

Alves, Edson Ferreira
Estado e federalismo no contexto da elaboração dos planos municipais de educação em Goiás / Edson Ferreira Alves. - 1. ed. - Curitiba: Appris, 2024.
320 p. : il. ; 23 cm. (Coleção Educação. Políticas e Debates).

Inclui referências
ISBN 978-65-250-6048-4

1. Educação. 2. Plano municipal de educação 3. Federalismo. 4. Plano Nacional de Educação (Brasil). I. Alves, Edson Ferreira. II. Título. III. Série.

CDD - 370

Livro de acordo com a normalização técnica da ABNT

Appris editora

Editora e Livraria Appris Ltda.
Av. Manoel Ribas, 2265 - Mercês
Curitiba/PR - CEP: 80810-002
Tel. (41) 3156 - 4731
www.editoraappris.com.br

Printed in Brazil
Impresso no Brasil

Edson Ferreira Alves

ESTADO E FEDERALISMO NO CONTEXTO DA ELABORAÇÃO DOS PLANOS MUNICIPAIS DE EDUCAÇÃO EM GOIÁS

Ao mestre Paulo Freire.

À escola pública, básica e superior, gratuita, laica e de qualidade social, instituição fundamental para a formação de cidadãos críticos.

A todos(as) professores(as) que em tempos sombrios acreditam que a Educação é uma das chaves para construção de novas concepções de mundo, nas quais imperam a justiça e a humanidade.

Aos(às) meus(minhas) familiares, amigos(as) e companheiros(as) de trabalho, pela confiança, incentivo, credibilidade e esperança.

DEDICO

AGRADECIMENTOS

À Universidade Federal de Goiás pela acolhida, espaço de formação do pensamento crítico, autônomo e espaço de mobilização social. Em especial aos(às) professores(as) doutores(as) Diane Valdez, João Ferreira de Oliveira, João Roberto Resende Ferreira, Lúcia Maria de Assis, Luís Gustavo Alexandre da Silva, Luiz Fernandes Dourado, Maria Margarida Machado, Miriam Fábia Alves, Nelson Cardoso Amaral, Ricardo Antônio Gonçalves Teixeira e Sandra Valéria Limonta Rosa.

Agradecimento aos professores doutores Nelson Cardoso Amaral e Luiz Fernandes Dourado pelo aceite à redação do prefácio desta obra.

Aos(às) companheiros e companheiras da Secretaria Municipal de Educação e do Conselho Municipal de Educação de São Luís de Montes Belos e da Secretaria de Estado da Educação de Goiás.

Aos sujeitos participantes da pesquisa que, sem sua anuência, não teria como este trabalho ser materializado. Em particular, agradecimento às Secretarias Municipais de Educação de Itaberaí, Luziânia, Minaçu, São Miguel do Araguaia e Silvânia.

Especialmente, agradeço aos(às) meus(minhas) familiares, aos(às) companheiros(as) de jornada, aos(às) meus(minhas) amigos(as) que comigo estiveram em cada momento de aprendizagens, de angústias, de alegrias. Opto por não citar-lhes os nomes por considerar muito mais significativas as vibrações de pensamento como prova ilimitada de carinho e gratidão.

Art. 8º. Os estados, o Distrito Federal e os municípios deverão elaborar seus correspondentes planos de educação, ou adequar os planos já aprovados em lei, em consonância com as diretrizes, metas e estratégias previstas neste PNE, no prazo de um ano da publicação desta lei. [...]

§ 2º. Os processos de elaboração e adequação dos planos de educação dos estados, do Distrito Federal e dos municípios, de que trata o caput deste artigo, serão realizados com ampla participação de representantes da comunidade educacional e da sociedade civil.

(Lei n.º 13.005/2014. PNE 2014-2024)

PREFÁCIO

ESTADO E FEDERALISMO NO CONTEXTO DA ELABORAÇÃO DOS PLANOS MUNICIPAIS DE EDUCAÇÃO EM GOIÁS

A elaboração de planos decenais para a educação de um país, sejam eles em qualquer nível de sua estrutura federativa, exige que se defina uma metodologia de ação que conte com o envolvimento da diversidade existente na sociedade devido à complexidade inerente ao processo educacional da população. A presença dessa diversidade se concretiza na participação dos diversos setores da sociedade que se organizam para a disputa de quais princípios, fundamentos, diretrizes, metas e proposições estarão presentes no plano a ser elaborado.

A discussão sobre a efetivação desse processo é o tema deste importante estudo realizado por Edson Ferreira Alves que analisou os processos de elaboração de Planos Municipais de Educação (PMEs) de cinco municípios goianos, atingindo as cinco mesorregiões do Estado de Goiás: Itaberaí, Luziânia, Minaçu, São Miguel do Araguaia e Silvânia. Para realizá-lo o autor estruturou uma forte fundamentação teórica e uma arrojada metodologia que exigiu muita disciplina e rigor acadêmico, viagens aos municípios e intensa obtenção de informações sobre o processo implementado. Foram realizadas entrevistas com os coordenadores das comissões que elaboraram os PMEs e a aplicação de questionários aos demais membros da comissão, além de compilar portarias, decretos, atas, relatórios e o próprio PME aprovado. Como anota o autor, ao apresentar a fundamentação teórica utilizada, "o conceito de Estado integral formulado por Gramsci foi o escolhido para, à luz desse referencial, empreender a análise dos processos de elaboração dos planos de educação enquanto arenas de debates, pactuações, contradições e consensos entre sociedade política e sociedade civil, num contexto em que os grupos vinculados e estas se tornam cada vez mais robustos e influenciando a ação dos governos".

O desenho arrojado do estudo implementado só foi possível devido à riqueza da trajetória profissional de Edson Ferreira que por duas décadas atuou como professor na Rede Municipal de Ensino de São Luís de Montes Belos e na Rede Estadual de Goiás. Nesse período o autor, como Coordenador Geral do Departamento Pedagógico da Secretaria Municipal de São Luís de Montes Belos, teve sob sua responsabilidade a condução do processo de elaboração do Plano Estratégico da Secretaria e do primeiro Projeto Político-Pedagógico para a rede municipal e coordenou a elaboração do I Minicenso Educacional de São Luís dos Montes Belos, além de estar à frente da realização da I Conferência Municipal de Educação, em 2008, que teve como objetivo central a elaboração participativa do PME vinculado ao Plano Nacional de Educação aprovado para o decênio 2001-2010.

Essa rica experiência permitiu construir um percurso investigativo com importantes indagações debatidas durante a pesquisa, que resultou no livro elaborado pelo Edson. As questões formuladas foram as seguintes: "1. Qual a concepção de Estado que fundamenta a pesquisa? 2. Quais os principais marcos legais e documentais do planejamento educacional brasileiro no período republicano. 3. Como se deu a organização dos municípios-campo para o processo de elaboração dos PMEs? De que forma as relações interfederativas foram sendo constituídas? 4. Como se deu o processo de elaboração e de aprovação dos PMEs nos municípios-campo, com foco na composição, objetivos e trabalho desenvolvido pelas comissões designadas especificamente para essa tarefa? 5. Qual a percepção dos sujeitos envolvidos quanto ao processo de elaboração dos PMEs e em relação aos planos aprovados em forma de lei?".

Destacando alguns resultados da pesquisa, respondendo ao conjunto de perguntas, pode-se afirmar que: a) "Apesar de a pesquisa abranger municípios com indicadores educacionais, demográficos e socioeconômicos distintos, a condução dos processos que cada um empreendeu para a elaboração do PME os aproxima, o que evidencia o fato de que receberam orientações padronizadas por meio do arranjo Sase/Undime/município"; b) "a assumência da coordenação local dos trabalhos por profissionais da educação experientes no campo do planejamento educacional, servidores efetivos e lotados nas Secretarias Municipais de Educação, indicando a centralização nas mãos da sociedade política"; c) "Quanto à composição das comissões, constatou-se que a proposição nos decretos e portaria de nomeação não se efetivaram na prática"; d) "Os profissionais da educação municipal foram os sujeitos que mais participaram dos processos, evidenciando uma baixa participação de demais instituições ou organizações da sociedade civil, o que provoca questionamentos quanto à pluralidade necessária para a produção de um documento que se propunha na envergadura para toda a Educação do município"; e) "Todavia, é necessário problematizar quanto ao conceito de participação que, dadas as marcas patrimoniais e clientelistas que se fazem presentes na gestão das municipalidades, se manifesta muitas vezes de forma tutelada, restrita e funcional, distanciando-se da gestão democrática e qualificada que tanto foi defendida na Constituinte e que se fez presente no texto da Carta de 1988. Nesse sentido, os dados expostos indicaram que a ampla participação com representação da sociedade civil e comunidade escolar, nos termos da Lei n.º 13.005/2014, não se deu em sua plenitude"; f) "em praticamente quatro meses foi um tempo exíguo para uma tarefa de tamanha envergadura, o que contribuiu para aligeirar os trâmites, centralizar os trabalhos em poucas mãos, principalmente da sociedade política, e desestimular a participação da sociedade civil, mesmo quando alguns municípios adotaram a realização de reuniões temáticas segundo os conteúdos da metas do PNE 2014-2024"; g) "os PMEs-Leis não tiveram publicidade à altura, pois esse movimento ficou centrado a sítios eletrônicos e a cópias impressas enviadas somente às unidades da RME. Isso indica que não foi dada a divulgação necessária para que a sociedade civil e também a sociedade política se apropriassem do Plano-Lei, o que poderia favorecer o conhecimento do seu conteúdo e de suas possíveis implicações". O autor implementa ainda uma importante reflexão geral sobre o estudo ao afirmar que, "Todavia, à luz do referencial teórico gramsciano utilizado, entender-se-á um processo realmente democrático se os demais sujeitos, principalmente aqueles vinculados à sociedade civil, assumirem a condição de dirigentes e dominantes dos trabalhos, podendo disseminar sua hegemonia por meio das relações estabelecidas e expressando-a nos documentos finais".

Deixamos para o leitor do excelente estudo produzido por Edson Ferreira Alves, incluindo a reflexão de que os "esforços empreendidos constituem-se em importantes movimentos político-educativos, contribuindo para que as dinâmicas estabelecidas nos cenários locais sejam entendidas e analisadas como processos históricos que visam, na medida em que articulam sociedade política e sociedade civil, na construção e defesa de novas concepções de mundo".

Este livro é lançado em boa hora uma vez que se discute a elaboração de um novo Plano Nacional de Educação para o período 2024-2034 no âmbito dos poderes Executivo e Legislativo, após a realização de uma exitosa e democrática Conferência Nacional de Educação no início do ano de 2024. Isto exigirá, após a aprovação do PNE, um novo processo de elaboração dos planos estaduais, distrital e municipais de educação e as reflexões e conclusões apresentadas pelo autor podem colaborar para o aprimoramento da participação da sociedade civil e política nas elaborações e na materialização dos novos planos subnacionais.

Este estudo se constitui em uma referência, tanto no planejamento de políticas públicas, sobretudo na política educacional, quanto na análise da participação da sociedade civil e política na construção de planos de educação. Além disso, Edson Ferreira Alves, por este estudo, se constitui, hoje, em uma referência obrigatória ao se discutir sobre o processo de elaboração de planos de educação para que seja o resultado de um processo participativo, democrático e que resulte em efetivas ações para a melhoria educacional brasileira.

Goiânia, 15 de março de 2024.

Luiz Fernandes Dourado
ANPAE

Nelson Cardoso Amaral
FINEDUCA

APRESENTAÇÃO

Planejar é ação inerente ao ser humano. O termo remete-nos à estratégia e ao processo que visam estabelecer uma linha coerente e racional de ação dos sujeitos, sejam individuais ou coletivos, governamentais ou não. Vincula-se, pois, à delimitação de um dado projeto. Assim, dentre os primeiros objetivos do planejamento, está o de garantir coerência e coesão para a execução da área a que se propõe planejar. Como produto da ação de planejar, os planos se situam como os documentos materiais nos quais são sistematizados os fundamentos, os fins, as metas e as estratégias a serem implementadas no prazo determinado, sendo submetidos ainda às linhas de monitoramento do processo de materialização e de avaliação dos resultados.

Desse conceito geral e abstrato, surge a questão: mas por que planejar? O ato de planejar é inerente à ação humana sobre a natureza e a própria sociedade, por meio do qual constituiu suas civilizações, desenvolveu a ciência, fez história. É a partir dessa concepção que se propôs este estudo, por entender-se que o planejamento é a via pela qual se pode garantir, nos termos utilizados por Sander (1995), eficácia, eficiência, efetividade e relevância à ação humana, principalmente quando se trata de sujeitos coletivos e mais ainda quando se refere ao fazer do estado na definição e implementação das políticas públicas.

Esta pesquisa, desenvolvida no âmbito da linha de pesquisa *Estado, Política e História da Educação*, perpassa por três dimensões: a definição de um conceito de estado como marco referencial orientador da análise; a compreensão do objeto enquanto materialização da política educacional no âmbito do município a partir das emanações do Plano Nacional de Educação; e a concepção histórica que contribui para se compreender o contexto e as dimensões mais amplas, de projetos de sociedade em disputa, na perspectiva de que o modelo de planejamento atual adotado pelos entes federados carrega as marcas do "Estado planejador" e vem se consolidando no âmbito da definição da agenda pública educacional, principalmente a partir do modelo federativo adotado pós-Constituição Federal de 1988 (CF/1988).

A estrutura capitular do presente livro é composta de três partes, mais esta Introdução e as Considerações Finais. O Capítulo 1, "Estado, planejamento e federalismo: fundamentos norteadores da pesquisa", cumpre o objetivo de marcar os referenciais que fundamentam e norteiam as análises a partir da definição do conceito de estado integral formulado por Antonio Gramsci. Parte-se da perspectiva apontada por Dourado (2010) de que, para a compreensão das políticas educacionais, faz-se fundamental situar a concepção de estado.

A partir dessa definição, busca-se analisar as categorizações de políticas de governo e políticas de estado, situando os planos de educação em cada uma delas, ampliando as discussões para a definição do planejamento educacional enquanto ação do estado frente aos desafios sociais postos a enfrentar. Em seguida, são destacadas as variações de tipologias do planejamento governamental que, de certa forma, influenciaram e algumas estão presentes no modelo de planejamento adotado pelo estado brasileiro. No encerramento do Capítulo, discute-se a configuração do federalismo brasileiro pós-Constituição Federal de 1988 que atribuiu aos municípios a condição de ente federado autônomo, trazendo importantes implicações para a gestão e o planejamento educacional do estado brasileiro, fortemente marcado por relações patrimonialistas e dependência em relação à União.

O Capítulo 2, "Planejamento educacional no Brasil: entre planos, marcos legais e movimentos histórico-políticos", tem como função situar a política de planejamento municipal de educação em um contexto mais amplo a partir do relato historiográfico da adoção do planejamento como ação do estado brasileiro, materializado nos diversos momentos históricos pós-República (1889) na forma de planos, decretos, leis e outros. Nesse capítulo, é possível perceber como nos mais de 100 anos de República, o planejamento foi utilizado, nas palavras de Saviani (2016a), como estratégias pensadas para impor determinado tipo de racionalidade ao funcionamento do estado e na definição das políticas públicas. Além da compreensão histórica relativa ao processo de elaboração do planejamento educacional no Brasil, ainda são expostos e discutidos indicadores quanto ao cumprimento de responsabilidades dos entes subnacionais na aprovação de seus respectivos planos de educação, principalmente a partir da vigência do PNE 2001-2010 e do PNE 2014-2024. Nesses meandros, retoma-se a questão do federalismo no campo educacional, tomando-se como referência para elaboração dos PMEs sob a vigência do PNE 2014-2024, o papel desempenhado pelo Ministério da Educação por meio da Sase, em arranjo interfederativo instituído com a Undime.

O Capítulo 3, intitulado "A elaboração dos Planos Municipais de Educação: o campo, sujeitos, gestão, participação e percepções", objetiva apresentar e analisar os dados da pesquisa empírica realizada nos cinco municípios-campo e que abordou, além dos documentos, as vozes dos participantes, mais precisamente mais de 85% dos sujeitos que efetivamente participaram das comissões de elaboração dos Planos Municipais. No início do capítulo, são apresentados o histórico, os indicadores e a localização dos municípios-campo, acompanhados do perfil dos sujeitos-participantes das fases qualitativa (entrevistas semiestruturada) e quantitativa (questionários). Também são identificados os documentos localizados. Os dados foram agrupados em três eixos temáticos: 1) estrutura, composição e funcionamento das comissões; 2) processo participativo e gestão; e 3) percepção dos sujeitos sobre o PME elaborado. Por meio da exposição e análise dos dados, mesclando informações qualitativas e quantitativas, buscou-se contribuir com o campo científico, considerando-se o desenho da pesquisa, ao agrupar esses dados e vinculá-los a condicionantes mais amplas.

Nas "Considerações Finais" são feitas as sínteses possíveis (e, também, provisórias) das análises, com o objetivo de convergir os dados quantitativos e qualitativos em seus apontamentos, no sentido de deixar contribuições para o campo, bem como apontar lacunas que ainda podem ser percorridas na investigação científica, pois este trabalho não tem a ambição de esgotar a compreensão de toda a complexidade que se faz presente nas dinâmicas municipais de planejamento da Educação, sendo fundamental se debruçar, a partir de então, nas investigações sobre a materialização, ou não, dos PMEs nas diversas localidades.

LISTA DE ABREVIATURAS E SIGLAS

ABE	Associação Brasileira de Educação
Abmes	Associação Brasileira de Mantenedoras de Ensino Superior
Abraes	Associação Brasileira para o Desenvolvimento da Educação Superior
Abrafi	Associação Brasileira das Mantenedoras das Faculdades Isoladas e Integradas
Abrasf	Associação Brasileira das Secretarias de Finanças das Capitais
Abrat	Associação Brasileira de Empresas de Tecnologia da Informação
Abruc	Associação Brasileira das Universidades Comunitárias
Anaceu	Associação Nacional dos Centros Universitários
Andes-SN	Sindicato Nacional dos Docentes das Instituições de Ensino Superior
Andifes	Associação Nacional dos Dirigentes das Instituições Federais de Ensino Superior
Anec	Associação Nacional de Educação Católica do Brasil
Anfope	Associação Nacional pela Formação dos Profissionais da Educação
Anpae	Associação Nacional de Política e Administração da Educação
Anped	Associação Nacional de Pós-Graduação e Pesquisa em Educação
Anup	Associação Nacional das Universidades Particulares
Apae	Associação de Pais e Amigos dos Excepcionais
APO	Administração por Objetivos
BM	Banco Mundial
CAE	Comissão de Assuntos Econômicos
CAQ	Custo Aluno Qualidade
CAQi	Custo Aluno-Qualidade Inicial
CCE	Educação, Cultura e Esporte
CCJ	Constituição, Justiça e Cidadania do Senado Federal
Cedac	Centro de Educação e Documentação para Ação Comunitária
Cedes	Centro de Estudos Educação e Sociedade
Cenpec	Centro de Estudos e Pesquisas em Educação, Cultura e Ação Comunitária
Cepal	Comissão Econômica para a América Latina e o Caribe

CF	Constituição Federal
CFE	Conselho Federal de Educação
CGT	Comando Geral dos Trabalhadores
CME	Conselho Municipal de Educação
CNBB/MEB	Conferência Nacional dos Bispos do Brasil/Movimento Educação de Base
CNE	Conselho Nacional de Educação
CNI	Confederação Nacional da Indústria
CNM	Confederação Nacional dos Municípios
CNMB	Confederação Nacional das Mulheres do Brasil
CNTE	Confederação Nacional dos Trabalhadores em Educação
Conae	Conferência Nacional de Educação
Coned	Congresso Nacional de Educação
Confenen	Confederação Nacional dos Estabelecimentos de Ensino
Consed	Conselho Nacional de Secretários de Educação
Contee	Confederação Nacional dos Trabalhadores em Estabelecimentos de Ensino
Coplan	Comissão Nacional de Planejamento
Copled	Comissão de Planejamento da Educação
Crece	Coordenação Regional Estadual de Educação
Crub	Conselho de Reitores das Universidades Brasileiras
CUT	Central Única dos Trabalhadores
DF	Distrito Federal
EC	Emenda Constitucional
EJA	Educação de Jovens e Adultos
Fasubra	Federação de Sindicato de Trabalhadores Técnico-Administrativos das Instituições de Ensino Superior Públicas
FCC	Fundação Carlos Chagas
Fenapaes	Federação Nacional das Apaes
Feneis	Federação Nacional de Educação e Integração dos Surdos
Fenep	Federação Nacional das Escolas Particulares
FHC	Fernando Henrique Cardoso
Fineduca	Associação Nacional de Pesquisa em Financiamento da Educação
FME	Fórum Municipal de Educação
FMI	Fundo Monetário Internacional
FNCE	Fórum Nacional dos Conselhos Estaduais de Educação
FNDE	Fundo Nacional de Desenvolvimento da Educação

FNDEP	Fórum Nacional em Defesa da Escola Pública
FNE	Fórum Nacional de Educação
Fundeb	Fundo de Manutenção e Desenvolvimento da Educação Básica e de Valorização dos Profissionais da Educação
Fundef	Fundo de Manutenção e Desenvolvimento do Ensino Fundamental e de Valorização do Magistério
IBGE	Instituto Brasileiro de Geografia e Estatística
Ideb	Índice de Desenvolvimento da Educação Básica
Inep	Instituto Nacional de Estudos e Pesquisas Educacionais Anísio Teixeira
Insper	Instituto de Ensino e Pesquisa
LDB	Lei de Diretrizes e Bases da Educação Nacional
MEC	Ministério da Educação
Mesp	Ministério dos Negócios da Educação e Saúde Pública
Mieib	Movimento Interfóruns de Educação Infantil do Brasil
OAB	Ordem dos Advogados do Brasil
OEA	Organização dos Estados Americanos
PAC	Programa de Aceleração do Crescimento
PAR	Plano de Ações Articuladas
PCI	Partido Comunista Italiano
PDE	Plano de Desenvolvimento da Educação
PDE-Escola	Plano de Desenvolvimento da Escola
PDEpT	Plano Decenal de Educação para Todos
PEE	Plano Estadual de Educação
PES	Planejamento Estratégico Situacional
PES-SME	Planejamento Estratégico da Secretaria de Educação
PIB	Produto Interno Bruto
PL	Projeto de Lei
PLC	Projeto de Lei da Câmara
PME	Plano Municipal de Educação
PND	Plano Nacional de Desenvolvimento
PND/NR	Plano Nacional de Desenvolvimento da Nova República
PNE	Plano Nacional de Educação

PNUD	Programa das Nações Unidas para o Desenvolvimento
PPP	Projeto Político-Pedagógico
Proifes	Federação de Sindicatos de Prof. de Instituições Federais de Ensino Superior
PSEC	Plano Setorial de Educação e Cultura
PSECD	Plano Setorial de Educação, Cultura e Desporto
PSI	Partido Socialista Italiano
Qual	Qualitativo
Quant	Quantitativo
REE	Rede Estadual de Ensino
RME	Rede Municipal de Ensino
Sase	Secretaria de Articulação com os Sistemas de Ensino
SBPC	Sociedade Brasileira para o Progresso da Ciência
Sintego	Sindicato dos Trabalhadores em Educação de Goiás
SMAraguaia	São Miguel do Araguaia
SME	Secretaria Municipal de Educação
SNE	Sistema Nacional de Educação
SRI	Secretaria de Relações Institucionais
TCLE	Termo de Consentimento Livre e Esclarecido
Ubes	União Brasileira dos Estudantes Secundaristas
UEG	Universidade Estadual de Goiás
Uncme	União Nacional dos Conselhos Municipais de Educação
Undime	União Nacional dos Dirigentes Municipais de Educação
UNE	União Nacional dos Estudantes
Unesco	Organização das Nações Unidas para Educação, Ciência e Cultura
Unicef	Fundo das Nações Unidas para a Infância

SUMÁRIO

INTRODUÇÃO

O planejamento educacional como política de estado foi definido pelos constituintes de 1988 como importante estratégia do Poder Público. A partir desse contexto, pensar o planejamento como "o estado em ação" requer identificar como essa política ganha materialidade no arranjo federativo e como as comunicações e implicações inerentes a ele são capazes de mobilizar a sociedade política e sociedade civil na definição de uma agenda articulada entre União, estados e municípios para a Educação brasileira, considerando-se o cenário de assimetrias, desigualdades e diversidade do desenho nacional.

Feitas tais considerações iniciais, esta obra tem como objetivo geral investigar como se deu o processo de elaboração dos Planos Municipais de Educação (PMEs) em cinco municípios goianos (Itaberaí, Luziânia, Minaçu, São Miguel do Araguaia e Silvânia), mediante o envolvimento de sociedade política e sociedade civil na definição da agenda educacional desses entes subnacionais. Com isso, elegeu como objeto o trabalho desenvolvido pelas comissões de elaboração dos PMEs para cumprir tal demanda determinada na Lei Nacional n.º 13.005, de 25 de junho de 2014, que aprovou o Plano Nacional de Educação 2014-2024 (PNE).

Esse tema se vincula à própria trajetória profissional do pesquisador/doutorando, que, em duas décadas de trabalhos prestados ao serviço público como professor efetivo das Redes Municipal de Ensino (RME) de São Luís de Montes Belos (RME) e Estadual (REE) de Goiás, teve seu primeiro contato com experiências de planejamento em âmbito de gestão, ao assumir no começo dos anos 2000 a coordenação geral do Departamento Pedagógico da Secretaria Municipal de Educação (SME) daquele munícipio, ficando sob sua responsabilidade articular os outros atores para a elaboração do primeiro Projeto Político-Pedagógico (PPP) para a RME. A essa experiência somaram-se outras como a elaboração do Planejamento Estratégico da Secretaria (PES-SME), a formação de gestores para a elaboração dos Planos de Desenvolvimento da Escola (PDE-Escola) e a participação no grupo de sistematização do Plano de Ações Articuladas (PAR). Contudo, a experiência mais significativa foi a de coordenação do I Minicenso Educacional de São Luís de Montes Belos (2008) e da I Conferência Municipal de Educação (2008), que teve como objetivo central a elaboração participativa do primeiro Plano Municipal de Educação, materializado na Lei Municipal n.º 1.746, de 17 de setembro de 2008, vinculado à vigência do PNE 2001-2010, Lei Nacional n.º 10.172, de 9 de janeiro de 2001. Essa experiência de coordenação em particular propiciou uma significativa e ímpar aprendizagem em relação ao exercício do planejamento enquanto política de gestão e, principalmente, pela ausência de ações de semelhante envergadura no âmbito daquele munícipio até aquele período.

Com a aprovação do novo PNE para o decênio 2014-2024, Lei Nacional n.º 13.005, de 25 de junho de 2014, o desafio foi posto aos entes subnacionais ao estabelecer, em seu artigo 8º, que esses teriam o prazo de um ano para a elaboração dos respectivos planos de educação, envolvendo ampla participação da comunidade educacional e da sociedade civil:

> Art. 8º. Os estados, o Distrito Federal e os municípios **deverão elaborar seus correspondentes planos de educação**, ou adequar os planos já aprovados em lei, em consonância com as diretrizes, metas e estratégias previstas neste PNE, **no prazo de um ano** da publicação desta lei.
>
> § 1º Os entes federados estabelecerão nos respectivos planos de educação estratégias que:
>
> I - assegurem a articulação das políticas educacionais com as demais políticas sociais, particularmente as culturais;
>
> II - considerem as necessidades específicas das populações do campo e das comunidades indígenas e quilombolas, asseguradas a equidade educacional e a diversidade cultural;
>
> III - garantam o atendimento das necessidades específicas na educação especial, assegurado o sistema educacional inclusivo em todos os níveis, etapas e modalidades;
>
> IV - promovam a articulação interfederativa na implementação das políticas educacionais.
>
> § 2º. Os processos de elaboração e adequação dos planos de educação dos estados, do Distrito Federal e dos municípios, de que trata o *caput* deste artigo, serão realizados **com ampla participação de representantes da comunidade educacional e da sociedade civil**. (BRASIL, 2014a, grifos nossos).

Estando em sala de aula como professor regente, a participação do presente pesquisador no processo de elaboração do novo PME (2015) sob a vigência do PNE 2014-2024 foi mais tímida; porém buscou-se contribuir e acompanhar os movimentos da RME, principalmente na audiência pública de apresentação do novo PME (2015). Entre as críticas feitas ao processo por diversas pessoas presentes na audiência pública, inclusive por este pesquisador, destacou-se a centralização nas mãos da SME, com pouco envolvimento da sociedade civil, evidenciada com a não convocação da Conferência Municipal de Educação, bem como a não utilização do PME de 2008 como referência para elaboração do novo plano, a despeito da indicação na lei nacional da possibilidade de revisão dos planos existentes e ainda vigentes. Esse processo provocou inquietações substantivas neste pesquisador, o que o levou a questionar como teria sido o movimento de elaboração dos PMEs no contexto do PNE 2014-2024 em outros municípios, surgindo daí o desejo de responder à essa indagação aprofundando a investigação por meio da pesquisa científica, com os critérios que essa exige.

Outro aspecto importante a ser mencionado quanto à relação do pesquisador com o objeto refere-se ao seu interesse particular, enquanto profissional de educação de carreira de uma RME, em investigar os processos educacionais em âmbito municipal, entendendo que é desse lugar de fala onde as políticas, mesmo as pensadas em planos nacional ou estadual, de fato são materializadas ou não, seja parcial ou integralmente. Trabalha-se com a perspectiva de que as políticas educacionais se não forem de fato incorporadas nas agendas municipais, dificilmente sairão do campo da proposição com a eficiência, efetividade, eficácia e relevância desejada, principalmente se levarmos em consideração o arranjo federativo instituído com a CF/1988. Convém, pois, buscar compreender se os processos da relação interfederativa, num contexto de não regulamentação do regime de colaboração, se impõem em vias de descentralização qualificada ou de desconcentração de responsabilidades, sendo essa associada à negação de recursos e de autonomia. Todavia, há de se ressaltar que existem políticas públicas que não chegam ao âmbito municipal, pois se destinam aos níveis federal e estadual em termos de gestão, a exemplo das redes de educação superior mantidas por esses entes.

Entende-se por descentralização qualificada o processo no qual o ente federal exerce as matérias que lhes são competência própria, ou mesmo aquelas comuns, de forma cooperativa e colaborativa, utilizando-se os termos constitucionais, em relação às demais competências dos outros entes federados (CRUZ, 2012; DOURADO, 2013, 2016a). Assume, pois, a União o exercício da coordenação da política nacional, respeitando as prerrogativas de estados e municípios e cuidando também para a minimização das assimetrias regionais, o que é um grande desafio em termos de Brasil, país onde as desigualdades manifestam-se de forma sistêmica. Logo, na descentralização qualificada não há recentralização das políticas pelo governo federal (CRUZ, 2012; THÉRET, 1998), pois, caso isso ocorra, pode assumir características de desconcentração. Segundo Casassus (1981, p. 17), a descentralização é processo em que se procura garantir o poder local, enquanto a desconcentração visa reforçar o poder central, assim, "a desconcentração refletiria um movimento 'de cima para baixo' e a descentralização um movimento 'de baixo para cima'". Nesse sentido, a desconcentração opõe-se à descentralização qualificada.

A partir dessas perspectivas e motivações elencadas, entende-se a promulgação da Emenda Constitucional n.º 59/2009 (EC) como um dos mais relevantes legados das gestões Lula da Silva (2003-2010) para o setor educacional, que, nas palavras de Bordignon (2014), conferiu nova centralidade ao planejamento educacional na medida em que atribuiu ao Plano Nacional de Educação o papel fulcral na definição das políticas públicas, determinando, inclusive, a necessidade de vincular recursos financeiros equivalentes a um percentual do Produto Interno Bruto (PIB) na área e estabelecendo o prazo decenal como política a longo prazo, que extrapola mais de uma gestão governamental.

Sob esse ordenamento legal, foi aprovado, em 2014, o Plano Nacional de Educação 2014-2024 que estabelece 14 artigos, 20 metas e 254 estratégias para a Educação nacional visando ao acesso, à ampliação, à equidade, à qualidade, à valorização, à gestão democrática e à ampliação do investimento público. No corpo da Lei, artigo 8º, como citado anteriormente, foi determinado que estados, Distrito Federal e municípios teriam o prazo de um ano para aprovarem seus respectivos planos de educação em consonância com o Plano Nacional. Cinco anos após a aprovação do PNE, o Brasil conta com 99,95% de municípios com Planos Municipais de Educação aprovados em lei (ver Tabela 3), ou seja, como primeira hipótese, o PNE vigente provocou importantes movimentos nos cenários municipais, colocando a Educação e o seu planejamento decenal na agenda do estado, ou seja, da sociedade civil e da sociedade política.

Nesse contexto, como problematização, indaga-se: os Planos Municipais de Educação configuram-se, no campo da elaboração e da proposição, como políticas de estado, construídos com ampla participação da sociedade civil e da sociedade política, com potencialidade para se tornarem, nos termos utilizados por Dourado (2017), o epicentro das políticas públicas educacionais locais? Para responder à essa pergunta, a pesquisa elegeu como objetivo geral historicizar o processo de elaboração/produção dos PMEs em Goiás (2014-2015) no contexto dos municípios-campo selecionados para composição do presente estudo de caso (Itaberaí, Luziânia, Minaçu, São Miguel do Araguaia e Silvânia). Buscou-se apreender as vozes dos sujeitos envolvidos nesse processo e analisar os documentos correlatos, a fim de constituir um cenário e sua coadunação ao que estabelece o artigo 8º da Lei n.º 13.005/2014. Logo, objetivou-se investigar como se efetivou o processo de elaboração dos Planos Municipais de Educação em cinco municípios do estado de Goiás, considerando a contradição entre autonomia e dependência dos municípios frente às políticas de planejamento educacional em relação ao governo federal, concentrando a pesquisa nas vozes dos sujeitos participantes das comissões de elaboração dos PMEs, constituídas com segmentos vinculados à sociedade política e à sociedade civil.

Com fins didáticos de estruturação da pesquisa, firmaram-se como questões norteadoras deste estudo:

1. Qual a concepção de estado que fundamenta a pesquisa?

2. Quais os principais marcos legais e documentais do planejamento educacional brasileiro no período republicano?

3. Como se deu a organização dos municípios-campo para o processo de elaboração dos PMEs? De que forma as relações interfederativas foram sendo constituídas?

4. Como se deu o processo de elaboração e de aprovação dos PMEs nos municípios-campo, com foco na composição, objetivos e trabalho desenvolvido pelas comissões designadas especificamente para essa tarefa?

5. Qual a percepção dos sujeitos envolvidos quanto ao processo de elaboração dos PMEs e em relação aos planos aprovados em forma de lei?

Em síntese, para responder a tais questões, a presente pesquisa apresentou como objetivo geral, conforme dito anteriormente, investigar o processo de elaboração dos Planos Municipais de Educação nos municípios-campo, parametrizando com conceitos de estado, participação, gestão e políticas públicas educacionais. Especificamente, objetiva:

1. Discutir o conceito de estado como fundamentação teórica para análise do processo de elaboração dos PMEs a partir da distinção metodológica entre sociedade civil e sociedade política.

2. Diferenciar o planejamento educacional enquanto política de governo ou política de estado.

3. Descrever e analisar o desenvolvimento da política de planejamento educacional no período republicano (1889-2018), visando situar historicamente o objeto.

4. Historicizar o processo de construção dos PMEs nos municípios-campo, abrangendo o envolvimento da sociedade civil e da sociedade política no processo, captando as iniciativas locais e a influência federal.

5. Identificar e analisar as percepções dos sujeitos envolvidos tanto em relação ao processo de elaboração dos PMEs, como em relação aos textos aprovados pelos legislativos municipais.

Esses objetivos e questões são situadas a partir do diploma legal vigente no que se refere ao pacto federativo e a autonomia dos municípios para definição de suas políticas educacionais. Com a promulgação da Constituição Federal de 1988, a Educação Nacional passou a ser pensada sob num novo prisma, em especial ao que tange à gestão democrática do ensino público (artigo 206, inciso VI) e à integração entre os entes federados (artigo 211, parágrafo 4º), determinando o regime de colaboração e a possibilidade de estados e municípios constituírem seus próprios sistemas de ensino, independentes ou não entre si (BRASIL, 1988). Nessa direção, a sanção da Lei de Diretrizes e Bases da Educação Nacional n.º 9.394/1996 (LDB n.º 9.394/1996) reforçou ainda mais a autonomia dos municípios ao possibilitar a criação de seus próprios sistemas (artigo 8º) e explicitou suas responsabilidades frente à educação municipal (artigo 11) (BRASIL, 1996). Convém antecipar que nem a Constituição e tampouco a LDB fazem menção a Plano Municipal de Educação, conforme expôs Saviani (2016a), o que será discutido no Capítulo 2. A incumbência de os munícipios elaborarem seus respectivos PMEs foi expressa por meio da Lei Nacional n.º 10.172/2001 — o PNE 2001-2010.

Um exercício importante, no campo da pesquisa em História da Educação e das políticas educacionais, considerando-se o papel que os municípios receberam da Carta Magna de 1988 e consequentes leis infraconstitucionais, é buscar desvelar como as políticas são pensadas e propostas/planejadas nesse âmbito local, condição que se vincula diretamente ao campo do direito à Educação como obrigação do estado. Parafraseando Dourado (2010), o estudo dos planos de educação implica compreender as tensões da dinâmica política e organizativa mais ampla, bem como sua materialização em proposições e bases para definição de políticas públicas, planos esses a serem construídos como política de estado,

> [...] com vistas à otimização e melhoria dos processos, planejamento e gestão, envolvendo os diferentes níveis e modalidades da educação nacional em busca de uma educação democrática e com qualidade como direito social para todos, sem perder de vista os limites da sociabilidade capitalista. (DOURADO, 2010, p. 681).

Investigar esses processos pode contribuir na compreensão de como as relações de poder se manifestam nos cenários municipais, frente às políticas implementadas, principalmente pela atuação centralizada da União, seja de ordem jurídica ou ordem institucional e econômica, destacando-se a criação de programas e projetos que se configuram, na maioria das vezes, como instrumentos de

> [...] transferência de competências de um ente federado para outro, resultando na manutenção de ações pontuais e focalizadas de apoio técnico e financeiro, em detrimento de ampla política de planejamento, financiamento e gestão da educação básica. (DOURADO, 2007, p. 8).

Trata-se, pois, na adoção de políticas de desconcentração em detrimento de políticas de descentralização qualificada: transfere-se as atribuições, mas restringe-se os recursos e a autonomia, que se caracteriza de forma restrita e tutelada (ABRÚCIO, 2010; DOURADO, 2017). Nessa perspectiva, historicizar o processo de elaboração dos PMEs torna-se uma estratégia fértil para a compreensão de como a autonomia dos municípios tem se concretizado no planejamento da Educação. Nos municípios há um rico potencial informacional e de conhecimento a ser problematizado, o que aproxima o pesquisador do lócus onde, numa visão gramsciana, a história concreta, real, acontece e se processa.

Teoricamente, a construção de análises e sínteses proposta nesta pesquisa fundamentar-se-á nas compreensões sobre o estado e o planejamento educacional, à luz do modelo de federalismo advindo com a CF/1988. Compreende-se o conceito de estado a partir do conceito de estado integral formulado por Antonio Gramsci: de que esse compreende a união dialética entre sociedade política e sociedade civil. A análise dos PMEs parte do pressuposto da definição desses marcos, em tese, enquanto políticas de estado integral, de articulação e embates entre sociedade civil e sociedade política, marcadas que são pelas contradições do sistema capitalista.

A partir da compreensão de estado integral (sociedade civil mais sociedade política), o campo de disputas que se abre com o processo de elaboração, aprovação e implementação dos PMEs pode se configurar em contextos de legitimação da ordem dominante. No campo das contradições pode representar movimentos contra-hegemônicos, visto a própria dinâmica dos grupos dominantes e dos grupos subalternos no jogo político para ampliarem sua hegemonia.

Esses movimentos, mesmo que marcados pelos antagonismos do sistema capitalista, podem expor a luta pela ampliação e amadurecimento das relações participativas locais na defesa da qualidade social[1] e gestão democrática da educação, entendidos como preceitos norteadores das políticas públicas e do próprio planejamento educacional firmado nas bases do artigo 214 da CF/1988 que estabelece a configuração constitucional do Plano Nacional de Educação.

Segundo Gramsci (1978, 1991), só é possível haver democracia num sistema hegemônico quando o desenvolvimento econômico e da legislação, responsável por exprimir tal desenvolvimento, favorecem a mobilidade social, ou seja, a passagem dos indivíduos dos grupos dirigidos aos grupos dirigentes. Logo, a Educação nacional, que vem passando por profundas alterações jurídicas, assume cada vez mais um papel estratégico na ascensão dos plurais grupos sociais na medida em que é difundida, tanto no discurso da sociedade civil quanto dos governos, como condição *sine qua non* para que isso ocorra. Mas equalizar

> [...] as condições de acesso à educação pública de qualidade é, sem dúvida, um desafio enorme, pois é totalmente novo em nossa história, configurando-se em um processo que necessita ser construído coletivamente e com a participação efetiva nos processos decisórios, para evitarmos o risco

[1] "Definir qualidade em educação é um movimento complexo que remete ao contexto sócio-histórico e às necessidades da população inserida em um determinado contexto cultural, social e econômico. Tal movimento implica em pensar nas condições de processamento das vontades políticas, éticas, da formação humana e para o mundo do trabalho, visando uma formação do sujeito que possibilite a sua inserção na sociedade por meio de currículos que contemplem as múltiplas e diversas manifestações culturais e artísticas, a ciência, o lazer, as múltiplas linguagens, as novas tecnologias, etc." (ALVES; ASSIS, 2018, p. 4).

> de centralizar e desrespeitar o pacto federativo. (PERONI; FLORES, 2014, p. 157).

Nesse contexto, é importante ressaltar que o movimento de descentralização na oferta da Educação pública iniciado com a CF/1988 que deveria, em tese, alcançar no plano "político, maior participação e mais democracia; no plano econômico, a expectativa [...] de mais recursos; melhor qualidade, no técnico-pedagógico; e, no plano administrativo, maior eficiência nos processos educacionais" (CASASSUS, 1990, p. 16), tem encontrado dificuldades para sua concretização, uma vez que as ações indutoras da União vêm se configurando num movimento de desconcentração da oferta da Educação. Ou seja, segundo Abrúcio (2010), buscou-se assegurar o controle do poder central, repartindo as responsabilidades, mas não os recursos, mantendo a dependência dos municípios principalmente em relação ao governo federal, o que vai de encontro ao federalismo cooperativo. Como uma possível consequência, "a posição de ente federativo, na verdade, foi pouco absorvida pela maioria das municipalidades, uma vez que elas têm uma forte dependência em relação aos outros níveis de governo" (ABRÚCIO, 2010, p. 47). O processo de municipalização do ensino provocado principalmente a partir do Fundo de Manutenção e Desenvolvimento do Ensino Fundamental e de Valorização do Magistério (Fundef), iniciado no final dos anos 1990 e início dos anos 2000, é um exemplo de como as políticas educacionais foram induzidas pela União sem que houvesse uma contrapartida substantiva dessa de recursos para a manutenção das Redes Municipais de Ensino.

O pacto federativo pressupõe autonomia dos entes federados e, no campo educacional, no caso dos municípios, essa se faz com a opção de constituição ou não de sistemas próprios de ensino e de formulação de suas próprias políticas educacionais. Isso implica, segundo Dourado (2011, p. 54), no

> [...] reordenamento da lógica de planejamento de proposição de políticas como expressão de políticas de Estado [...] em uma concepção federativa que não ignore ou secundarize o papel dos entes federados, mas que, preservando a autonomia da União, dos estados, do DF e dos municípios, possa efetivar políticas nacionais, garantindo, por meio do PNE e ações políticas, a proposição, a execução e a avaliação de suas metas, perante as alternâncias governamentais e em consonância com a colaboração e cooperação entre os entes federativos.

Assim, na perspectiva da organização da federação brasileira, as políticas de descentralização adotadas pela União interferem na gestão e nas opções dos entes subnacionais. Esse arranjo traz implicações na medida em que carrega determinada concepção de estado e de planejamento educacional para a definição de metas e estratégicas comuns, privativas e concorrentes que, em tese, não deveria descaracterizar a autonomia regulada de municípios, estados e do Distrito Federal (DF), mas "se efetivar por meio de relações de cooperação, onde a dinâmica nacional de garantia de direitos se firma como diretriz" (DOURADO, 2013, p. 767).

Entendendo a ação de planejar como via racional para materialização das responsabilidades cooperativas em prol do atendimento ao direito subjetivo à Educação, o planejamento educacional é definido neste trabalho como processo político e técnico-institucional que envolve a análise das realidades e definição de diretrizes e prioridades a serem atendidas, na premissa de articulação não somente dos entes federados enquanto órgãos de governo, mas na participação ativa da sociedade civil e da sociedade política, alargando suas prerrogativas enquanto ação de estado. Pressupõe a oitiva da sociedade civil e da sociedade política para análise dos diagnósticos e escolha de caminhos e prioridades, definindo as condições objetivas (financiamento, regulação, democratização das relações de poder) para sua materialização em dado espaço e tempo.

No que concerne à participação da sociedade civil na discussão dos planos decenais de educação, destaca-se a mobilização social principalmente na articulação da Conferência Nacional de Educação Básica (Coneb 2008) e das duas últimas Conferências Nacionais de Educação (Conae), 2010 e 2014, que defenderam o Plano Nacional de Educação enquanto política de estado. Na contramão, o que se percebe principalmente nos municípios são as marcas do patrimonialismo, clientelismo e personalismo reveladas em pesquisas que evidenciam a presença majoritária de membros do governo na elaboração dos planos, com diminuta participação da sociedade civil e a falta de perenidade na sua implementação, uma consequência da ruptura entre gestões e da não incorporação dos planos como documentos de estados na agenda pública (SILVA; FERREIRA; OLIVEIRA, 2014; SOUZA, MARTINS, 2014; SOUZA,

SOUSA, 2012). Segundo Silva (2009), patrimonialismo[2] e o clientelismo[3] são categorias fundamentais para o entendimento do funcionamento do estado brasileiro, principalmente quando se propõe analisar o desenvolvimento de políticas em contextos locais. O estado e suas instituições ainda carregam traços históricos de utilização do bem público como se fosse privado, com a classe política e o alto funcionalismo servindo-se do que é do povo para manutenção de status e poder de dominação social.

Considerando a centralidade que a EC n.º 59/2009 conferiu ao PNE, inclusive de instrumento articulador do Sistema Nacional de Educação (SNE), o Plano assume, em tese, o viés da possibilidade, na medida em que as políticas são definidas para a superação das desigualdades e tem como ponto de convergência a construção de um sistema educativo com qualidade social e de equidade tanto no que tange ao acesso, permanência e direito de aprendizagem e desenvolvimento, quanto ao financiamento e à gestão democrática. De acordo com Dourado (2011, p. 52), para avançar na construção de um plano de educação

> [...] como política de Estado — compreendido como Estado ampliado, portanto, resultante da articulação e disputa entre sociedade civil e sociedade política e, nesse cenário, não se reduzindo ao governo —, compreende-se que o caminho para buscar romper com a tradição histórica do Estado brasileiro passa pela efetiva participação da sociedade civil e política.

Os percursos históricos do planejamento educacional no país constituíram-se a partir das marcas de uma sociedade capitalista permeada por fortes relações patrimonialistas, de centralização do governo federal,

[2] "Segundo Weber (1999), a dominação tradicional exerce-se sobre os indivíduos com base no arbítrio pessoal do senhor, que serve como princípio e padrão para todas as coisas. A dominação patrimonial refere-se ao desdobramento administrativo e político-estatal da dominação tradicional. A essência da dominação tradicional não se altera, apenas se complexifica no cerne da estrutura administrativa estatal. [...] Pois também a administração pública é tratada como assunto puramente pessoal do senhor, e a propriedade e o exercício de seu poder político, como parte integrante de seu patrimônio pessoal, aproveitável em forma de tributos e emolumentos. [...] Em relação à administração estatal, a administração patrimonial, constitui-se uma situação avessa à dominação burocrática; ao invés dos critérios para a contratação de funcionários basear-se em interesses objetivos e racionais, o princípio para a ocupação dos cargos na estrutura administrativa patrimonial é a confiança pessoal do senhor e não a qualificação técnica do funcionário" (SILVA, 2009, p. 82-83).

[3] "Carvalho (1988) define o conceito de clientelismo político como um '[...] tipo de relação entre atores políticos que envolve concessão de benefícios públicos, na forma de empregos, vantagens fiscais, isenções, em troca de apoio político, sobretudo na forma de votos'. O autor esclarece que no clientelismo podem-se mudar os parceiros, em virtude das convivências políticas, e ele pode ampliar-se ou diminuir no decorrer da história. O clientelismo político é uma prática permanente na vida política brasileira e se diferencia dos conceitos de mandonismo e coronelismo" (SILVA, 2009, p. 86-87).

características essas que incitam à discussão da concepção de estado efetivada nos municípios. Esses entes, valorizados no atual modelo federativo brasileiro, são postos na condição de protagonistas na execução das políticas públicas, ao passo que muitas são definidas pela União. Visto o exposto, torna-se pertinente historicizar a variável da autonomia municipal na definição de suas próprias políticas educacionais manifesta nos Planos Municipais de Educação.

Realizado o levantamento bibliográfico tomando como referência o período de 2000 a 2019, não foram localizadas pesquisas stricto sensu que investigam o processo de elaboração de PMEs sob a vigência do PNE 2014-2024 no estado de Goiás, sendo, nesse sentido, um campo ainda não explorado pela pesquisa acadêmica. Em busca realizada no portal *Banco de Teses e Dissertações da Capes*, foram localizados 94 trabalhos acadêmicos stricto sensu que tiveram o estudo dos Planos de Educação como tema, sendo 13 teses, 66 dissertações de mestrado acadêmico e 15 dissertações de mestrado profissional. Segundo os dados, 54% dos trabalhos abordaram os PNEs, 37% analisaram os PMEs e apenas 9% concentraram-se nos PEEs, sendo desses os planos de Alagoas (2007), Paraná (2007), São Paulo (2008), Mato Grosso do Sul (2010), Ceará (2016), Goiás (2016), Distrito Federal (2017) e Espírito Santo (2017). Os planos nacionais, em especial o PNE 2014-2024, ocuparam mais a atenção dos pesquisadores enquanto que os planos estaduais foram pouco investigados, o que permite afirmar que se trata de um campo amplo ainda a ser explorado academicamente.

Dos 35 trabalhos sobre os PMEs, 19 (54%) abrangem planos elaborados sob a vigência do PNE 2001-2010 e 16 (46%) analisam os planos elaborados já sob o ordenamento do PNE 2014-2024. A partir da aprovação desse Plano, percebe-se um volume maior de defesas de trabalhos sobre os PMEs, em especial destaque para o ano de 2017, quando foram defendidos 13 trabalhos (37%), sendo três de mestrado profissional e dez em mestrados acadêmicos. A única tese sobre PMEs foi defendida no ano de 2014 por Oliveira (2014) que, por meio de pesquisa descritiva, bibliográfica e documental, abrangeu o estudo de 14 municípios do polo 17 da União Nacional dos Conselhos Municipais de Educação, seção de São Paulo (Uncme/SP) tendo como objetos os Conselhos, Sistemas e Planos Municipais de Educação. Como resultados, a autora identificou com a análise das leis municipais um processo de fragmentação e pouca participação da sociedade civil nos CMEs e na elaboração do PME. Essa tese foi defendida no Programa de Pós-Graduação em Educação da Unimep, localizada na região Sudeste, estado de São Paulo.

Como se deu o processo de elaboração dos Planos Municipais de Educação foi o recorte temático abordado por 51,4% dos trabalhos defendidos, seguido pelos estudos de implementação, avaliação o monitoramento, foco em 11,7% das pesquisas. A forma como a gestão democrática está contemplada nos PMEs foi tema de 8,7% dos trabalhos. O tema da identidade gênero e diversidade foi abordado em 5,8% dos estudos.

Levando-se em consideração que praticamente todos os 5.570 municípios brasileiros elaboraram seus PMEs sob a vigência do PNE 2014-2024, compreendendo as diversidades de gestão, culturais e socioeducacionais materializadas em cada localidade, relacionando também ao baixo quantitativo de pesquisas, o processo de elaboração dos planos ainda é um cenário fértil para entender como os processos, democráticos ou não, quanto ao planejamento das políticas educacionais se dão nos contextos locais. Outro desafio que se põe à pesquisa científico-acadêmica e investigar os processos de implementação, avaliação e monitoramento dos planos. As quatro pesquisas que abarcaram esse recorte foram feitas a partir de PMEs elaborados sob vigência do PNE 2001-2010.

Levantar e analisar esses recortes a partir dos trabalhos produzidos foram movimentos muito significativos para o delineamento desta pesquisa, no sentido de contribuir para definições de percursos e procedimentos, bem como de situar o lugar que o presente objeto tem ocupado no campo das pesquisas stricto sensu desenvolvidas nas universidades brasileiras. O cenário apresentado contribui para justificar a importância da presente pesquisa, seja em alusão ao cenário nacional, ou mais especificamente ao processo de elaboração dos PMEs pelos municípios do estado de Goiás, sobre os quais não foi localizada pesquisa que abarque a implementação do artigo 8º da Lei n.º 13.005/2014 em solo goiano.

A) DELINEAMENTO DO ESTUDO

Propondo-se desvelar como se deu o processo de elaboração dos Planos Municipais de Educação em Goiás, a partir do recorte dos cinco municípios-campo (Itaberaí, Luziânia, Minaçu, São Miguel do Araguaia e Silvânia), questões de ordem conceituais e práticas foram postas, como: 1) qual melhor abordagem para analisar esse fenômeno? 2) quais sujeitos se enquadram como porta-vozes desse processo em cada localidade? 3) como ter acesso a esses sujeitos, considerando a disponibilidade para participarem de uma pesquisa? 4) quais são as condições objetivas (tempo, recursos financeiros) para ter acesso a esses locais e sujeitos? e 5) quais instrumentos metodológicos melhor se adequam para abordar os sujeitos?

Com as perspectivas postas à frente e levando-se na bagagem as vivências do pesquisador nos processos de elaboração dos PMEs em São Luís de Montes Belos, anos de 2008 e 2015, voltando-se ao problema central (como se deu o processo de elaboração dos Planos Municipais de Educação em Goiás?) e os objetivos da pesquisa, compreendeu-se que tanto a abordagem quantitativa como a qualitativa poderiam, cada uma com suas especificidades, contribuir para responder à questão, mas com limitações, por isso, optou-se pela tese da complementaridade entre ambas.

Minayo e Sanches (1993) compartilham da tese da complementaridade, analisando que, do ponto de vista metodológico, entre investigação quantitativa e qualitativa não há contradição nem continuidade, mas que ambas são de natureza diferente. Para estes autores,

> A primeira tem como campo de práticas e objetivos trazer à luz dados, indicadores e tendências observáveis. Deve ser utilizada para abarcar, do ponto de vista social, grandes aglomerados de dados, de conjuntos demográficos, por exemplo, classificando-os e tornando-os inteligíveis através de variáveis. A segunda adequa-se a aprofundar a complexidade de fenômenos, fatos e processos particulares e específicos de grupos mais ou menos delimitados em extensão e capazes de serem abrangidos intensamente (MINAYO; SANCHES, 1993, p. 247).

Apoiando-se na tese da complementaridade/integração entre abordagens qualitativa e quantitativa, encontrou-se na *abordagem dos métodos mistos* uma proposta de delineamento da investigação que abarca o problema, os propósitos e as condições objetivas para realização desta pesquisa. Conceitualmente, a pesquisa com métodos mistos compreende a incorporação num mesmo projeto de elementos das abordagens qualitativa e quantitativa. Nesse sentido,

> A pesquisa de métodos mistos é um projeto de pesquisa com suposições filosóficas e também com métodos de investigação. Como uma metodologia, ela envolve suposições filosóficas que guiam a direção da coleta e da análise e a mistura das abordagens qualitativa e quantitativa em muitas fases do processo de pesquisa. Como um método, ela se concentra em coletar, analisar e misturar dados quantitativos e qualitativos em um único estudo ou uma série de estudos. Em combinação, proporciona um melhor entendimento dos problemas de pesquisa do que cada uma das abordagens isoladamente (CRESWELL; PLANO CLARK, 2013, p. 22).

Em síntese, a definição da abordagem da pesquisa com métodos mistos implica:

> • foco em questões de pesquisa que exigem entendimentos contextuais da vida real, perspectivas em vários níveis e influências culturais;
>
> • emprego rigoroso da pesquisa quantitativa avaliando a magnitude e frequência de construtos e rigorosa pesquisa qualitativa explorando o significado e a compreensão dos constructos;
>
> • utilização de vários métodos (por exemplo, ensaios de intervenção e entrevistas em profundidade);
>
> • integração intencional ou combinação desses métodos para aproveitar os pontos fortes de cada um; e
>
> • enquadrar a investigação dentro de posições filosóficas e teóricas (CRESWELL *et al.*, 2011, p. 4. Livre tradução[4]).

Para planejamento e execução de uma pesquisa com a abordagem de métodos mistos, segundo Creswell e Plano Clark (2013), quatro decisões precisam ser tomadas: (1) quanto ao nível de interação das abordagens quantitativa e qualitativa, (2) sobre a prioridade dos elementos quantitativos e qualitativos, (3) a respeito do momento certo de aplicação desses

[4] Livre Tradução: "• focusing on research questions that call for real-life contextual understandings, multi-level perspectives, and cultural influences;
• employing rigorous quantitative research assessing magnitude and frequency of constructs and rigorous qualitative research exploring the meaning and understanding of constructs;
• utilizing multiple methods (e.g., intervention trials and in-depth interviews);
• intentionally integrating or combining these methods to draw on the strengths of each; and
• framing the investigation within philosophical and theoretical positions" (CRESWELL *et al.*, 2011, p. 4).

elementos e (4) quanto aos procedimentos de combinação dos elementos. A partir das caracterizações então especificadas, esta pesquisa assumiu o seguinte desenho:

Quadro 1 - Elementos fundamentais da pesquisa de métodos mistos assumidos no trabalho

ELEMENTO	OPÇÃO
1. nível de interação: é a extensão em que os dois elementos (quali/quanti) são mantidos independentes ou interagem um com o outro.	1.1. interação independente: quando os elementos quali e quanti são implementados de forma independentes um do outro, são distintos. O pesquisador mantém separadas as questões quanti e quali, a coleta de dados e a análise.
2. prioridade dos elementos: importância ou ponderação relativa dos métodos quanti e quali.	2.1. igual prioridade: quanti e quali desempenham papel igualmente importante ao tratar o problema da pesquisa.
3. momento certo de aplicação dos elementos: ritmo e implementação, relacionamento temporal entre os elementos quanti e quali.	3.1. simultâneo: aplicação dos dois elementos numa única fase do estudo.
4. procedimentos para mistura dos elementos: inter-relação explícita dos elementos quanti e quali; combinação e integração.	4.1. combinação durante a interpretação: ocorre quando os elementos quanti e quali são misturados durante o passo final do processo de pesquisa, depois de o pesquisador ter coletado e analisado os dois conjuntos de dados.

Nota: quanti = quantitativo; quali = qualitativo.

Fonte: elaboração própria, a partir de Creswell e Plano Clark (2013)

Em síntese, a presente pesquisa de métodos mistos foi desenvolvida com um nível de interação independente, dando igual prioridade aos elementos quantitativos e qualitativos, coletados e analisados em momentos simultâneos, com a combinação dos resultados quantitativos e qualitativos sendo feita no momento da interpretação. A partir de tais definições, foi possível definir o tipo de projeto de métodos mistos desenvolvido, em que os elementos quantitativos e qualitativos têm o mesmo peso ou prioridade e são coletados concomitantemente. Com essa configuração, a presente pesquisa foi tipificada como sendo um *projeto paralelo convergente* (CRESWELL; PLANO CLARK, 2013).

Inicialmente nomeado de triangulação concomitante, o projeto paralelo convergente

> [...] ocorre quando o pesquisador usa o momento simultâneo para implementar os elementos quantitativos e qualitativos durante uma mesma fase do processo de pesquisa, prioriza igualmente os métodos e mantém os elementos independentes durante a análise e depois mistura os resultados durante a interpretação geral. (CRESWELL; PLANO CLARK, 2013, p. 74).

Nessa definição, os momentos quantitativos e qualitativos são realizados simultaneamente, desde a elaboração dos instrumentos, coleta e análise dos dados. Creswell e Plano Clark (2013) explicam que esse tipo de projeto é recomendado quando o pesquisador intenciona triangular os métodos, comparando e contrastando diretamente os resultados estatísticos quantitativos com os dados textuais qualitativos, de ambas abordagens, para desenvolver um entendimento mais completo de um fenômeno e comparar múltiplos níveis dentro de um sistema.

Dados quantitativos e qualitativos são coletados e analisados em separado e sua integração pode dar-se por fusão ou mesclagem, conexão ou incorporação (CRESWELL *et al.*, 2011). Na presente pesquisa, optou-se pela *fusão ou mesclagem* dos dados, que consiste em combinar os dados qualitativos na forma de textos com os dados quantitativos sob forma de informação numérica. Seguiu-se à estratégia sugerida pelos autores de relatar de forma intercalada os achados quantitativos e qualitativos, conferindo análises sobre a concordância, complementação ou contradição das ideias, expressas nos percentuais e nas vozes dos sujeitos participantes da pesquisa.

Em síntese, a presente pesquisa foi desenvolvida tendo como base o diagrama sintetizado na Figura 1.

Figura 1 - Diagrama do delineamento da pesquisa de métodos mistos

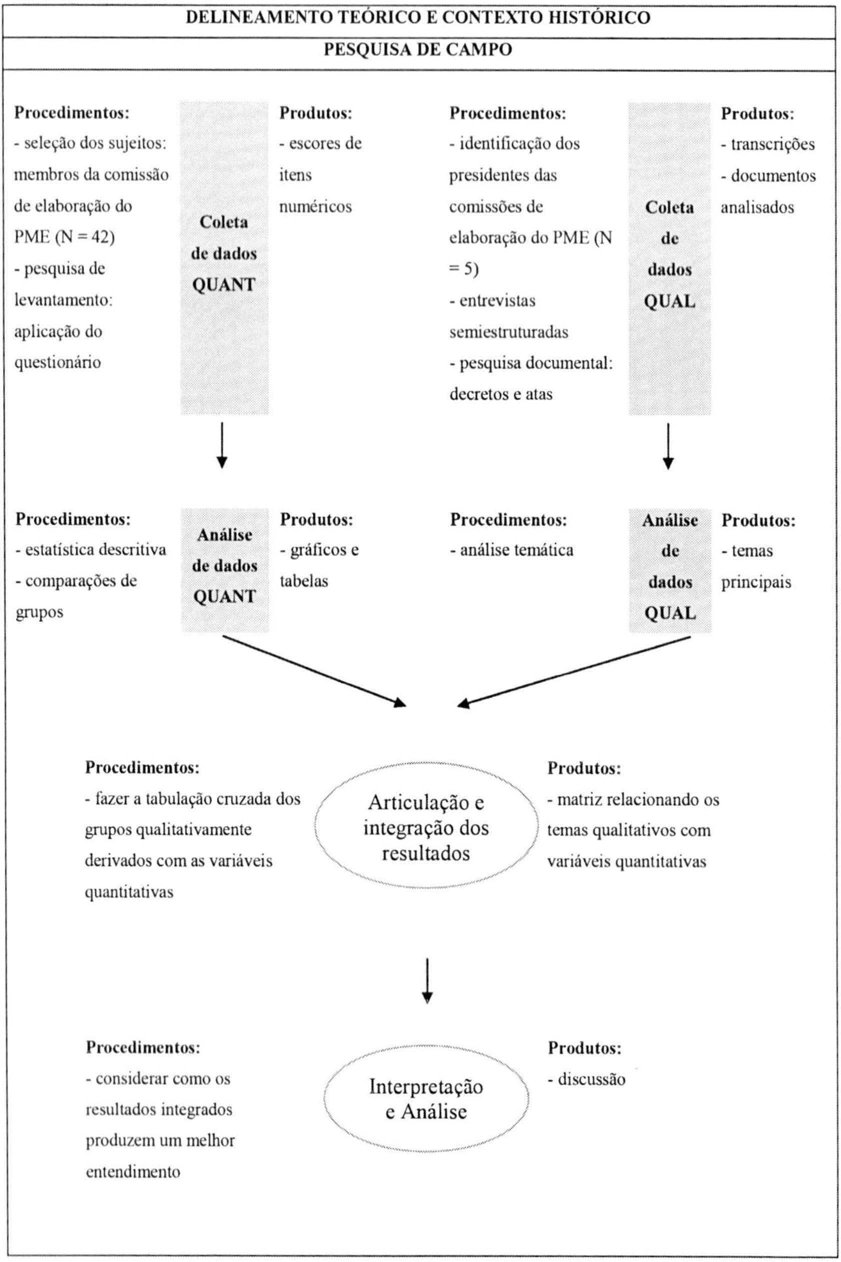

DELINEAMENTO TEÓRICO E CONTEXTO HISTÓRICO

PESQUISA DE CAMPO

Procedimentos:
- seleção dos sujeitos: membros da comissão de elaboração do PME (N = 42)
- pesquisa de levantamento: aplicação do questionário

Coleta de dados QUANT

Produtos:
- escores de itens numéricos

Procedimentos:
- identificação dos presidentes das comissões de elaboração do PME (N = 5)
- entrevistas semiestruturadas
- pesquisa documental: decretos e atas

Coleta de dados QUAL

Produtos:
- transcrições
- documentos analisados

Procedimentos:
- estatística descritiva
- comparações de grupos

Análise de dados QUANT

Produtos:
- gráficos e tabelas

Procedimentos:
- análise temática

Análise de dados QUAL

Produtos:
- temas principais

Procedimentos:
- fazer a tabulação cruzada dos grupos qualitativamente derivados com as variáveis quantitativas

Articulação e integração dos resultados

Produtos:
- matriz relacionando os temas qualitativos com variáveis quantitativas

Procedimentos:
- considerar como os resultados integrados produzem um melhor entendimento

Interpretação e Análise

Produtos:
- discussão

Fonte: elaboração própria, a partir de Creswell e Plano Clark (2013, p. 113)

Considerando a ampla gama de possibilidades que a investigação em métodos mistos possibilita, adotou-se a realização de *estudo de caso* entendendo-o como o procedimento mais adequado para a exploração do objeto, que é o de compreender como se deu o processo de elaboração dos Planos Municipais de Educação em alguns municípios do estado de Goiás.

Yin (2005, p. 32) define o estudo de caso como uma pesquisa empírica que "investiga um fenômeno contemporâneo dentro de seu contexto da vida real, especialmente quando os limites entre o fenômeno e o contexto não estão claramente definidos". Nesse sentido, a investigação de estudo de caso

> • Enfrenta uma situação tecnicamente única em que haverá muito mais variáveis de interesse do que pontos dados, e como resultado;
>
> • Baseia-se em várias fontes de evidências, como os dados precisando convergir em um formato de triângulo, e, como outro resultado;
>
> • Beneficia-se do desenvolvimento prévio de proposições teóricas para conduzir a coleta e a análise de dados. (YIN, 2005, p. 33).

Para o citado autor, o estudo de caso é a estratégia que se aplica muito bem quando aos problemas de pesquisa se colocam questões do tipo "como" e "por que", o pesquisador tem pouco controle sobre os acontecimentos e quando o foco se concentra em fenômenos contemporâneos imbricados na vida real. O estudo de caso, segundo Yin (2005), é indicado quando o caso é crítico; extremo ou único; revelador; ou um fenômeno pouco investigado, requerendo o desenvolvimento de estudos exploratórios.

Além do estudo aprofundado do fenômeno em seu contexto natural, aplica-se como elemento constituinte para desenvolvimento do estudo de caso a utilização de várias fontes de evidências para melhor compreensão do objeto em sua totalidade. De acordo com Yin (2005), para um estudo de caso as evidências podem emanar de várias fontes distintas como documentos, registros em arquivo, entrevistas, questionários, observação direta, observação participante, artefatos físicos e outros. Considerando o problema desta pesquisa e seu objeto, um processo já executado, e as condições objetivas para realização da investigação de modo a atingir as cinco mesorregiões do estado de Goiás (Centro Goiano, Leste Goiano, Noroeste, Norte Goiano, Sul

Goiano), definiu-se como fontes de evidências: documentos, questionário misto (questões abertas e fechadas) e entrevistas semiestruturadas.

Uma das críticas recorrentes aos estudos de casos refere-se à baixa capacidade de generalização para realidades mais amplas. Todavia, explica Stake (1983) que a função real do estudo de caso não é a generalização, mas sim a particularização. Objetiva-se conhecer um caso ou múltiplos casos em particular de forma profunda e não para ver o que ele difere ou se assemelha dos outros, num movimento comparativo. Cada caso é uma realidade em si. Procura-se o entendimento mais amplo possível e, àqueles que advogam pela generalização, Stake (1983) propõe o que denomina de *generalização naturalística*, processo que parte das experiências do sujeito/leitor à medida que esse relaciona os resultados encontrados no estudo de caso com dados que são frutos das suas vivências pessoais. Nesse sentido, não visa ao presente estudo de caso se generalizar para todo o contexto do estado de Goiás, mas, sim, de propiciar, a partir do conhecimento sistemático das realidades identificadas nos campos da pesquisa, reflexões sobre o processo de elaboração dos PMEs, que podem contribuir para o entendimento de outras realidades mediante a consideração das experiências vividas pelos sujeitos leitores.

A.1) Procedimentos de coleta de dados

Buscar compreender o fenômeno de produção dos Planos Municipais de Educação nos cinco municípios-campo representou alguns desafios, como identificar sujeitos que participaram desse processo nos anos de 2014 e 2015, bem como localizar documentos atinentes. Como característica de um projeto de métodos mistos paralelo convergente, as fases qualitativa e quantitativa foram definidas e implementadas concomitantemente, visando, na perspectiva do estudo de caso, coletar as informações/dados necessários capazes de abarcar a complexidade do objeto de forma mais completa possível no contexto onde ocorreram.

Qualitativamente, o processo de coleta de dados compreendeu no acesso aos coordenadores das comissões de elaboração dos PMEs para realização de entrevistas semiestruturadas e coleta de documentos como portarias, decretos, atas, relatórios e o próprio PME aprovado. Quantitativamente, a coleta de dados deu-se por meio de aplicação de questionário com questões abertas, fechadas e mistas aos demais membros das referidas comissões.

No desenvolvimento da pesquisa empírica, foram feitas duas visitas nos municípios-campo. A primeira, em novembro de 2017, quando o pesquisador se reuniu com os secretários municipais de educação com o objetivo de apresentar o projeto de pesquisa e solicitar a anuência para a realização da mesma, conforme normas do Comitê de Ética. Todos os secretários foram solícitos e atenderam prontamente à demanda, apresentando ao pesquisador os coordenadores das comissões de monitoramento dos PMEs, que se tornaram o elo entre aquele e as secretarias de educação.

Em fevereiro de 2018 foi realizado outro contato com os coordenadores das comissões de monitoramento dos PMEs para agendamento da realização da pesquisa de campo, essa efetivando-se com o seguinte cronograma:

a) de 19 a 22 de março: em Itaberaí;

b) de 02 a 05 de abril: em Luziânia;

c) de 05 a 07 de abril: em Silvânia;

d) de 10 a 13 de abril: em Minaçu;

e) de 16 a 18 de abril: em São Miguel do Araguaia.

Em todos os municípios o pesquisador foi muito bem recebido e, observando-se o percentual de sujeitos que se disponibilizaram a participar da pesquisa, pode-se concluir que o objetivo de coleta de dados foi atingido. Por meio dos coordenadores das comissões de monitoramento, chegou-se aos coordenadores das comissões de elaboração e desses aos demais membros efetivos que participaram do processo.

Ressalta-se que a pesquisa não contou com financiamento externo, sendo realizada com recursos do próprio pesquisador.

A.1.1) Fase qualitativa

A fase qualitativa compreendeu a pesquisa documental e a realização de entrevistas semiestruturadas com os coordenadores das comissões de elaboração dos Planos Municipais de Educação.

Segundo May (2004), os documentos são leituras particulares dos eventos e devem ser lidos como a sedimentação das práticas sociais, pois eles têm o potencial de informar e estruturar as decisões tomadas pelos indivíduos em seu cotidiano e a longo prazo. Com essa compreensão, a pesquisa documental é entendida como o "exame de materiais de natureza diversa, que ainda não receberam um tratamento analítico, ou que podem ser reexaminados, buscando-se novas e/ou interpretações complementares" (GODOY, 1995, p. 21).

Os documentos selecionados como corpus documental neste trabalho são caracterizados como documentos públicos, de caráter oficial, produzidos pelos órgãos da administração municipal, como no caso das leis e decretos, e do funcionamento interno das comissões de elaboração do PME, como as atas e relatórios.

Nesse conjunto de dados disponibilizados por essa fonte, Flick (2009) argumenta que os documentos podem ser instrutivos para a compreensão das realidades sociais em contextos institucionais, o que corrobora com o objetivo desta pesquisa, pois é no ambiente institucional das comissões de elaboração do PME que se deu esse processo. Nesse sentido, segundo o autor supracitado, os documentos "devem ser vistos como dispositivos comunicativos produzidos, utilizados e reutilizados para objetivos práticos específicos, e não como dados 'não-intrusivos' no sentido de representarem dados sem viés" (FLICK, 2009, p. 237). Com essa abordagem, orienta este autor sobre a pesquisa documental:

> Ao optar pela análise de documentos, o pesquisador deve considerar quem produziu os documentos, com que objetivo, quem os utiliza em seu contexto natural e a forma como selecionar uma amostra adequada de documentos individuais. Deve-se evitar manter o foco apenas nos conteúdos dos documentos sem levar em conta o contexto, a utilização e a função dos documentos. Os documentos são os meios para a construção de uma versão específica de um evento ou processo e, normalmente, também em uma perspectiva mais ampla, para decifrar um caso específico de uma história de vida ou de um processo. (FLICK, 2009, p. 236).

Assim, os documentos devem ser vistos como meios de comunicação que carregam, de certa forma, as influências do contexto e dos objetivos visados por meio de sua elaboração, pois são porta-vozes culturais, ideológicos e políticos. Por isso, orienta Flick (2009) que, ao analisar um documento, o pesquisador deve-se questionar: "quem produziu esse documento, com que objetivo e para quem? Quais eram as intenções pessoais ou institucionais com a produção e o provimento desse documento ou dessa espécie de documento?" (p. 232).

Tendo em vista a contribuição possível dos documentos à pesquisa, Yin (2005) afirma que eles se constituem em importante fonte de informações no contexto de um estudo de caso, possibilitando um acréscimo vantajoso a outras fontes de dados como as entrevistas e os questionários.

Além da pesquisa documental, a fase qualitativa desta investigação optou pela realização de *entrevistas semiestruturadas* com os sujeitos que coordenaram as comissões de elaboração dos PMEs nos municípios-campo. Tais indivíduos foram identificados por meio dos decretos/portarias de nomeação das comissões ou por informações extraoficiais repassadas pelos coordenadores das comissões de monitoramento e avaliação do PME, quando não havia a nomeação do coordenador da primeira comissão no documento oficial.

O objetivo de se lançar mão à estratégia da entrevista semiestruturada nesse estudo de caso visa dar voz aos sujeitos que estiveram à frente, tanto de movimentos políticos quanto técnicos, do processo de produção dos textos dos Planos Municipais de Educação nos municípios-campo, com o intuito de perceber e compreender os envolvimentos, as tomadas de decisão e organização, as influências nesse importante marco histórico para a Educação no município. Nesse sentido,

> Entrevistas são fundamentais quando se precisa/deseja mapear práticas, crenças, valores e sistemas classificatórios de universos sociais específicos, mais ou menos bem delimitados, em que os conflitos e contradições não estejam claramente explicitados. Nesse caso, se forem bem realizadas, elas permitirão ao pesquisador fazer uma espécie de mergulho em profundidade, coletando indícios dos modos como cada um daqueles sujeitos percebe e significa sua realidade e levantando informações consistentes que lhe permitam descrever e compreender a lógica que preside as relações que se estabelecem no interior daquele grupo, o que, em geral, é mais difícil obter com outros instrumentos de coleta de dados. (DUARTE, 2004, p. 215).

Adverte Duarte (2004) que a entrevista não é uma simples conversação informal entre sujeitos que têm informações e outros que as buscam, mas é um trabalho sistemático que requer do condutor do processo um preparo teórico e competência técnica. Logo, para a condução de uma boa entrevista exige-se:

> a) que o pesquisador tenha muito bem definidos os objetivos de sua pesquisa (e introjetados — não é suficiente que eles estejam bem definidos apenas "no papel"); b) que ele conheça, com alguma profundidade, o contexto em que pretende realizar sua investigação (a experiência pessoal, conversas com pessoas que participam daquele universo — egos focais/informantes privilegiados —, leitura de estudos precedentes e uma cuidadosa revisão bibliográfica são requisitos fundamentais para a entrada do pesquisador no campo); c) a introjeção, pelo entrevistador, do roteiro da entrevista (fazer uma entrevista "não-válida" com o roteiro é fundamental para evitar "engasgos" no momento da realização das entrevistas válidas); d) segurança e auto-confiança; e) algum nível de informalidade, sem jamais perder de vista os objetivos que levaram a buscar aquele sujeito específico como fonte de material empírico para sua investigação. (DUARTE, 2004, p. 216).

Numa abordagem qualitativa, a realização de entrevistas é uma das estratégias mais utilizadas, pois permite o contato direto entre o pesquisador e o sujeito que vivenciou as experiências no contexto onde elas aconteceram. Estabelece-se, segundo Lüdke e André (1986, p. 33), uma relação de interação "numa atmosfera de influência recíproca entre quem pergunta e quem responde", permitindo "a captação imediata e corrente da informação desejada, praticamente com qualquer tipo de informante e sobre os mais variados tópicos" (p. 34).

Entre as diversas tipologias de entrevistas, recorreu-se neste trabalho pela semiestruturada que, a partir de um roteiro temático básico, não aplicado rigidamente, permite ao entrevistador fazer acréscimos e retiradas de pautas à medida que se desenvolve a conversação com o informante (LÜDKE; ANDRÉ, 1986). Outra vantagem desse tipo de entrevista que se aplica ao estudo de caso é propiciar colher as informações de sujeitos distintos, mas com uma linha direcional que permitirá, no momento das análises cruzadas, as interações e comparações necessárias.

A.1.2) Fase quantitativa

A fase quantitativa, desenvolvida concomitantemente à fase qualitativa, compreendeu no acesso aos sujeitos-participantes das comissões de elaboração dos PMEs por meio de questionários, compostos por questões fechadas, de múltipla escolha e por algumas questões abertas, doravante denominados de *questionários mistos*.

Os questionários são instrumentos tradicionais para coleta de dados numa pesquisa quantitativa, especialmente nas pesquisas de levantamento. No geral, as perguntas de um questionário remetem às hipóteses e às categorias que se vinculam ao problema da pesquisa e seus objetivos, considerando também o contexto em que se situa o objeto investigado. Segundo Gil (2002), a elaboração de um questionário consiste em traduzir os objetivos específicos de uma pesquisa em itens que serão respondidos pelos sujeitos-participantes. Os questionários se configuram "como dispositivos normatizados e padronizados, que captam a presença ou ausência de determinada característica ou atributo no indivíduo, permitindo medir a magnitude com que essa característica ou atributo se distribui naquele grupo", sendo a análise da distribuição desses grupos "avaliada em termos de significância estatística" (MINAYO; ASSIS; SOUZA, 2005, p. 132).

Para Thiollent (1987), os questionários podem captar diversos tipos de informação, correspondendo à natureza fatual, perceptiva, opinativa, atitudinal ou reativa:

> A informação fatual é o tipo de resposta relativa a elementos objetivos e enumeráveis como, por exemplo, o número de filhos ou de dormitórios da casa. A informação perceptiva diz respeito às maneiras preconceituosas ou não e, em geral, preconscientes, dos indivíduos se representarem ou descreverem certos elementos da realidade social. A informação opinativa se concentra em torno das preferências ou escolhas conscientemente formuladas. A informação atitudinal remete às disposições mais "profundas" ou menos "conscientes" do que as opiniões, mas que se manifestam subjacentemente a diversos conjuntos de opiniões de relativa sistematicidade como, por exemplo, no caso do racismo, do fascismo, etc. O caráter reativo da informação recolhida pode encobrir os outros tipos precedentemente distinguidos. Refere-se ao condicionamento da resposta pela pergunta ou pela situação de entrevista. A informação reativa é mais significativa da artificialidade da pesquisa do que da realidade objetiva ou subjetiva dos entrevistados. (THIOLLENT, 1987, p. 36).

Baseando-se em tais caracterizações, no presente trabalho concentrou-se em captar *informações fatuais* (descrição do processo de organização das comissões de elaboração do PME e do desenvolvimento do processo), *perceptivas* (como os sujeitos percebiam o desenvolvimento e a importância do trabalho realizado pelas comissões) e *opinativas* (as visões de mundo dos sujeitos sobre os processos e importância do PME para a Educação municipal, bem como a avaliação em relação ao produto final do trabalho das comissões: os planos).

Visando abarcar esse conjunto de informações, foram elaboradas questões fechadas de resposta única, questões com possibilidade de várias respostas, questões mistas com a opção de acrescentar mais uma variável (outros) e questões abertas.

De acordo com Thiollent (1987), o questionário pode apresentar muitas fragilidades como erros de amostragem, efeitos de contaminação entre as perguntas, a utilização de expressões desconhecidas pelos entrevistados, a tendência em responder mais "sim" do que "não", a indução de respostas por termos empregados nas perguntas, a manipulação da resposta por termos e organização das perguntas, entre outros. Para minimizar esses possíveis problemas, optou-se pela estrutura do questionário com questões abertas, fechadas e mistas, possibilitando dar mais voz aos sujeitos-participantes. As questões foram organizadas de forma planejada, visando minimizar os efeitos da contaminação das respostas, que "consiste no condicionamento da resposta a uma pergunta em função das perguntas imediatamente anteriores" (THIOLLENT, 1987, p. 32).

Justifica-se a escolha do questionário como um dos instrumentos de coleta de dados por ser uma forma possivelmente mais adequada para se ter acesso aos diversos sujeitos que participaram do processo de elaboração dos Planos Municipais de Educação nos municípios-campo, visto o critério de acessibilidade a esses indivíduos, seu grande número, a disponibilidade deles em colaborar e a limitação de recursos para realização da pesquisa.

Para exposição dos dados quantitativos, utilizou-se de duas estratégias: quando se tratava de questões muito pontuais, envolvendo, por exemplo, os detalhes operacionais da organização dos trabalhos das comissões, optou-se por apresentar os resultados por município e totalizados, a fim de que possa se ter uma visão particular dos casos que compõem a amostra, sem perder de vista os dados gerais. Essa forma contribuiu para perceber na individualidade dos municípios como se deu a organização dos trabalhos, usos dos materiais formativos e informativos, definição de agendas, produção de diagnósticos da realidade educacional local e outros indicadores.

A segunda estratégia de apresentação dos dados quantitativos abrange as informações de caráter avaliativo do processo e das interações entre os sujeitos, incluindo a gestão das comissões, a participação dos indivíduos, as relações de poder estabelecidas, a percepção sobre a direção dos trabalhos. Por se tratarem de informações que envolvem considerável visão qualitativa, as questões foram elaboradas no modelo tipo escala *Likert* e os números totalizados e apresentados em bloco único, no total geral, somando-se as respostas dos cinco municípios e sem a especificação por localidade, a fim de preservar o anonimato dos campos. Nos casos em que se utilizou as respostas das questões abertas, identificou-se a fala com o número do questionário, resguardando a identidade dos sujeitos.

A.2) Procedimentos de análise dos dados

Conforme expresso na configuração desta pesquisa enquanto estudo de caso desenvolvido na perspectiva de um projeto paralelo convergente de métodos mistos, os dados quantitativos e qualitativos foram trabalhados em separado e depois integrados ou fundidos num processo de análise conjunta. Segundo Creswell e Plano Clark (2013), esse desenvolvimento é recomendado quando há a intenção do pesquisador em triangular os dados obtidos nos movimentos quantitativos e qualitativos da pesquisa.

Os dados quantitativos obtidos por meio das questões fechadas dos questionários foram consolidados e analisados na perspectiva da análise descritiva e inferencial, cujas resultantes serviram para cruzamentos com os dados qualitativos, dando suporte e aprofundando os temas estabelecidos, bem como possibilitando diferentes olhares acerca dos elementos destacados no processo de análise. Os índices percentuais foram totalizados e agrupados, sendo apresentados, como recomenda a estatística descritiva, em gráficos e tabelas para basear as discussões.

Os dados qualitativos, compostos pelos documentos, entrevistas e questões abertas dos questionários, foram analisados na perspectiva proposta por Minayo (2013, p. 356-359), compreendendo as seguintes fases:

1ª fase: *ordenação dos dados* — consiste na organização dos textos como proceder as transcrições das entrevistas, fichamento dos documentos e respostas abertas dos questionários, visando ter um conhecimento global do material coletado por meio de uma leitura compreensiva e formação de um mapa horizontal das descobertas do campo;

2ª fase: *classificação dos dados* — dividida em duas etapas: (1) leitura horizontal e exaustiva dos textos: realização de leitura flutuante que visa apreender as estruturas de relevância das falas dos sujeitos, inicia-se o processo de construção de categorias empíricas a posteriori por meio da busca de coerência interna das informações; (2) leitura transversal: corresponde ao processo de recorte do textos em "unidades de sentido", por "estruturas de relevância", por "tópicos de informação" ou por "temas". Há o processo classificatório, agrupamento e depois enxugamento das partes para a reclassificação em temas centrais, num processo de construção de inferências. Nessa etapa, no presente trabalho, procurou a organização dos textos em grandes temas;

3ª fase: *análise final* — interpretação propriamente dita, busca da produção de sínteses integrando os dados empíricos com a fundamentação teórica a partir dos temas elaborados e vice-versa.

Realizados os movimentos de organização e análise dos dados quantitativos e qualitativos, o processo seguinte foi o de associação por meio de fusão ou mesclagem para análise final, sendo a última etapa do projeto paralelo convergente (CRESWELL *et al.*, 2011). Fundamentando-se em Flick (2013), os dados foram integrados em três possibilidades:

a) convergência de resultados: dos dados quantitativos e qualitativos confirmam parcial ou totalmente uns aos outros;

b) complementação: os dados qualitativos e quantitativos se complementam, visando propiciar um quadro mais amplo em relação ao objeto e seu contexto;

c) divergência ou contradição: os dados qualitativos e quantitativos se refutam, proporcionado visões distintas a respeito do fenômeno.

Com tais procedimentos, buscou-se por meio da integração entre os dados da pesquisa documental, das entrevistas semiestruturadas e dos questionários proporcionar uma visão mais ampla sobre o processo de elaboração dos Planos Municipais de Educação nos municípios-campo. A partir dessa estruturação, a teoria assume o papel central no processo de análise dos dados no sentido de compreender os Planos de Educação enquanto Planos de Estado, numa concepção de estado ampliado (sociedade política mais sociedade civil), bem como no entendimento do processo de planejamento educacional como ação racional técnica e política, conforme problematizado no Capítulo 1. Teoria compreendida na acepção de Minayo (2013, p. 175) como "um conjunto coerente de proposições que inter-relaciona princípios, definições, teses e hipóteses e serve para dar organização lógica à interpretação da realidade empírica". E assim, continua a referida autora: "Toda teoria é um discurso científico que se constitui como uma grade por meio da qual o seu formulador analisa um fenômeno ou um processo" (MINAYO, 2013, p. 175).

Nessa perspectiva, foram extraídos/elaborados eixos para análise temática e associação dos dados. Os dados qualitativos e quantitativos foram agrupados nos três eixos temáticos:

Tema 1: composição, organização e funcionamento das comissões de elaboração dos PMEs;

Tema 2: processo participativo e gestão das comissões;

Tema 3: percepção dos sujeitos sobre o produto final do trabalho.

A partir desses três eixos temáticos, foi estruturada a exposição e análise dos resultados, com a disposição dos dados quantitativos e qualitativos numa perspectiva de diálogo entre si examinando convergências, complementaridades e/ou divergências, sendo a etapa final de um projeto paralelo convergente de métodos mistos, com o intuito maior de compreender como se deu o processo de elaboração dos Planos Municipais de Educação nos municípios-campo por meio das vozes dos documentos e dos sujeitos participantes desse processo, enquanto membros da sociedade política e da sociedade civil.

B) O CAMPO DO ESTUDO

A pesquisa propôs investigar o processo de elaboração dos PMEs em cinco municípios goianos, sendo um em cada mesorregião do estado. A divisão regional do Brasil em mesorregiões geográficas vigente foi aprovada pela Presidência da Fundação Instituto Brasileiro de Geografia e Estatística (IBGE) por meio da Resolução n.º 51, de 31 de julho de 1989. Para se delimitar essa divisão, partiu-se de determinações mais amplas a nível conjuntural, identificando áreas individualizadas em cada um dos estados, tomadas como universo de análise e definiu-se as mesorregiões com base nas seguintes dimensões: o processo social como determinante, o quadro natural como condicionante e a rede de comunicação e de lugares como elemento da articulação espacial. A mesorregião é utilizada para fins estatísticos e não se constitui como unidade administrativa ou política (IBGE, 1990, p. 8). De acordo com a Resolução n.º 11, de 5 de junho de 1990, o estado de Goiás é dividido em cinco mesorregiões: Centro Goiano, Leste Goiano, Noroeste Goiano, Norte Goiano e Sul Goiano.

Para a seleção dos municípios-campo da pesquisa levou-se em consideração descritores que se vinculam, direta ou indiretamente, aos PMEs ou à gestão dos Sistemas Municipais de Ensino. O município de cada mesorregião foi selecionado num processo de exclusão daqueles que não se enquadravam nos seguintes critérios:

a) ser sede de delegacia sindical regional do Sindicato dos Trabalhadores em Educação de Goiás (Sintego);

b) possuir um campus da Universidade Estadual de Goiás (UEG);

c) possuir Sistema Municipal de Ensino instituído por lei e com Conselho Municipal de Educação (CME) em funcionamento;

d) ter Fórum Municipal de Educação (FME) criado por lei e em funcionamento;

e) ter melhor Índice de Desenvolvimento da Educação Básica (Ideb[5]) — anos iniciais do ensino fundamental para rede pública municipal.

Ao selecionar um município de cada mesorregião, a intenção foi ter um panorama geral do desenvolvimento das ações de elaboração dos PMEs nessas diversas localidades, tendo uma visão particular de como esse processo foi efetivado no estado de Goiás. Adotou-se como hipótese a existência de convergências e divergências entre as mesorregiões conforme foram acompanhadas por técnicos da União Nacional dos Dirigentes Municipais de Educação (Undime), vinculados à Secretaria de Articulação com os Sistemas de Ensino/Ministério da Educação (Sase/MEC), no processo de orientação aos municípios para elaboração dos respectivos planos municipais em consonância com o PNE 2014-2024.

No primeiro momento, procedeu-se a utilização da identificação geográfica do estado de Goiás nas cinco mesorregiões oficiais e a listagem dos municípios que compõem cada uma. Foram utilizados como base de dados da pesquisa *Perfil dos Munícipios 2014* do IBGE, os portais eletrônicos das instituições como do Sintego e da UEG, também do Instituto Mauro

[5] O Ideb, apesar da centralidade que lhe é atribuída no PNE 2014-2024 e a forma com que tem ocupado a agenda das unidades escolares brasileiras, dos gestores dos sistemas e da mídia, traz um conceito gerencialista de qualidade de educação que não é o modelo defendido neste livro. Dentre os seus limites e contradições, é possível citar seu uso para ranqueamento entre instituições de uma mesma rede ou entre redes distintas de ensino, o peso atribuído a exames em detrimento dos processos de ensinar e aprender, a adoção de medidas meritocráticas, a responsabilização de docentes por resultados, o estreitamento curricular e, ainda, "ao eleger somente os dados da média do desempenho dos estudantes e os dados do fluxo escolar do ano anterior como fatores de composição do índice, o Ideb ignora os contextos socioeconômicos e culturais dos estudantes, as condições de trabalho docente e as características da gestão escolar, apesar de informações correlatas serem coletadas em questionários de fatores associados ao desempenho, instrumentos que são subutilizados" (ALVES; ASSIS, 2018, p. 7).

Borges (IBM) e do Instituto Nacional de Estudos e Pesquisas Educacionais Anísio Teixeira (Inep). Outra ação necessária foi o contato direto com os munícipios via telefone para levantamento de informações como existência do Sistema Municipal de Ensino e Fórum Municipal de Educação.

A primeira observação para definir os critérios de seleção foi levar em consideração o disposto no artigo 8º da Lei n.º 13.005/2014 que versa que estados e municípios teriam um ano para elaboração dos respectivos planos de educação, processo esse que deveria contar com ampla participação da sociedade civil e comunidade educacional. Nesse sentido, buscou-se identificar instituições representativas dessas duas categorias: a sociedade civil e a comunidade educacional.

Conjecturando-se a respeito do possível envolvimento da sociedade civil no processo de construção dos planos, optou-se como primeiro critério de seleção os municípios que são sede de delegacias sindicais regionais do Sintego, reduzindo os 246 municípios de Goiás para o total de 36. Justifica-se a escolha da presença do sindicato no município como fator de seleção devido à importante atuação dessa entidade na luta pela garantia dos direitos dos trabalhadores em educação e construção de uma educação pública de qualidade, direitos esses que devem, em tese, ser garantidos nos Planos Municipais de Educação com correspondência às metas 17 e 18[6] do PNE 2014-2024.

Na segunda etapa de seleção, optou-se por municípios que, além de terem regionais do Sintego, tivessem sede de campus da Universidade Estadual de Goiás, reduzindo para o total de 27. Justifica-se a escolha de ser sede de unidade universitária devido às contribuições que essa pode, em tese, agregar no processo de elaboração dos PMEs, principalmente no tocante à oferta do ensino superior no município, sendo importante frisar que os planos municipais devem contemplar a Educação como um todo, em seus níveis, etapas e modalidades, e não apenas as demandas da Rede Municipal de

[6] "Meta 17: Valorizar os profissionais do magistério das redes públicas de educação básica de forma a equiparar seu rendimento médio ao dos demais profissionais com escolaridade equivalente, até o final do sexto ano de vigência deste PNE.

Meta 18: Assegurar, no prazo de dois anos, a existência de planos de carreira para os profissionais da educação básica e superior pública de todos os sistemas de ensino e, para o plano de carreira dos profissionais da educação básica pública, tomar como referência o piso salarial nacional profissional, definido em lei federal, nos termos do inciso VIII do art. 206 da Constituição Federal" (BRASIL, 2014a).

Ensino. Para discussão das metas 12, 13 e 14[7] do PNE 2014-2024 e produção de metas correspondentes nos PMEs, considerou-se fator preponderante a presença da instituição universitária nesse processo de discussão.

Tendo como premissa a autonomia do município em constituir seu Sistema Municipal de Ensino próprio, atribuída pela LDB n.º 9.394/1996, utilizou-se como terceiro critério de seleção os municípios que têm sistema instituído por lei. Deduz-se que os municípios com sistemas de ensino criados e em funcionamento têm mais experiência no processo de gestão das políticas educacionais, o que pode influenciar no processo de elaboração e implementação dos PMEs. Dos 27 elencados até então, ficaram 23 municípios que têm Sistema criado por lei e geridos com coparticipação pelos respectivos Conselhos Municipais de Educação. Desses 23 municípios, todos têm CME em funcionamento, trabalhando como partícipe da gestão do sistema. Com esse dado, ter CME em funcionamento também foi um critério importante para seleção dos cinco munícipios-campo, sendo um descritor comum a todos os 23 municípios até então identificados.

Considerando o Fórum Municipal de Educação como o "guardião" do PME, tanto no processo de elaboração quanto nos processos de monitoramento e avaliação, optou-se pela existência de FME como um critério válido para seleção da amostra. Todavia, esse critério não se mostrou totalmente eficaz, visto que em algumas mesorregiões os municípios pré-selecionados não possuíam FMEs em funcionamento. Alguns municípios têm o FME criado na lei do sistema, mas esses organismos de controle social dos planos não foram instalados. Na mesorregião Norte Goiano, dois de quatro municípios têm FME em funcionamento, criados, coincidentemente, no ano de 2017. Nas mesorregiões Noroeste Goiano e Leste Goiano não há municípios com FMEs criados. Na mesorregião Centro Goiano há dois municípios com FME em funcionamento. Na mesorregião Sul Goiano, dos oito municípios pré-selecionados, apenas um tem FME em funcionamento. Assim, utilizando a existência de FME como quarto filtro, encontramos os seguintes municípios:

[7] "Meta 12: elevar a taxa bruta de matrícula na educação superior para 50% (cinquenta por cento) e a taxa líquida para 33% (trinta e três por cento) da população de 18 (dezoito) a 24 (vinte e quatro) anos, assegurada a qualidade da oferta e expansão para, pelo menos, 40% (quarenta por cento) das novas matrículas, no segmento público. [...]
Meta 13: elevar a qualidade da educação superior e ampliar a proporção de mestres e doutores do corpo docente em efetivo exercício no conjunto do sistema de educação superior para 75% (setenta e cinco por cento), sendo, do total, no mínimo, 35% (trinta e cinco por cento) doutores. [...]
Meta 14: elevar gradualmente o número de matrículas na pós-graduação *stricto sensu*, de modo a atingir a titulação anual de 60.000 (sessenta mil) mestres e 25.000 (vinte e cinco mil) doutores" (BRASIL, 2014a).

Quadro 2 - Seleção dos municípios-campo: SME, FME e CME

MESORREGIÃO	MUNICÍPIO	SISTEMA	FME*	FME*
Norte Goiano	Minaçu	Sim**	2017	1997
	Uruaçu	2010	2017	1997
Noroeste Goiano	Goiás	2011	Tem lei, mas não instalado	1997
	São Miguel do Araguaia	Sim**	Tem lei, mas não instalado	1997
Centro Goiano	Itaberaí	2010	2010	1997
	São Luís de Montes Belos	2005	2017	1997
Leste Goiano	Formosa	2005	Tem lei, mas não instalado	2012
	Luziânia	2005	Tem lei, mas não instalado	2005
Sul Goiano	Silvânia	2004	2015	1999

Notas: * Informações prestadas por assessores da Secretaria Municipal de Educação via contato telefônico.

** Casos em que os informantes das SME não souberam precisar a data da instituição do Sistema.

Fonte: quadro elaborado para este estudo

De acordo com os dados do Quadro 2, foi selecionado o primeiro município: Silvânia, da mesorregião Sul Goiano, por possuir Fórum Municipal de Educação em funcionamento e atender também aos outros três critérios relatados anteriormente.

Para seleção dos municípios das outras mesorregiões, adotou-se como último critério o Ideb, visto o peso que foi atribuído a esse indicador no

Plano Nacional de Educação (Meta 7[8]) e nos respectivos PMEs. Mesmo com a opção de utilizar esse indicador como critério para seleção dos municípios, muitas críticas podem ser atribuídas a ele, instrumento de avaliação em larga escala censitário que tem como uma das suas consequências o ranqueamento de escolas e redes de ensino. Concentrado na aplicação da Prova Brasil e nos indicadores de desempenho escolar, questiona-se se o Ideb tem realmente a substantividade necessária para aferir a qualidade do ensino ministrado nas unidades escolares. No entanto,

> [...] o Ideb, mesmo com suas limitações, coroou a "qualidade" numa perspectiva gerencialista na educação básica, numa concepção que vai contra o proposto pelos movimentos sociais progressistas e de educadores manifestos nas Conaes realizadas em 2010 e 2014, que defendiam uma educação de qualidade socialmente referenciada. (ALVES; ASSIS, 2018, p. 7).

A respeito da presença do Ideb no Plano Nacional de Educação, Assis (2017) chama a atenção para o descompasso entre essa presença e os encaminhamentos da Conferência Nacional de Educação, que defendeu como bandeira a constituição de uma educação com qualidade socialmente referenciada, e não focada em índices de ranqueamento que representam o gerencialismo mercadológico em educação[9].

---

[8] "Meta 7: Fomentar a qualidade da educação básica em todas as etapas e modalidades, com melhoria do fluxo escolar e da aprendizagem de modo a atingir as seguintes médias nacionais para o Ideb:

IDEB	2015	2017	2019	2021
Anos iniciais do Ensino Fundamental	5,2	5,5	5,7	6,0
Anos finais do Ensino Fundamental	4,7	5,0	5,2	5,5
Ensino Médio	4,3	4,7	5,0	5,2

[9] "Nas últimas três décadas, no Brasil, a definição de qualidade da educação tem se fundado por escolhas de *quase-mercado* (AFONSO, 2010), ou seja, nos conceitos de eficiência, eficácia, meritocracia, responsabilização, privatização, produtividade, gestão por resultados, entre outros. A qualidade da educação básica tem se manifestado na definição de metas objetivas a serem perseguidas pelos sistemas de ensino, através do desempenho em avaliações estandardizadas que focam apenas nos resultados. Trata-se de um padrão de qualidade gerencialista, segundo o qual os resultados em avaliações aplicadas em larga escala se tornam o referencial da "qualidade da educação"; ou seja, terá qualidade aquela escola que atingir as notas indicadas em escalas de proficiência definidas no centro das políticas educacionais, com foco quase que exclusivo no desempenho de estudantes em provas aplicadas periodicamente. A qualidade da educação na perspectiva gerencialista tomou corpo no Estado brasileiro com a ampliação das ideias neoliberais que passaram a orientar as ações políticas pós anos 1980. Com a criação do Sistema de Avaliação da Educação Básica (Saeb), em 1990, assistiu-se à implantação de um modelo, centralizado no governo federal, de monitoramento e diagnóstico da referida "qualidade da educação", que passou a ser mensurada através de testes estandardizados aplicados de forma amostral em escolas públicas do país" (ALVES; ASSIS, 2018, p. 4).

Dos municípios em questão, todos atingiram as metas previstas para os anos iniciais do ensino fundamental da rede pública municipal. Assim, entre os municípios listados no Quadro 3, foi selecionado aquele com melhor Ideb observado em 2015.

Quadro 3 - Seleção dos municípios-campo: Ideb

MESORREGIÃO	MUNICÍPIO	IDEB 2015
Norte Goiano	Minaçu	6,0
	Uruaçu	5,8
Noroeste Goiano	Goiás	6,0
	São Miguel do Araguaia	6,2
Centro Goiano	Itaberaí	6,5
	São Luís de Montes Belos	6,2
Leste Goiano	Formosa	5,2
	Luziânia	5,5
Sul Goiano	Silvânia	5,8

Fonte: quadro elaborado para este estudo. Dados disponíveis em: http://ideb.inep.gov.br/resultado/. Acesso em: 23 mar. 2018

Novamente, justifica-se a adoção do melhor Ideb como item de seleção final dos municípios para composição da presente pesquisa haja vista o peso atribuído a esse indicador no próprio PNE 2014-2024, que de uma política de governo foi alçado a uma política de estado.

Em consequência dessa última triagem, foram selecionados para integrar a pesquisa os seguintes municípios-campo:

Quadro 4 - Municípios-campo selecionados

MESORREGIÃO	MUNICÍPIO	SISTEMA	CME	FME	IDEB 2015
Norte Goiano	Minaçu	Sim	1997	2017	6,0
Noroeste Goiano	São Miguel do Araguaia	Sim	1997	Lei	6,2

MESORREGIÃO	MUNICÍPIO	SISTEMA	CME	FME	IDEB 2015
Centro Goiano	Itaberaí	2010	1997	2010	6,5
Leste Goiano	Luziânia	2005	2005	Lei	5,5
Sul Goiano	Silvânia	2004	1999		5,8

Fonte: quadro elaborado para este estudo

A partir desses descritores, foram selecionados os cinco munícipios para realização da pesquisa, sendo um de cada mesorregião do estado de Goiás, visando ter uma visão de como o processo de elaboração dos PMEs tem ocorrido nessas localidades. Em síntese, foram selecionados Itaberaí (mesorregião Centro Goiano), Luziânia (mesorregião Leste Goiano), Minaçu (mesorregião Norte Goiano), São Miguel do Araguaia (mesorregião Noroeste Goiano) e Silvânia (mesorregião Sul Goiano).

A partir do desenho da pesquisa, produção dos instrumentos e seleção dos municípios da amostra, tomou-se como providência seguinte os contatos com representantes de cada localidade para execução dos processos e desenvolvimento do trabalho empírico, cujos resultados são apresentados e analisados no Capítulo 3.

Considerando o exposto, na presente pesquisa buscou-se apreender os movimentos das comissões de elaboração dos Planos Municipais de Educação no exercício de cumprimento dessa tarefa, sob os auspícios do Ministério da Educação (MEC). Em síntese, questiona-se: como os sujeitos, sociedade política e sociedade civil envidaram seus esforços no sentido de construir um documento de política pública de semelhante relevância à emanação de diretrizes e bases da Educação municipal? Ao se identificar a pluralidade de representações tomando como referência as experiências relatadas pelo pesquisador e sua relação com o objeto, procurou-se delinear a investigação científica de forma que permitisse abranger, o máximo possível, os sujeitos envolvidos no processo de elaboração dos PMEs. Para isso, ao selecionar os municípios-campo, lançou-se mão das prerrogativas do estudo de caso desenvolvido na perspectiva dos métodos mistos (quali-quantitativo) para abarcar todo o contexto e vislumbrar o objeto em sua totalidade por meio das falas dos sujeitos e documentos produzidos nos movimentos de elaboração dos planos.

Em consequência das condições objetivas para realização da pesquisa, optou-se pela aplicação de questionários, realização de entrevistas semiestruturadas e pesquisa documental num projeto paralelo convergente de métodos mistos, em que as fases quantitativas e qualitativas foram realizadas simultaneamente, cujos resultados são fundidos no momento da análise.

Pelo seu desenho metodológico e seu contexto, levando-se em referência os movimentos empreendidos nos municípios goianos de elaboração dos PMEs sob o ordenamento do PNE 2014-2024, essa pesquisa visa contribuir, sem depreender-se das relações sociais complexas mais amplas, com o entendimento de como esses processos de planejamento podem, ou não, favorecer para definição da agenda educacional local, tomando por base as relações consensuais e contraditórias entre sociedade política e sociedade civil em termos de execução de papéis de estado. Em outras palavras, a presente obra, por meio das problematizações e análises empreendidas, visa buscar a compreensão de como são instituídas as relações de poder, de constituição de hegemonias, a partir de temas como participação e gestão democrática, no exercício da difícil tarefa de se planejar a Educação local, em consonância com as políticas definidas no campo macro, que operam, conforme explanado anteriormente, mais como políticas de desconcentração do que efetivas ações de descentralização qualificada, em detrimento do arranjo federativo instituído via CF/1988.

1

ESTADO, PLANEJAMENTO E FEDERALISMO: FUNDAMENTOS NORTEADORES DA PESQUISA

Neste capítulo, objetiva-se apresentar as perspectivas teóricas que visam dar organicidade à análise dos dados, marcando de qual lugar parte o olhar do pesquisador para esses, ou seja, quais as premissas adotadas para fazer a leitura do envolvimento dos sujeitos no processo de elaboração dos Planos Municipais de Educação nos municípios-campo da pesquisa. Para fundamentar as discussões, apoiou-se principalmente em Abrúcio (2010), Araújo (2010, 2013), Buci-Glucksmann (1980), Cueto e Guardamagna (2012), Coutinho (1992, 2006), Cury (2010), Dourado (2010, 2013, 2016a, 2017), Gramsci (1991, 1999, 2001a, 2002, 2001b, 2004a, 2004b, 2005, 2007), Fernandes (2014), Ferreira e Fonseca (2011), Gandin (2001, 2011), Matus (1991, 1993) e Oliveira (2011).

Inicialmente, partiu-se do pressuposto apresentado por Dourado (2010) de que, para compreendermos as políticas educacionais, é fundamental situar a concepção de estado que norteia a análise. Logo, como primeiro marco, entende-se a ação de planejar como umas das principais atribuições do estado, entendido na concepção gramsciana de estado integral, formado pela composição dialética entre sociedade civil e sociedade política. Justifica-se a adoção das formulações de Gramsci sobre o estado em sentido integral, ou ampliado, devido ao seu reconhecido aprofundamento teórico e por servir como elo importante para analisar como os sujeitos, dos mais variados grupos sociais, participaram dessa essencial ação de planejar a educação municipal para o decênio em curso.

Para delinear esse conceito, na primeira parte deste capítulo é apresentada como se deu sua construção a partir dos escritos do jovem militante Antonio Gramsci até sua reelaboração procedida no cárcere, quando o autor "amplia" o entendimento do estado incluindo a participação da sociedade civil em sua formulação.

Na segunda parte do capítulo, busca-se definir o que vem a ser uma política de estado e em que ela se diferencia de uma política de governo, condição propícia para se pensar nos meandros do desenvolvimento do planejamento educacional. Discute-se como os "livros-planos", expressão de Matus (1993), são construídos e formalizados, mas nem sempre contam com uma plena e orgânica materialização no bojo das demais políticas públicas, ainda mais quando se considera as transições governamentais. Questiona-se: os planos de educação elaborados na geração do PNE 2014-2024 podem ser categorizados, levando-se em conta seu processo de elaboração, na tese de ampla participação da sociedade civil e da sociedade política, como planos de estado?

Partindo da compreensão dos planos de educação enquanto planos de estado, é discutido, em seguida, o conceito de planejamento adotado e o papel da sociedade civil e da sociedade política na construção e materialização desses documentos, compreendendo-os também como reflexo de uma agenda global que teve início com a adoção pelos estados nacionais da estratégia do planejamento como tarefa governamental após a Revolução Russa de 1917. Acolhe-se, pois, a perspectiva do processo de elaboração do planejamento educacional como disputas por hegemonia, na acepção gramsciana. Entender essas relações mais amplas é essencial para compreender como tal agenda chega e ocupa, ou deveria ocupar, os espaços e sujeitos nos países periféricos e, no que interessa a este trabalho, nos municípios. Finalizando este tópico, discute-se as vertentes ou modalidades de planejamento governamental mais difundidas e como elas se fizeram presentes influenciando a produção dos planos de educação brasileiros.

Para finalizar o capítulo, utilizando como referência esse quadro geral construído, parte-se para a reflexão sobre federalismo e o modelo instituído com a CF/1988, tomando como base os aspectos legais e relacionando-os à implantação de políticas principalmente gestadas a partir da União. Nesse contexto, no qual as assimetrias de um país continental como o Brasil se estruturam de forma sistêmica, inserem-se os municípios enquanto entes federativos autônomos que têm como atribuições constitucionais desenvolver a política educacional em seus respectivos sistemas de ensino. Situar os municípios no contexto do federalismo brasileiro é condição basilar para se compreender os movimentos de produção dos Planos Municipais de Educação sob a vigência do PNE 2014-2024 a partir dos arranjos institucionais montados via Ministério da Educação/Sase e parceiros como a Undime.

1.1 A TEORIA DE ESTADO INTEGRAL EM ANTONIO GRAMSCI: A CONSTRUÇÃO DO CONCEITO

O pensador italiano, nascido na região da Sardenha, Antonio Gramsci (1891-1937) é considerado por muitos estudiosos como o mais importante marxista do século XX. Tanto sua produção em liberdade (1910-1926) como sua produção no cárcere (1929-1935) representam um marco de atualização dos conceitos marxistas, segundo os novos contextos históricos, econômicos, políticos e sociais das primeiras décadas do século passado (COUTINHO, 2004).

Gramsci classificava sua produção intelectual dos tempos de liberdade, fase pré-carcerária, como um trabalho do cotidiano, que deveria nascer e morrer no mesmo tempo; dizia ele: "estas linhas eram escritas no dia a dia e, a meu ver, deviam morrer no fim do dia" (GRAMSCI, 2005, p. 83). Recusou em vida a fazer publicação de seus textos, como relata à sua cunhada Tatiana Schucht, em carta datada de 7 de setembro de 1931. Após sua morte, esses textos foram organizados e publicados, parte dos quais foram traduzidos no Brasil como *Escritos Políticos*, dispostos em dois volumes (GRAMSCI, 2004a, 2004b). Neles, encontramos o jovem Gramsci revolucionário empolgado com a práxis marxista, imerso na política por meio do Partido Socialista Italiano (PSI) com o qual rompe em 1921, e torna-se, em seguida, um dos fundadores do Partido Comunista Italiano (PCI). Durante essa fase, a Revolução Russa (1917) foi um dos motores de sua inspiração. Nos *Escritos Políticos* (1910-1926) concentram-se artigos jornalísticos, cartas e textos para o partido, entre outros.

Gramsci deixou contribuições significativas ao amadurecer, durante sua estada no cárcere, conceitos importantes como: hegemonia, estado integral, sociedade civil, guerra de posição, partido, intelectuais orgânicos, entre outros, sintetizados e explorados na sua principal obra, traduzida no Brasil como *Cadernos do Cárcere* (GRAMSCI, 1999, 2001a, 2001b, 2002, 2005, 2007). Durante sua permanência na prisão, Gramsci sentiu a necessidade de escrever algo *für ewig*, ou seja, para sempre. Na edição brasileira, organizada em seis volumes, constam textos de sua produção de 1929 a 1935, quando, por motivos de debilidade de saúde, o pensador sardo deixa de escrever até a sua morte em 27 de abril de 1937.

Por meio de pesquisa bibliográfica dessas duas obras de Gramsci, na versão brasileira, os *Escritos Políticos* e os *Cadernos do Cárcere*, objetiva-se apresentar o conceito de estado elaborado pelo pensador italiano nesses dois contextos de sua vida: da fase em liberdade e da fase carcerária. Gramsci, a partir do momento que recebeu autorização para estudar e escrever na prisão, dedicou-se a uma profunda análise teórica das relações políticas e conjunturais de sua época. Para isso, contou, principalmente, com a ajuda de sua cunhada Tatiana e do amigo Piero Sraffa, que o abasteceram de livros, jornais e revistas para que realizasse sua produção intelectual.

O conceito de estado integral formulado por Gramsci se constitui, nesta pesquisa, como o marco referencial para compreensão do fenômeno de elaboração dos Planos Municipais de Educação nos contextos definidos.

1.1.1 A concepção de estado nos *Escritos Políticos*

Os *Escritos Políticos*, versão brasileira editada por Carlos Nelson Coutinho, apresentam as produções jornalísticas, cartas e outros textos redigidos por Antonio Gramsci em sua fase pré-carcerária, ou seja, dos anos de 1910 a 1920 (volume 1) e de 1921 a 1926 (volume 2) até sua prisão ordenada pelo regime fascista, então operante na Itália, na segunda década do século XX (GRAMSCI, 2004a, 2004b).

Naquele período de sua trajetória, o jovem revolucionário Gramsci esteve mergulhado nos contextos políticos por quais passava a Europa, com atenção especial para as nações italiana e russa, destacando-se: sua militância no PSI, os desdobramentos do fim da 1ª Guerra Mundial, a Revolução Russa (1917) e a constituição do estado soviético, os debates em torno das teses da Internacional Comunista, seu rompimento com o PSI e fundação do PCI (1921), a experiência dos conselhos de fábrica (1919-1920), crescimento e ascensão do fascismo com a chegada de Mussolini (ex-socialista) ao poder na Itália (1922), sua estada na Rússia (maio de 1922 a novembro de 1923) e a fase de perseguição até sua prisão pelo governo fascista (1926). Esses fatos históricos, entre outros, deram substância à produção pré-carcerária gramsciana (GRAMSCI, 2004a, 2004b).

Nas análises que perpassam as discussões sobre estado, são ressaltadas as influências dos marxistas clássicos (Marx, Engels e Lenin) para o debate a respeito da constituição e função do estado burguês, capitalista, e a necessária revolução do proletariado e consequente construção do estado operário, socialista/comunista, com sua dissolução na Internacional Comunista. Em suas produções pré-carcerárias sobre o assunto, sobressaem-se temas como:

estado burguês, liberalismo, estado operário, sociedade socialista, ditadura do proletariado e partido político.

Gramsci, ao analisar a relação dialética entre a realidade tal qual se apresenta e as transformações orgânicas de uma sociedade, explica que os problemas concretos só se resolvem no estado, enquanto lócus de soberania e de poder:

> E, dado que o Estado é uma soberania organizada em poder, não se é concreto sem uma concepção geral do conceito de soberania, sem uma adequação da própria energia individual ao ato universal que opera através da soberania e se expressa em todo o complexo mecanismo da administração estatal. (GRAMSCI, 2004a, p. 222).

Assim, ao considerar-se a relação entre estado (sentido restrito) e sociedade, essa é compreendida como pura abstração no percurso do desenvolvimento da civilização humana, que se apresenta como um sistema e um equilíbrio de estados, de instituições concretas que ganham personificação na administração governamental. São nessas instituições concretas que a sociedade adquire consciência de sua existência e de seu desenvolvimento, num processo de conquista permanente, na medida em que se encarna numa instituição e encontra uma forma no estado. Um dos exemplos dessas instituições exploradas por Gramsci é o partido político, assim como os sustentáculos fundamentais do estado: o exército, a polícia, o parlamento e a magistratura (GRAMSCI, 2004a).

De acordo com Gramsci (2004a), o estado moderno opera como ente governativo e executivo da burguesia capitalista, ou seja, é reconhecido como a "expressão jurídica da classe proprietária, que impõe seu privilégio através da violência [Estado-coerção]" (p. 214), num contexto em que a propriedade privada tornou-se a "instituição fundamental do Estado" (p. 224). Nesse sentido, todo estado é uma ditadura, afirma Gramsci (2004b), ou seja, exerce em peso e medida a coerção. Enquanto protagonista da história, o estado concentra em seus organismos a potência da classe proprietária, o que leva o autor sardo, do ponto de vista constitucional, questionar: em qual momento vigora num estado a ditadura de uma classe e não um regime democrático?

Para Gramsci (2004b), há a ditadura burguesa quando ocorre a reunião dos poderes públicos (executivo, legislativo e judiciário) no poder governamental, ou seja, uma "ordem política reacionária" em que tais poderes se encontram reunidos no poder governamental e não são divididos e independentes entre si. Será uma "ordem política revolucionária" quando ocorrer, em regime proletário, a ditadura do proletariado. Mas é no estado que a classe proprietária se disciplina e se constrói como unidade, com exercício de sua ditadura e de seu domínio, objetivando manter intocada sua condição de privilégios, "na fase da luta de classe pelo poder, pelo predomínio na direção e no disciplinamento da sociedade" (GRAMSCI, 2004a, p. 258).

Se para a burguesia o estado representa a conservação e ampliação de seus privilégios, numa sociedade cindida em classes sociais e com a apropriação privada dos meios de produção e de troca, Gramsci (2004a), enquanto militante do PSI, questiona o que vem a ser o estado para os socialistas. Como resposta e exposição, ele explica que o estado é a organização econômico-política da classe burguesa composta por vários grupos em constante concorrência para assumir o governo. Nesse sentido,

> O Estado é a classe burguesa em sua concreta força real. A classe burguesa não é uma unidade fora do Estado. Em função do princípio e da ação da livre concorrência, surgem e se constituem continuamente novos grupos de produtores capitalistas, que complementam incessantemente a capacidade econômica do regime. Todos os grupos gostariam de escapar da dilaceradora luta da concorrência e impor seu monopólio. O Estado regula juridicamente os dissídios internos de classe, os atritos de interesses conflitantes, unifica vários segmentos e dá a imagem plástica da classe em sua totalidade. O governo, o poder, é o ponto onde se afirma a concorrência dos vários segmentos. O governo é o prêmio conquistado pelo partido, pelo segmento burguês mais forte, que, por causa dessa força, obtém o direito de regulamentar o poder do Estado, de direcioná-lo para determinados fins, de plasmá-lo predominantemente de acordo com seus programas econômicos e políticos. (GRAMSCI, 2004a, p. 167-169).

Em contradição ao modelo burguês, segundo Gramsci, o PSI não se fundamenta como organização de segmentos, mas de uma classe: a classe proletária, que não tem como missão entrar em concorrência pela "conquista do Estado", mas sim de "substituir o estado burguês" por meio da instauração do "estado operário", colocando a organização coletiva da produção e das trocas no lugar da concorrência. A livre concorrência, para Gramsci (2004a), é a lei suprema da sociedade capitalista que se impõe entre todas as energias sociais: "Os comerciantes disputam os mercados, os segmentos burgueses disputam o governo, as duas classes disputam o Estado" (p. 176).

O PSI, enquanto intelectual orgânico do proletariado, assume perante a Internacional Comunista a tarefa imediata de conquistar a nação italiana que, enquanto "estado em potência", em processo histórico de formação, é antagônico ao estado burguês, pois busca criar organismos capazes de superá-lo e absorvê-lo. Dessa forma,

> Esta sua tarefa *imediata*, sempre *atual*, confere-lhe características *especiais*, *nacionais*, que o obrigam a assumir na vida italiana uma função específica, uma responsabilidade própria. Trata-se de um Estado em potência, em processo de amadurecimento, antagonista do Estado burguês, que busca, na luta diuturna contra este último e no desenvolvimento de sua dialética interna, criar os organismos capazes de superar e absorver tal Estado. E, no desenvolvimento desta sua função, é *autônomo*, dependendo da Internacional tão-somente no que se refere ao fim supremo a alcançar e ao caráter que essa luta deve sempre apresentar, ou seja, o de uma luta de classe. (GRAMSCI, 2004a, p. 47, grifos no original).

Nesse contexto, os socialistas

> [...] não devem substituir uma ordem por outra. Devem instaurar a ordem em si. A máxima jurídica que eles querem realizar é: *possibilidade de realização integral da própria personalidade humana concedida a todos os cidadãos.* Com a concretização dessa máxima, desaparecem todos os privilégios constituídos. Ela conduz ao máximo de liberdade com o mínimo de coerção. (GRAMSCI, 2004a, p. 83, grifos no original).

Porém, conforme critica Gramsci (2004b), o PSI falhou nessa sua missão, na máxima de fundar um novo estado, de criar as condições políticas para a fundação do estado operário. Papel esse que deve, então, no momento de rompimento com os socialistas (1921), ser abraçado pelos comunistas em torno do PCI e das teses da Internacional Comunista.

Em que constitui e como construir esse novo estado, ou seja, o estado operário?

O caminho, na visão marxista de Gramsci, é a "revolução proletária", a maior das revoluções, que tem como objetivo principal abolir as propriedades privada e nacional, bem como as classes sociais, num processo que envolve todos os homens e não somente segmentos deles. A revolução é o motor que obriga todos os homens a tomar partido, transformando a sociedade de uma organização unicelular (de indivíduos-cidadãos) numa organização pluricelular (sujeitos coletivos). Segundo Gramsci (2004a), a missão da revolução é dar vida ao novo tipo de estado, ao estado operário. Nesse movimento, instaurar-se-á a "ditadura do proletariado" como fundação do novo estado, tipicamente proletário, construído historicamente por meio das organizações da classe trabalhadora, um estado "no qual confundam as experiências institucionais da classe oprimida, no qual a vida social da classe operária e camponesa se torna sistema difundido e fortemente organizado" (GRAMSCI, 2004a, p. 249). Destarte, a ditadura do proletariado é expansiva e não repressiva, "num contínuo movimento de baixo para cima, um contínuo intercâmbio através de todas as capilaridades sociais, uma contínua circulação de homens" (GRAMSCI, 2004b, p. 240).

Esse estado, socialista, exige a participação ativa e permanente dos operários na vida de suas instituições, sendo instrumento de mudanças radicais; mas, adverte Gramsci (2004a, p. 256), "não se muda de Estado com a simplicidade com que se muda de governo". Nessa trajetória, é preciso que se eduque a classe proletária, que se dê-lhe experiência no sentido de construir sua consciência de classe, consciência dos deveres daqueles que chegam ao estado, o que significa "educar o proletariado para o exercício da ditadura, do autogoverno" (p. 254), ou seja, para a construção de sua concepção de mundo.

Somente um proletariado educado politicamente, que não se entregue ao desespero e ao desalento diante dos reveses possíveis e inevitáveis, que permaneça fiel e leal ao seu Estado apesar dos erros que indivíduos possam cometer e dos retrocessos que as condições reais da produção possam impor, somente um proletariado assim poderá exercer a ditatura, liquidar a herança maléfica do capitalismo e da guerra e realizar a Internacional comunista. (GRAMSCI, 2004a, p. 255).

O filósofo italiano esclarece que o estado socialista ou operário ainda não é o comunismo, ou seja, a instauração de uma prática e de um modo de vida solidarista, mas é o estado de transição que tem como objetivo suprimir a concorrência por meio da eliminação da propriedade privada, das classes sociais, das economias nacionais.

Conquistar o estado deve ser entendido como a criação de um novo tipo de estado, "gerado pela experiência associativa da classe proletária" (GRAMSCI, 2004a, p. 262). Como exemplo desse tipo de experiência, Gramsci vivenciou, nos anos de 1919 a 1920, a criação e o funcionamento dos conselhos de fábrica enquanto aparelhos representativos e formativos da classe operária. Os conselhos funcionavam, segundo Gramsci (2004a), como uma forma de expropriação da primeira máquina no sistema de produção:

a própria classe operária. Como se desenvolvem no chão da própria fábrica, onde o operário é visto como produtor, os conselhos se constituem como a célula de um novo estado, o estado operário, que "põe em prática a força do proletariado, luta contra a ordem capitalista ou exerce o controle sobre a produção, educando toda a massa operária para a luta revolucionária" (GRAMSCI, 2004a, p. 392).

Os conselhos, de acordo com Coutinho (1992), caracterizavam-se como a organização dos trabalhadores cujo movimento inicial consistia em fazer uma comissão interna, organismo representativo de todos os trabalhadores da fábrica, dos operários, dos técnicos aos engenheiros, em que todos exerceriam o direito ao voto e de serem votados, independentemente de serem sindicalizados ou não. Articulados dessa forma, os conselhos não se limitariam à defesa dos direitos imediatos (econômico-corporativos) dos trabalhadores, mas atuariam no exercício formativo desses visando elevá-los à condição de "produtores"; constituiriam em espaços capazes de formar o que Gramsci viria a denominar de "vontade coletiva", passo fundamental para dar fim ao estado burguês e constituição do novo estado operário.

No processo de criação do novo estado, o proletariado deve superar a contradição entre os interesses corporativos e os interesses de classe. Para constituir sua hegemonia e sua ditadura e tornar-se classe dirigente e dominante[10], tais interesses corporativos (defendidos pelos sindicatos,

[10] Em sua aquisição teórica dos últimos anos em liberdade, Gramsci vai desenvolver o conceito de *hegemonia*, que o autor atribui à Lenin (Ilitch): "Como deve ser entendida a afirmação de que o proletariado alemão é o herdeiro da filosofia clássica alemã? Não quereria Marx indicar a função histórica da sua filosofia, transformada em teoria de uma classe que se transformaria em Estado? Para Ilitch, isto realmente aconteceu em um determinado território. Em outro local, assinalei a importância filosófica do conceito e da realidade da hegemonia, *devido a Ilitch*. A hegemonia realizada significa a crítica real de uma filosofia, sua real dialética" (GRAMSCI, 1999, p. 242, grifo nosso). Na perspectiva amadurecida no cárcere, a hegemonia é o ponto de conexão entre sociedade civil e sociedade política; só se torna dominante quando se é dirigente, ou seja, quando se conquista o consenso da maioria. Segundo Coutinho (1992), a ideia de que a "conquista da hegemonia por uma classe implica sua transformação em classe nacional – ou seja, de que só se pode ser classe dominante quando se já é classe dirigente, quando já se detém o consenso da maioria da população trabalhadora – é a grande aquisição teórica dos últimos anos de Gramsci em liberdade" (p. 39). Buci-Glucksmann (1980) analisa que há, no conjunto da obra gramsciana, um mutação "espantosa" em relação ao emprego do conceito de hegemonia dos *Escritos Políticos aos Cadernos do Cárcere:* até 1926, a hegemonia designava principalmente uma estratégia alternativa do proletariado (*hegemonia do proletariado*) que carrega forte influência leninista (hegemonia é: uma direção de classe; uma direção de classe que se exerce no contexto de uma política de alianças; essa hegemonia se ganha na luta de classes). Já no Caderno 1, Gramsci efetua a mudança de campo: "hegemonia, especificada pelo novo conceito de aparelho de hegemonia, refere-se sobretudo às práticas da classe dominante. Mais ainda, enquanto nos Cadernos posteriores (7 e 8) a hegemonia englobará progressivamente as estruturas do Estado, aqui os conceitos de hegemonia e de aparelhos de hegemonia não são diretamente vinculados à problemática do Estado, e sim à da constituição de classe, em um processo de transformação revolucionária" (BUCI-GLUCKSMANN, 1980, p. 69-70). Em síntese, há uma dupla passagem de enriquecimento: "1º. Da hegemonia do proletariado à hegemonia burguesa; 2º. Da constituição de classe à problemática do Estado" (BUCI-GLUCKSMANN, 1980, p. 70).

por exemplo) devem ser superados pelos interesses gerais e permanentes da classe proletária. Para Gramsci (2004b, p. 415), "o proletariado, para ser capaz de governar como classe, deve se despojar de todo resíduo corporativo, de todo preconceito ou incrustação sindicalista". Dessa forma,

> O metalúrgico, o marceneiro, o operário da construção civil, etc., devem não só pensar como proletários e não mais como metalúrgico, marceneiro, operário da construção civil, etc., mas devem dar ainda um passo à frente: devem pensar como operários membros de uma classe que só pode vencer e construir o socialismo se for ajudada e seguida pela grande maioria dos estratos sociais. Se não conseguir isso, o proletariado não se torna classe dirigente; e tais estratos, que representam na Itália a maioria da população, ao continuarem sob a direção burguesa, darão ao Estado a possibilidade de resistir à ofensiva proletária e de derrotá-la. (GRAMSCI, 2004b, p. 416).

Gramsci (2004b) apela então para a formação de sujeitos coletivos. Nesse sentido, "o proletariado não pode se limitar a controlar a produção econômica, mas deve também exercer sua direção político-cultural [hegemonia] sobre o conjunto das forças sociais que, por essa ou aquela razão, desse ou daquele modo, se opõem ao capitalismo" (COUTINHO, 1992, p. 36).

Na formação da "hegemonia do proletariado", dever-se-á criar um sistema de alianças de classe para mobilizar toda a população trabalhadora contra o capitalismo e o estado burguês. É preciso estabelecer o controle operário, fundamento sobre o qual após ter conquistado a confiança e o consenso[11] (hegemonia) das grandes massas populares, constrói-se o estado. Esse trabalho de luta do proletariado contra o capitalismo se desenvolve em três frentes: a econômica, a política e a ideológica, que Gramsci (2004b) sintetiza como:

> A luta econômica em três fases: de resistência contra o capitalismo, ou seja, a fase sindical elementar; de ofensiva contra o capitalismo pelo controle operário da produção; de luta pela eliminação do capitalismo através da socialização. Também a luta política em três fases principais: luta para limitar o poder da burguesia no Estado parlamentar, ou seja, para manter ou criar uma situação democrática

[11] Consenso, nesta obra, não é entendido como o resultado de acordos pacíficos, mas como produto dialético em que convergem interesses de grupos, muitas vezes antagônicos, mas com capacidade de definirem agendas estratégicas comuns fazendo concessões de ordem política ou econômico-corporativa, objetivando objetivos ampliados. Nesse sentido, o consenso situa-se no campo da contradição e da delimitação de interesses comuns e divergentes.

> de equilíbrio entre as classes, que permita ao proletariado organizar-se e desenvolver-se; luta pela conquista do poder e pela criação do Estado operário, ou seja, uma ação política complexa através da qual o proletariado mobiliza em torno de si todas as forças sociais anticapitalistas (em primeiro lugar, a classe camponesa) e as conduz à vitória; a fase da ditadura do proletariado organizado em classe dominante a fim de eliminar todos os obstáculos técnicos e sociais que se opõem à realização do comunismo. A luta econômica não pode ser desligada da luta política e nenhuma das duas partes pode ser desligada da luta ideológica [produção e consolidação de uma hegemonia proletária]. (p. 293).

Para Gramsci (2004a), a ditadura do proletariado e o estado operário são uma fase de transição para a Internacional Comunista, ainda que devesse durar apenas um dia, que tem como principal tarefa a supressão da propriedade privada, das classes sociais e do estado nacional. Ou seja, chegamos à tese de dissolução do estado nacional na Internacional Comunista que, como princípio político, dar-se-á tão mais rapidamente quanto mais o proletariado for capaz de se organizar socialmente de modo sólido e disciplinado. "A Internacional é o 'Estado' dos trabalhadores, ou seja, a verdadeira base do progresso na história especificamente comunista e proletária" (GRAMSCI, 2004a, p. 284). Em outras palavras, o estado operário, por nascer com base numa configuração produtiva como dos conselhos de fábrica, por exemplo, "cria com isso as condições do seu desenvolvimento, de sua dissolução como Estado, da sua incorporação orgânica a um sistema mundial, ou seja, a Internacional comunista" (GRAMSCI, 2004a, p. 366).

Com essa concepção marxista, segundo Coutinho (1992), Gramsci corroborou, então, em liberdade, com a compreensão do estado enquanto agente da burguesia e de manutenção dos interesses de classe, mais especificamente da classe burguesa proprietária dos meios de produção. A superação desse modelo por meio da revolução proletária e constituição do estado operário tem como fim, conforme os *Escritos Políticos*, na dissolução desse estado na Internacional Comunista, criando um estilo de vida solidarista em sociedade.

Mas Coutinho (1992, p. 39) analisa que, até 1926, a compreensão gramsciana ainda carecia do conceito de sociedade civil, que só veio a ser sistematizado em sua estada no cárcere, ou, mais precisamente, carecia da teoria do estado como síntese de sociedade política e sociedade civil, sendo essa a portadora material da função social da hegemonia. "Mas a ideia da articulação entre dominação e direção, entre criação do novo Estado proletário e hegemonia, quer dizer a distinção (na unidade) entre as funções de dominação e de hegemonia, essa é uma ideia que já aparece em 1926".

Ao compilar e articular os escritos sobre estado de Gramsci antes de ser preso pelo regime fascista, percebe-se uma identificação profunda com a concepção dos clássicos marxistas quanto à composição e papel do estado na sociedade capitalista, conforme narrado até então, ficando restrito ao poder de coerção e ditadura da sociedade política. Fica a questão: como Gramsci amplia a concepção de estado ao formular a tese do estado integral?

Antes de percorrer para os *Cadernos do Cárcere*, é importante destacar que há um desenvolvimento permanente no pensamento de Gramsci. Não há rupturas entre o Gramsci dos *Escritos Políticos* e o Gramsci dos *Cadernos do Cárcere*; existe, pois, um aprofundamento teórico de suas categorias.

1.1.2 A concepção de Estado Integral nos *Cadernos do Cárcere*

Em 8 de novembro de 1926 Gramsci foi preso pelo regime fascista de Mussolini e condenado a 20 anos de reclusão. Somente no início de 1929 ele recebeu autorização para que pudesse escrever na prisão, iniciando, assim, sua produção traduzida no Brasil como os *Cadernos do Cárcere*.

No que se refere às discussões a respeito do conceito de estado e suas implicações, pode-se destacar dois momentos de interlocução com a sua cunhada Tatiana Schucht, por meio de suas cartas. Em 3 de agosto de 1931, Gramsci, expondo à Tatiana sobre seu projeto de estudos, explica sobre a necessidade de aprofundar suas pesquisas a respeito da história dos intelectuais italianos, interesse que nasceu, "por uma parte, do desejo de aprofundar o conceito de Estado e, por outra parte, de compreender alguns aspectos do desenvolvimento histórico do povo italiano" (GRAMSCI, 2005, p. 67). Nesses termos, Gramsci já sinaliza para suas investigações sobre a ampliação do conceito de estado, vinculado ao estudo sobre os intelectuais e seu papel.

Mas foi em sua carta datada de 7 de setembro de 1931, também tendo Tatiana Schucht como interlocutora, que Gramsci expõe de forma mais detalhada sua compreensão ampliada do conceito de estado, o estado em sentido integral:

> Por outro lado, eu amplio muito a noção de intelectual e não me limito à noção corrente, que se refere aos grandes

> intelectuais. Este estudo também leva a certas determinações do conceito de Estado, que, habitualmente, é entendido como sociedade política (ou ditadura, ou aparelho coercitivo, para moldar a massa popular segundo o tipo de produção e a economia de um dado momento), e não como um equilíbrio da sociedade política com a sociedade civil (ou hegemonia de um grupo social sobre toda a sociedade nacional, exercida através das organizações ditas privadas, como o igreja, os sindicatos, as escolas, etc.), e é especialmente na sociedade civil que operam os intelectuais (Ben. [Benedetto] Croce, por exemplo, é uma espécie de papa laico e é um instrumento muito eficaz de hegemonia, ainda que vez por outra possa divergir deste ou daquele governo, etc.). (GRAMSCI, 2005, p. 84).

Nessa carta encontra-se o cerne do conceito de estado integral formulado por Gramsci: de que o estado compreende a composição dialética entre sociedade política e sociedade civil. Modificou-se a compreensão do conceito ao colocar a sociedade civil, portadora da hegemonia, como parte do estado, "aliás, [a sociedade civil] é o próprio Estado" (GRAMSCI, 2001b, p. 85). Dessa forma, o conceito gramsciano amplia a compreensão de estado dos clássicos marxistas[12], que compreendem o estado restrito à sociedade política.

Ao utilizar o termo "Estado ampliado"[13], Buci-Glucksmann (1980) argumenta que a necessidade de ampliação do conceito de estado surgiu da crítica à ideologia liberal, que o concebe como o "sustentáculo da ordem" ou como "aparelho parlamentar" restrito ao simples governo, cujas funções se limitam à tutela da ordem pública e ao respeito às leis. Por consequência, a ideologia liberal oculta o poder classista do estado ao passo que apaga o papel da sociedade civil.

Incluindo a sociedade civil no conceito de estado integral, Gramsci (2007, p. 244) aplicou a famosa fórmula: "[...] deve notar que na noção geral

[12] Bottomore (2013) explica que na concepção de estado dos marxistas clássicos (Marx, Engels e Lenin), o estado é a instituição que, acima de todas as outras, "tem como função assegurar e conservar a dominação e a exploração de classe" (p. 217), regulando a luta de classes e assegurando a estabilidade da ordem social. Nessa concepção, sempre ressaltou-se o papel coercitivo do estado: "o Estado é essencialmente a instituição pela qual uma classe dominante e exploradora impõe e defende seu poder e seus privilégios contra a classe ou classes que domina e explora" (p. 221).

[13] Nos *Cadernos do Cárcere* traduzidos por Carlos Nelson Coutinho, não aparece a expressão "Estado ampliado". Esse termo foi cunhado por Buci-Glucksmann (1980) em um dos primeiros trabalhos de alcance internacional que se ocupou de analisar o conceito de estado em Gramsci e sua ampliação. Com os estudos realizados a respeito da obra gramsciana no Brasil, popularizou-se o termo "Estado ampliado". Mas, nesta pesquisa, os termos "estado ampliado" e "estado integral" são utilizados indistintamente, como sinônimos do mesmo conceito.

de Estado entram elementos que devem ser remetidos à noção de sociedade civil (no sentido seria possível dizer, de que Estado = sociedade política + sociedade civil, isto é, hegemonia couraçada de coerção)", ou, em outras palavras do autor italiano, "por 'Estado' deve-se entender, além do aparelho de governo, também o aparelho 'privado' de hegemonia ou sociedade civil" (GRAMSCI, 2007, p. 254-255). Assim,

> A ampliação do Estado passa, portanto, por uma incorporação da hegemonia e de seu aparelho ao Estado. [...] Ao pretender precisar a natureza dessa 'iniciativa histórica privada' relacionada com o conceito de *sociedade civil* [...], Gramsci estabelece [...] uma equivalência entre 'aparelho de hegemonia privado' e 'sociedade civil', sendo que o aparelho de hegemonia se reveste de uma dupla dimensão: econômica e político-cultural. [...] Observação de Gramsci: 'Que quer dizer isso, senão que por Estado deve-se entender não somente o *aparelho governamental*, mas também o *aparelho 'privado'* de hegemonia, ou sociedade civil' (C 6, 137). (BUCI-GLUCKSMANN, 1980, p. 98-99, grifos no original).

No estado integral, ou estado ampliado, há, pois, uma relação dialética de equilíbrio entre sociedade política e sociedade civil, entre hegemonia e ditadura, mas que se apresenta como uma síntese provisória. Nesse sentido,

> Uma das principais contribuições de Gramsci para o pensamento marxista foi a proposição da ideia de que a dominação da classe dominante não se realiza apenas pela coerção, mas é obtida pelo consentimento. Gramsci insistiu que o Estado tinha um papel importante nos campos cultural e ideológico, bem como na organização do consentimento [hegemonia]. (BOTTOMORE, 2013, p. 221).

Enquanto na teoria marxista clássica a sociedade civil pertence ao plano da infraestrutura, sendo, portanto, ligada ao campo da produção econômica, Gramsci (2001a; 2007) eleva sociedade civil e sociedade política ao plano da superestrutura, como produtoras de ideologias, mas que, por razões histórico-dialéticas, também não se desvinculam do campo econômico. Gramsci (2001a), como marxista, não nega o plano estrutural, mas explica que,

> Por enquanto, podem-se fixar dois grandes 'planos' superestruturais: o que pode ser chamado de 'sociedade civil' (isto é, o conjunto de organismos designados vulgarmente como 'privados') e o da 'sociedade política ou Estado', planos que

> correspondem, respectivamente, à função de 'hegemonia' que o grupo dominante exerce em toda a sociedade e àquela de 'domínio direto' ou de comando, que se expressa no Estado e no governo 'jurídico'. (p. 20).

Logo, considerando o peso entre infraestrutura e superestrutura, analisa Semeraro (2006) que Gramsci "estabelece uma dialética entre sociedade civil e sociedade política e indica que há uma relação tensa e recíproca entre as condições objetivas da realidade a vontade de organização de sujeitos ativos" (p. 97).

Gramsci adverte que a distinção entre sociedade civil e sociedade política é uma questão apenas metodológica, não orgânica, pois ambas estão dialeticamente atuando no corpo do estado; a primeira, enquanto portadora da hegemonia, e, a segunda, enquanto portadora da coerção, ou seja, ambas constituem "o Estado (no significado integral: ditadura + hegemonia)" (GRAMSCI, 2007, p. 257). Assim, explica Buci-Glucksmann (1980), ao advogar contra a "separação entre a sociedade política e a sociedade civil própria do liberalismo, ao romper com a distinção orgânica em favor de uma simples distinção metodológica, [Gramsci] apresenta a tese da *ampliação do Estado como tese anti-economicista e antiliberal*" (p. 133, grifos no original).

Coutinho (1992) analisa que, Gramsci, ao insistir sobre a diversidade estrutural e funcional das duas esferas da superestrutura (sociedade civil e sociedade política), ele não perde de vista o momento unitário, pois elas estão em constante relação enquanto estado integral, são "duas esferas distintas e relativamente autônomas, mas inseparáveis na prática" (SEMERARO, 2006, p. 95). Ao se forçar a separação entre sociedade política e sociedade civil, há um problema do deslocamento da base histórica do estado, um problema de ordem hegemônica, em que o estado-coerção sobressai-se "ou para lutar contra o novo e conservar o que oscila, fortalecendo-o coercitivamente, ou como expressão do novo para esmagar as resistências que encontra ao desenvolver-se" (GRAMSCI, 2007, p. 263).

Adotando-se, então, o viés metodológico, as superestruturas podem desdobrar-se da seguinte maneira:

Quadro 5 - Esquema do desdobramento metodológico das superestruturas

Estado integral = hegemonia encouraçada de coerção	
Estado ou sociedade política.	Sociedade civil.
Ditadura.	Hegemonia.
Aparelho de coerção (exército, polícia, administração, tribunais, burocracia...).	Aparelhos de hegemonia (culturais, políticos, econômicos).
Governo (= Estado em sentido restrito).	Estado em sentido integral.
Estado como aparelho de poder.	Estado como organizador do consenso.
Dominação.	Direção.

"N.B.: Esse desdobramento não é orgânico; ele passa pela dialética base/superestrutura, que ele ultrapassa, pressupõe, organiza".

Fonte: Buci-Glucksmann (1980, p. 126)

A partir da distinção metodológica aplicada no quadro anterior, a sociedade política, ou estado em sentido restrito, ou "estado-coerção", "estado-governo", compreende o exercício da ditadura por meio dos "aparelhos coercitivos" dos quais se destacam a burocracia executiva, o direito, a magistratura e as forças policiais-militares. "É a arena das instituições políticas no sentido constitucional jurídico" (BOTTOMORE, 2013, p. 284). Por meio da coerção, ou seja, da ditadura, o estado, nessa perspectiva restrita, atua para obter, com uso da força impositiva, o consenso dos que não se submetem. Logo,

> Em um sentido estreito, o Estado se identifica com o governo, com o aparelho de ditadura de classe, na medida em que ele possui funções coercitivas e econômicas. A dominação de classe se exerce através do aparelho do Estado no sentido clássico (exército, polícia, administração, burocracia). Mas essa função coercitiva é inseparável de um certo papel adaptativo-educativo do Estado, que procura realizar uma adequação entre aparelho produtivo e moralidade das massas populares. (BUCI-GLUCKSMANN, 1980, p. 128).

A sociedade civil, reportando ainda ao Quadro 5, território de múltiplos interesses, corresponde às forças ditas "privadas", que gozam de relativa autonomia frente à sociedade política, compreendendo instituições e organizações como a igreja, a escola, o partido político, os sindicatos, as organizações de cultura (como os meios de comunicação de massa, jornais, revistas etc.). Tais instituições, que agem de forma organizada, são os que Gramsci (2007, p. 225) denomina de "portadores de hegemonia", ou, "aparelhos de hegemonia", que têm como função principal a construção dos consensos (formação de consciência) na sociedade em geral. Em síntese, o conceito de sociedade civil é empregado "no sentido de hegemonia política e cultural de um grupo social sobre toda a sociedade, como conteúdo ético do Estado". Na construção do estado integral, é a sociedade civil organizada que luta para formar seus consensos cada vez mais amplos a toda sociedade; é quem dirige a ordem política. Com essa concepção, o autor sardo ressignifica o conceito de sociedade civil e o difere completamente da visão liberal:

> Na visão do liberalismo a sociedade civil é o espaço do indivíduo separado da esfera do Estado, estrutura exterior e opressora mas inevitavelmente necessária para moderar os 'excessos' dos interesses privados. Aqui, o ponto de partida e de chegada é sempre a liberdade e o benefício do indivíduo. Em Gramsci, ao contrário, a sociedade civil é o terreno onde indivíduos 'privados' de sua dignidade e pulverizados em suas vidas podem encontrar condições para construir uma subjetividade social, podem chegar a ser sujeitos quando, livre e criativamente organizados, se propõem a desenvolver juntamente com as potencialidades individuais as suas dimensões públicas e coletivas. (SEMERARO, 2006, p. 104-105).

Segundo Fontes (2006), em Gramsci, a sociedade civil é inseparável da noção de totalidade, isto é, da luta de classes. O conceito está relacionado às relações sociais de produção, às formas sociais de produção da vontade e da consciência, logo,

> Procura dar conta dos fundamentos da 'produção social, da organização das vontades coletivas e de sua conversão em aceitação da dominação, através do Estado [em sentido estreito]. O fulcro do conceito gramsciano de sociedade civil — e dos aparelhos privados de hegemonia — remete para a organização (produção coletiva) de visões de mundo, da consciência social, de 'formas de ser' adequadas aos interesses do mundo burguês (a hegemonia) ou, ao contrário, capazes de opor-se resolutamente a esse terreno dos interesses (corporativo), em direção a uma sociedade igualitária ('regulada') na qual a eticidade prevaleceria (o momento ético-político da contra-hegemonia)'. (FONTES, 2006, p. 211).

Nesse sentido, Semeraro (2006, p. 97) explica que, para Gramsci, a sociedade civil constitui-se de grande importância política, "onde as classes subalternas também são chamadas a desenvolver as suas convicções e a lutar por seu projeto hegemônico", pois "não é apenas o território exclusivo da burguesia" (p. 102). O campo da sociedade civil também pode ser uma "arena privilegiada onde as classes subalternas organizam as suas associações, articulam as suas alianças, confrontam os seus projetos ético-políticos e disputam o predomínio hegemônico" (SEMERARO, 2006 p. 103). Percebida dessa forma, a sociedade civil não se constitui como um todo homogêneo, mas extremamente plural e controverso, como campo de disputas, de conflitos, mas também como possibilidades de construção de consensos (hegemonia), de conciliações, logo, conforme Semeraro (2006, p. 187), citando Coutinho ao final,

> Analisar a sociedade civil e sua relação inseparável do Estado [sociedade política], [...] implica empreender com espírito dialético operações cuidadosas para discernir que 'nem tudo o que faz parte da sociedade civil é 'bom' (ela pode, por exemplo, ser hegemonizada pela direita) e nem tudo o que vem do Estado é 'ruim' (ele pode expressar instâncias universais que se originam na luta das classes subalternas)'.

Fontes (2006) afirma que não há oposição entre sociedade civil e sociedade política na teoria gramsciana, pois são elementos que se complementam na formação do estado integral. Mas, ao criticar a dissociação orgânica entre sociedade civil e sociedade política, típica do liberalismo, Gramsci (2007) chama atenção para a "estatolatria", ou seja, a atitude em relação ao "governo dos funcionários" ou sociedade política entendida genericamente na linguagem comum como sendo o estado como um todo. Para Manacorda (2008, p. 236),

> É estatolatria esquecer-se que cada elemento social individual é Estado e, por isso, demandar do Estado, como se fosse um organismo exterior aos indivíduos, a tarefa educativa que, ao invés, cada indivíduo deveria exercer na sua própria esfera; é estatolatria, em suma, dissociar-se aquilo que é molecular daquilo que é universal.

Há de se considerar as compreensões sobre o estado em determinadas épocas, "como sociedade civil e como sociedade política, como 'autogoverno' e como 'governo dos funcionários'" (GRAMSCI, 2007, p. 279). Tendo em vista o entendimento da ampliação do conceito enquanto estado integral, o autor sardo afirma que "todo indivíduo é funcionário", não no sentido de que é empregado e pago pelo estado e submetido à hierarquia da burocracia estatal-governamental, mas no sentido de uma "identidade-distinção" entre sociedade civil e sociedade política, identificação orgânica entre o indivíduo e o estado em sentido ampliado. É funcionário "quanto mais adere ao programa estatal" (GRAMSCI, 2007, p. 200), na medida em que age espontaneamente e se identifica com os fins do estado, ou seja, com os objetivos "do grupo social determinado ou sociedade civil" (GRAMSCI, 2007, p. 282).

Em um exercício de síntese, Coutinho (1992) analisa a relação entre sociedade civil e sociedade política a partir da "função" e do "modo" que atuam enquanto estado integral. Quanto à *função*, explica o autor, ambas unidas dialeticamente constituem a noção de ampliação do estado servindo para conservar ou promover determinada base econômica, de acordo com os interesses de uma classe social fundamental, dirigente e dominante. No que se refere ao *modo* de realizar essa conservação ou promoção, variar-se-á em dois casos: por meio da hegemonia que as classes procuram exercer no âmbito da sociedade civil, ou seja, "buscam ganhar aliados para suas posições mediante a *direção política* e o *consenso*; por meio da sociedade política, ao contrário, as classes exercem sempre uma *ditadura*, ou mais precisamente, uma *dominação* mediante a *coerção*" (COUTINHO, 1992 p. 77, grifos no original).

Na relação dialética entre consenso (sociedade civil) e coerção (sociedade política), como instrumentos de ação do estado integral para manutenção das estruturas sociais, situa-se o papel dos intelectuais, que agem nas superestruturas, enquanto "prepostos" do grupo dominante para o exercício das funções subalternas da hegemonia social e do governo político, ou seja, a serviço da sociedade civil e da sociedade política. Segundo Gramsci (2001a, p. 15),

> [...] todo grupo social, nascendo no terreno originário de uma função essencial no mundo da produção econômica, cria para si, ao mesmo tempo, organicamente, uma ou mais camadas de intelectuais que lhe dão homogeneidade e consciência da própria função, não apenas no campo econômico, mas também no social e político.

O autor sardo distingue, não de forma dicotômica, dois grandes grupos de intelectuais: os tradicionais e os orgânicos. O primeiro grupo corresponde àqueles que não lideram as massas para uma ação coletiva; os sacerdotes e os professores são vistos como intelectuais tradicionais que se sustentam em seus títulos. Os intelectuais orgânicos não podem ser vistos na personificação de uma pessoa, mas como um grupo capaz de construir hegemonia, seja dos dirigentes ou dos dirigidos, constituem "o elemento pensante e organizador de cada classe social" (CARNOY, 2010, p. 114). Esses sujeitos, segundo Gruppi (1980), são os que mantém coeso o bloco histórico[14], "os que elaboram a hegemonia da classe dominante, que sem os intelectuais não poder ser dirigente: seria apenas dominante e opressiva, faltar-lhe-ia a base das massas, o consenso necessário para exercer o seu poder" (p. 84).

Os intelectuais orgânicos dos grupos subalternos têm como função liderá-los para se tornarem sociedade civil, a fim de se agregarem ao estado integral, num processo de tomada de consciência individual e coletiva. Assim, o intelectual orgânico realiza uma ação conectiva e organizativa para a produção de consenso, de organização política, uma visão de mundo, de formação e consolidação de um modelo hegemônico. O partido político é, segundo Gramsci (2001a), o intelectual orgânico que tem como missão a fundação de um novo tipo de estado.

No exercício e na produção da hegemonia, os intelectuais utilizam

> 1) do consenso 'espontâneo' dado pelas grandes massas da população à orientação impressa pelo grupo fundamental dominante à vida social, consenso que nasce 'historicamente' do prestígio (e, portanto, da confiança) obtido pelo grupo dominante por causa de sua posição e de sua função no mundo da produção; 2) do aparelho de coerção estatal que assegura 'legalmente' a disciplina dos grupos que não 'consentem', nem ativa nem passivamente, mas que é constituído para toda a sociedade na previsão dos momentos de crise no comando e na direção, nos quais desaparece o consenso espontâneo. (GRAMSCI, 2001a, p. 21).

[14] "As estruturas e as superestruturas formam um 'bloco histórico', ou seja, o conjunto complexo e contraditório das superestruturas é o reflexo do conjunto das relações sociais de produção" (GRAMSCI *apud* COUTINHO, 1992, p. 56). Nesse sentido, o desafio que se coloca é fazer com que o bloco histórico torne-se o bloco no poder: "um novo bloco histórico – pensa ele [Gramsci] – não é cimentado apenas pela convergência de interesses econômicos ou mesmo políticos, mas também por afinidades de natureza cultural. [...] Para se tornar dirigente, o proletariado deve também dar resposta às questões ideológicas vividas por seus aliados potenciais. [...] A batalha das ideias – o diálogo e o confronto cultural – assume uma importância decisiva na luta pela hegemonia". (COUTINHO, 1992, p. 42).

O estado integral, onde agem os intelectuais orgânicos, enquanto momento relacional das ações de consenso e coerção, é concebido como organismo próprio de um grupo que detém a direção e o domínio da sociedade, ou seja, criou e consolidou sua hegemonia e a equilibrou com o exercício da força, da ditadura, exercendo sua ação sobre uma série de grupos subordinados. Com essa dimensão, o estado é destinado

> [...] a criar as condições favoráveis à expansão máxima desse grupo, mas este desenvolvimento e esta expansão são concebidos e apresentados como a força motriz de uma expansão universal, de um desenvolvimento de todas as energias "nacionais", isto é, o grupo dominante é coordenado concretamente com os interesses gerais dos grupos subordinados e a vida estatal é concebida como uma contínua formação e superação de equilíbrios instáveis (no âmbito da lei) entre os interesses do grupo fundamental e os interesses dos grupos subordinados, equilíbrios em que os interesses do grupo dominante prevalecem, mas até um determinado ponto, ou seja, não até o estreito interesse econômico-corporativo. (GRAMSCI, 2007, p. 41-42).

Reside aí o poder da hegemonia: a classe que se faz dominante e quer se fazer também dirigente espalha em todo tecido social sua concepção de mundo, suas crenças, seus valores, sua cultura, de forma que seja incorporada e desejada pelos grupos subalternos. Enquanto propaga sua hegemonia, a classe dominante/dirigente tem suas ações e interesses legitimados, inclusive, pelo estado, na medida em que busca o convencimento de toda sociedade. O convencimento

> [...] se torna, doravante, uma tarefa permanente e crucial. Esse convencimento se consolida em duas direções — dos aparelhos privados de hegemonia em direção à ocupação de instâncias no Estado e, em sentido inverso, do Estado, da sociedade política, da legislação e da coerção, em direção ao fortalecimento e à consolidação da direção imposta pelas frações de classes dominantes por meio da sociedade civil, fortalecendo a partir do Estado seus aparelhos privados de hegemonia. A dominação de classes se fortalece com a capacidade de dirigir e organizar o consentimento dos subalternos, de forma a interiorizar as relações sociais existentes como necessárias e legítimas. O vínculo entre sociedade civil e Estado explica como a dominação poreja em todos os espaços sociais, educando o consenso, forjando um ser social adequado aos interesses (e valores) hegemônicos. (FONTES, 2006, p. 212).

Mas, para se manter no poder, o "grupo fundamental" ou "dominante" deve fazer concessões aos grupos subalternos, na medida em que o exercício da hegemonia pressupõe que sejam levados em consideração os interesses desses grupos e que sejam feitos "sacrifícios" de ordem econômico-corporativa, isto é, que se estabeleçam "relações de compromisso" e se construa o consenso voluntário daqueles sobre os quais a hegemonia é exercida, minimizando o uso da força-coerção. Destarte, "o grupo dirigente tenderá a manter o melhor equilíbrio, não só para sua permanência, mas para sua permanência em condições determinadas de prosperidade, e mesmo a incrementar tais condições" (GRAMSCI, 2007, p. 88). Em outras palavras, "o Estado é todo o complexo de atividades práticas e teóricas com as quais a classe dirigente não só justifica e mantém seu domínio, mas consegue obter o consenso ativo dos governados" (GRAMSCI, 2007, p. 331). Nesse sentido,

> Sempre que há uma dominação burguesa com hegemonia, o que ocorre nos regimes liberal-democráticos, isso implica a necessidade de concessões da classe dominante às classes subalternas, dos governantes aos governados. Portanto, nesses casos, o Estado — ainda que, em última instância, defenda interesses privados — precisa ter também uma dimensão pública, já que é preciso satisfazer demandas das classes trabalhadoras para que possa haver o consenso necessário à sua legitimação. (COUTINHO, 2006, p. 184-185).

Com essa perspectiva, no entendimento da importância da hegemonia de dado grupo social sobre toda uma sociedade, na aplicação do consenso e não só da coerção, Gramsci (2002) explica que a supremacia de um grupo social se manifesta por meio do "domínio" e como "direção intelectual e moral", que repousa, segundo Bottomore (2013), no consentimento ativo das classes subalternas, por meio da construção de uma vontade coletiva em torno da qual vários grupos da sociedade se unem. Desse modo, os grupos dominantes controlam os que não consentem utilizando-se da coerção e dirigem os que são cooptados por meio do consenso. Assim,

> Um grupo social domina os grupos adversários, que visa a "liquidar" ou a submeter inclusive com a força armada, e dirige os grupos afins e aliados. Um grupo social pode e, aliás, deve ser dirigente já antes de conquistar o poder governamental (esta é uma das condições principais para a própria conquista do poder); depois, quando exerce o poder e mesmo se mantém fortemente nas mãos, torna-se dominante, mas deve continuar a ser também 'dirigente'. (GRAMSCI, 2002, p. 62-63).

De acordo com Gruppi (1980), um grupo social, ou uma classe, terá supremacia à medida que conquistar a direção e o poder, ou seja, ser dominante e dirigente, consorciar hegemonia e coerção. Enquanto isso, os grupos subalternos, se pretendem ascender ao poder, devem conquistar também a direção (hegemonia) antes mesmo de conquistar o poder em si e, uma vez ganho o poder, dever manter essa direção para conseguir o consentimento dos outros grupos ou classes.

Ao formular sua análise e seu conceito de estado integral, Gramsci influiu seu esforço teórico em observação à história de quatro países em particular: Itália, Rússia, Alemanha e França. Com olhar especial (e militante) sobre a Rússia de 1917 (em momento de Revolução), num quadro de ascensão dos grupos subalternos ao poder, o pensador sardo elaborou reflexões com os conceitos de "Oriente" e "Ocidente", não do ponto de vista físico-geográfico, mas numa compreensão histórica (social, política, econômica e cultural) dos desenvolvimentos da sociedade civil e da sociedade política naqueles países-estados. Para essa análise, Gramsci (2007) utiliza-se dos conceitos de "guerra de movimento" e "guerra de posição". A primeira se faz no campo frontal, nas relações em que a força impera, requerendo uma mão pesada do estado em sentido restrito, do estado-coerção, de modo que a sociedade política se faz forte e exerce sua ditadura. No caso da "guerra de posição", essa se dá no exercício da hegemonia, na construção de consensos, quando a sociedade civil se sobressai e seus aparelhos de hegemonia se constituem com o exercício da direção e do domínio. Em síntese,

> [...] as formações sociais do 'Oriente' (entre as quais se inclui a Rússia czarista), caracterizadas pela debilidade da sociedade civil em contraste com o predomínio quase absoluto do Estado-coerção; e, por outro, as formações sociais do 'Ocidente', onde se dá uma relação mais equilibrada entre sociedade civil e sociedade política, ou seja, onde se realizou concretamente a 'ampliação' do Estado. [...] nas formações 'orientais', a predominância do Estado-coerção impõe à luta de classes uma estratégia de ataque frontal, uma 'guerra de movimento', voltada diretamente para a conquista e conservação do Estado em sentido restrito; no 'Ocidente', ao contrário, as batalhas devem ser travadas inicialmente no âmbito da sociedade civil, visando à conquista de posições e de espaços ('guerra de posições'), da direção político-ideológica e do consenso dos setores majoritários da população, como condição para o acesso ao poder de Estado e para sua posterior conservação. (COUTINHO, 1992, p. 89).

Nessa análise, a tomada do poder pelos subalternos no "Oriente" se daria na forma de enfrentamento por meio de uma guerra frontal, visto que a sociedade civil é débil e "gelatinosa". Para a tomada do poder nas sociedades de tipo ocidental, o exercício deve ser amplo e mais penoso, no sentido de que a construção da hegemonia exige um trabalho contínuo, mais lento e prolongado. Nas palavras de Gramsci (2007, p. 262),

> No Oriente o Estado era tudo, a sociedade civil era primitiva e gelatinosa; no Ocidente, havia entre o Estado e a sociedade civil uma justa relação e, ao oscilar o Estado, podia-se imediatamente reconhecer uma robusta estrutura da sociedade civil. O Estado era apenas uma trincheira avançada, por trás da qual se situava uma robusta cadeia de fortalezas e casamatas; em medida diversa de Estado para Estado, é claro, mas exatamente isto exigia um acurado reconhecimento de caráter nacional.

Nesse sentido, compreendendo a Rússia de 1917 e seus desdobramentos em um campo no qual o estado-coerção se fazia muito forte e a sociedade civil era fraca e desarticulada, Gramsci (2007) coloca a preeminência de uma "guerra de movimento" para que o proletariado revolucionário atingisse o objetivo de conquista do estado. Para países da Europa ocidental, por outro lado, essa estratégia não seria a mais adequada, far-se-ia necessária uma "guerra de posição", de luta e construção pela hegemonia onde a sociedade civil se faz forte e em equilíbrio com a sociedade política, sendo, portanto, um exercício mais lento e trabalhoso.

Tomando esse cenário exposto como um exemplo de tantas outras análises de diversos estados empreendidas por Gramsci no cárcere, a conquista de um estado, levando em consideração as condições estruturais conjunturais na história de cada nação, recai-se sobre o que o pensador italiano denominou, como recurso metodológico para estudo dos estados, de análise das "relações de força" que se dão entre estrutura e superestrutura, manifestas em três momentos: "o momento econômico ligado à infraestrutura, o momento político [...] e o momento político-militar, ou momento estratégico" (BUCI-GLUCKSMANN, 1980, p. 103), assim delineados:

1) Momento das "relações socioeconômicas", ligadas à estrutura, ou seja, às forças materiais de produção em que cada grupo representa uma função e uma posição determinada na própria produção, permitindo analisar se há condições necessárias e suficientes para a transformação da sociedade.

2) Momento das "relações políticas", ou seja, "a avaliação do grau de homogeneidade, de autoconsciência e de organização alcançado pelos vários grupos sociais" (GRAMSCI, 2007, p. 40-41). Nesse momento há diferentes graus que correspondem aos diversos níveis da consciência política coletiva: o primeiro grau e mais elementar é a consciência econômico-corporativa; no segundo grau atinge-se a consciência da solidariedade de interesses, quando já se coloca a questão do estado, "mas apenas no terreno da obtenção de uma igualdade político-jurídica com os grupos dominantes" (GRAMSCI, 2007, p. 41); e o terceiro grau é aquele em que se supera o círculo corporativo, "de grupo meramente econômico, e podem e devem tornar-se os interesses de outros grupos subordinados" (GRAMSCI, 2007, p. 41), fase em que se passa das estruturas para as superestruturas complexas:

> [...] é a fase em que as ideologias geradas anteriormente se transformam em 'partido', entram em confrontação e lutam até que uma delas, ou pelo menos uma única combinação delas, tenda a prevalecer, a se impor, a se irradiar por toda a área social, determinando, além da unicidade dos fins econômicos e políticos, também a unidade intelectual e moral, pondo todas as questões em torno das quais ferve a luta não no plano corporativo, mas num plano 'universal', criando assim a hegemonia de um grupo social fundamental sobre uma série de grupos subordinados. (GRAMSCI, 2007, p. 41).

3) O terceiro momento das relações de força refere-se às forças militares, em que podem se distinguir dois níveis: "o militar em sentido estrito, ou técnico-militar, e o grau que pode ser chamado de político-militar" (GRAMSCI, 2007, p. 43).

Gramsci (2007) explica que o desenvolvimento histórico oscila continuamente entre o primeiro momento (socioeconômico) e o terceiro (político-militar) de relações de força, sendo mediado pelo segundo (político). Há, pois, uma relação dialética entre o momento da infraestrutura e o momento da coerção, sendo conectado pelo momento da hegemonia, da construção dos consensos e produção das vontades coletivas.

Em relação ao segundo momento das relações de força (político), o filósofo italiano destaca o papel do partido político, que denominou de Moderno Príncipe, inspirado em Maquiavel. Para Gramsci (2007), o partido, enquanto intelectual orgânico das massas, tem como função a criação de um novo tipo de estado, num processo de construção contínuo. Assim,

> [...] no mundo moderno, um partido é integralmente tal — e não, como sucede, fração de um partido maior — quando é concebido, organizado e dirigido através de modos e formas capazes de se desenvolverem integralmente num Estado (integral, e não num Governo tecnicamente entendido) e numa concepção de mundo. O desenvolvimento do partido em Estado reage sobre o partido e exige dele um aperfeiçoamento e uma reorganização contínua, assim como o desenvolvimento do partido e do Estado em concepção de mundo, isto é, em transformação total e molecular (individual) dos modos de pensar e de atuar, reage sobre o Estado e sobre o partido, obrigando-os a se reorganizarem continuamente e colocando-os diante de problemas novos e originais a serem resolvidos. (GRAMSCI, 2007, p. 354).

E continua:

> [...] o partido político, para todos os grupos, é precisamente o mecanismo que realiza na sociedade civil a mesma função desempenhada pelo Estado, de modo mais vasto e mais sintético, na sociedade política, ou seja, proporciona a soldagem entre intelectuais orgânicos de um dado grupo, o dominante, e intelectuais tradicionais; e esta função é desempenhada pelo partido precisamente na dependência de sua função fundamental, que é a de elaborar os próprios componentes, elementos de um grupo social nascido e desenvolvido como 'econômico', até transformá-los em intelectuais políticos qualificados, dirigentes, organizadores de todas as atividades e funções inerentes ao desenvolvimento orgânico de uma sociedade integral, civil e política. (GRAMSCI, 2001a, p. 24).

Com essa concepção, segundo Gruppi (1980), Gramsci atribui ao partido a função de guia dos processos revolucionários, enquanto elemento decisivo da formação da hegemonia da classe operária, fornecendo a perspectiva, a visão de conjunto. A partir de uma visão ampliada do papel do partido, Coutinho (1992) explica que, para Gramsci, esse Moderno Príncipe, além de lutar pela renovação política, econômica e social, deve também lutar por uma revolução cultural, pela criação da uma nova cultura das massas, pois, sem essa nova cultura, os grupos subalternos continuarão sofrendo passivamente a hegemonia dos grupos dominantes e não poderão elevar-se à condição de dirigentes. Logo, a tarefa do partido consistiria em superar inteiramente os momentos econômico-corporativos e contribuir para a formação uma "vontade coletiva nacional-popular", ou seja, o partido das massas deve cumprir um fundamental papel formativo. Como desafio,

> Somente a passagem para o momento 'ético-político' [...], tão-somente essa passagem permite ao proletariado superar suas divisões corporativas e tornar-se classe nacional, dirigente, hegemônica. Para Gramsci, a possibilidade de tornar-se classe hegemônica encarna-se precisamente na capacidade de elaborar de modo homogêneo e sistemático uma vontade coletiva nacional-popular; e só quando se forma essa vontade coletiva é que se pode construir e cimentar um novo 'bloco histórico' revolucionário, em cujo seio a classe operária (liberta de corporativismo) assuma o papel de classe dirigente. A construção homogênea dessa vontade coletiva é obra prioritária, segundo Gramsci, do partido político: aparece, assim, como clareza, o papel de *síntese*, de *mediação*, que o partido assume, não apenas em função dos vários organismos particulares da classe operária (sindicatos, etc.), mas também em função dos vários institutos das demais classes subalternas; e esses organismos e institutos — graças à mediação do partido — tornam-se as articulações do corpo unitário do novo 'bloco histórico'. (COUTINHO, 1992, p. 105, grifos do autor).

Nesse sentido, o papel "educador" do partido consiste em proporcionar aos indivíduos o "salto revolucionário" da condição de subalternos e de assalariados à condição de cidadãos, de produtores, que tomam parte não apenas do processo de produção, mas também da direção política e cultural da sociedade, ou seja, da construção desse novo "bloco histórico" que tem como base a hegemonia da classe operária (SEMERARO, 2006, p. 107). O objetivo maior deve ser a conquista do estado pelos grupos subalternos, para sua posterior dissolução na sociedade civil:

> Conquistar o Estado, então, torna-se a expressão mais elevada de poder do que conseguem se organizar para fazer prevalecer o próprio modelo de sociedade. [...] No emaranhado contraditório, pluriforme e dinâmico da sociedade civil, os grupos 'subalternos', para Gramsci, podem se libertar desenvolvendo novas estratégias políticas, sem recorrer necessariamente à violência e aos métodos da 'guerra de movimento'. [...] Subvertendo a concepção usual de política-potência fundada sobre a violência [Estado-coerção], [Gramsci] mostra que os subalternos podem chegar à hegemonia ['guerra de posição'] lançando mão de outro tipo de armas: o distanciamento

> crítico da realidade, a formação da sua autonomia pela ação política, a representação de si pela criação de uma cultura própria, a participação ativa na construção de um projeto popular de democracia articulado com forças nacionais e internacionais. (SEMERARO, 2006, p. 155, 167, 175).

Nesse contexto, é necessário se preparar e educar as massas para a revolução que se manifesta na forma de uma crise de hegemonia, ou seja, quando há uma separação entre o poder e a direção, "uma crise da capacidade dirigente dos que têm o poder, porque não conseguem mais solucionar os problemas do país, não conseguem mais mantê-lo coeso pela ideologia" (GRUPPI, 1980, p. 84). Tal crise, explica Coutinho (1992), enquanto expressão política da crise orgânica, configura-se como uma crise revolucionária nas sociedades mais complexas (de tipo ocidental), com alto grau de participação política organizada, em que o partido assume papel mediador para constituição de uma nova hegemonia, "uma visão do mundo mais coerente e sistemática que não só influencia a massa da população, como serve como um princípio de organização das instituições sociais" (p. 285). Logo, a crise de hegemonia da classe dominante, que não é mais dirigente, abre-se como uma possibilidade revolucionária dos grupos subalternos, pois

> O critério central para a decisão da crise [de hegemonia] é a iniciativa dos sujeitos políticos coletivos, a capacidade de fazer política, de envolver grandes massas na solução de seus próprios problemas, de lutar cotidianamente pela conquista de espaços e posições, sem perder de vista o objetivo final de promover transformações de estrutura que ponham fim à formação econômico-social capitalista. (COUTINHO, 1992, p. 93-94).

Os momentos de crise de hegemonia dos grupos dominantes constituem-se, nesse contexto, como possibilidade de construção da contra-hegemonia dos grupos subalternos que, ao atuarem como sujeitos coletivos que superaram a fase econômico-corporativa, emanam a toda sociedade uma nova concepção de mundo. Mas esse trabalho, de formação de uma nova hegemonia a partir de intelectuais orgânicos que atuam como sujeitos políticos coletivos, conforme Gramsci (2007), é lento e trabalhoso; é um processo histórico.

A partir da análise das relações de força e do papel do partido enquanto sintetizador e mediador do processo revolucionário, com destaque para o terceiro grau do segundo momento (relações políticas), de formação de uma hegemonia para conquista do estado, podem-se inferir elementos para o que Gramsci denominou de "sociedade regulada" (sociedade comunista), onde haveria igualdade não só no aspecto econômico, mas também político e social. Para se chegar à "sociedade regulada", é necessária uma substituição do modelo de estado burguês, no sentido em que os crescentes graus de hegemonia da sociedade civil façam diminuir os graus de coerção da sociedade política, ou seja, que o consenso suplante a ditadura, o que se apresenta "como finalidade do Estado seu próprio fim, seu próprio desaparecimento, isto é, a reabsorção da sociedade política na sociedade civil" (GRAMSCI, 2007, p. 223). Explica Coutinho (1992, p. 68) que "é pela persuasão [hegemonia], e não pela coerção, que os homens devem ser levados a realizar as ações interativas que irão desembocar na construção e reprodução do que Gramsci chamou de 'sociedade regulada' (comunista)".

Adverte Gramsci (2007) que enquanto existir o "Estado-classe" não pode existir a "sociedade regulada", o autogoverno da sociedade civil, com um processo de esgotamento do estado-coerção "à medida que se afirmam elementos cada vez mais conspícuos da sociedade regulada (ou Estado ético, ou sociedade civil)" (p. 244). Observadas as condições de cada estado, pode tornar-se necessário que, na transição do estado integral para a doutrina da "sociedade regulada", haja uma fase

> Em que Estado será igual a Governo, e Estado se identificará com sociedade civil, dever-se-á passar a uma fase de Estado guarda-noturno, isto é, de uma organização coercitiva que protegerá o desenvolvimento dos elementos de sociedade regulada em contínuo incremento e que, portanto, reduzirá gradualmente suas intervenções autoritárias e coativas. (GRAMSCI, 2007, p. 245).

Esse processo se faz necessário principalmente nas sociedades de tipo "oriental", onde a sociedade civil é fraca e as relações democráticas e organização popular autônoma são inconsistentes ou mesmo inexistentes, sendo preciso um período ditatorial, de fortalecimento do estado-coerção. Compete ao estado socialista o trabalho de fortalecimento dessa sociedade civil debilitada, como condição para sua própria extinção enquanto estado, ou seja, para absorção do estado-coerção pelos organismos autogeridos da sociedade civil (COUTINHO, 1992, p. 84-85). Nessa compreensão, a teoria gramsciana apresenta como ponto novo, na tese de fim do estado, a ideia realista de que o que devem ser extintos são os mecanismos do estado-coerção, ou seja, da sociedade política, conservando-se e ampliando os organismos do autogoverno da sociedade civil. "O fim do Estado não implica nele a ideia — generosa, mas utópica — de uma sociedade sem governo" (COUTINHO, 1992, p. 85), pois, "na realidade, o desaparecimento do Estado é redefinido por Gramsci em termos de um pleno desenvolvimento dos atributos autorreguladores da sociedade civil" (BOTTOMORE, 2013, p. 551).

O estado ético, conforme exposto, seria a realidade de "Estado sem Estado", de modo que a sociedade política seria reabsorvida pela sociedade civil, ou seja, quando o consenso suplantasse a coerção na condição de que permitiria a formação/expressão da consciência dos grupos subalternos. Assim, "só o grupo social que propõe o fim do Estado e de si mesmo como objetivo a ser alcançado pode criar um Estado ético, tendente a eliminar as divisões internas de dominados, etc., e a criar um organismo social unitário técnico-moral" (GRAMSCI, 2007, p. 285). Semeraro (2006, p. 96) argumenta que ao promover o desenvolvimento da sociedade civil sem anular os espaços de liberdade dessa, o estado se torna ético, de modo que a sociedade civil, "à medida que amadurece na responsabilidade e na socialização do poder, acaba anulando as intervenções externas e coercitivas do Estado [sociedade política] e se transforma em 'Estado sem Estado'".

Logo, o "fim do estado", entendido no sentido do estado-coerção, em sentido restrito, implicaria o fim da diferenciação entre governantes e governados, na constituição do autogoverno da sociedade regulada, capaz de elevar a grande massa da população a um determinado nível cultural e moral, numa nova concepção de mundo, numa sociedade que elimine a existência de exploradores e explorados a partir da extinção das classes e do domínio privado dos meios de produção, que seja popularmente democrática.

Ao analisar a relação entre democracia e hegemonia, Gramsci (1991) classifica como sociedade realmente democrática aquela que possibilita aos indivíduos a passagem da condição de dirigidos à condição de dirigentes. Nesse sentido,

> Entre muitos significados de democracia, parece-me que o mais realista e concreto é aquele que se pode deduzir em conexão com o conceito de 'hegemonia'. No sistema hegemônico, existe democracia entre o grupo dirigente e os grupos dirigidos na medida em que o desenvolvimento da economia, e por conseguinte da legislação, que exprime este desenvolvimento, favorece a passagem (molecular) dos grupos dirigidos ao grupo dirigente. (GRAMSCI, 1991, p. 183).

Então,

> A democracia, para ser verdadeira e 'hegemônica', deve promover a apropriação realmente popular do poder suscitando o maior grau de subjetividade em toda a população, deve combater ao mesmo tempo o autoritarismo e a passividade e educar os cidadãos a se tornarem dirigentes de uma 'sociedade regulada (ou Estado ético ou sociedade civil)' que leve a 'reconstruir o mundo economicamente de forma unitária... não para dominá-lo hegemonicamente e se apropriar dos furtos do trabalho dos outros. (SEMERARO, 2006, p. 178).

Em suas reflexões no cárcere, Gramsci ampliou, dessa forma, a concepção do estado à medida que compreende a sociedade civil como parte fundamental desse, em constante relação dialética com a sociedade política, ou estado-coerção. A superação da força coercitiva do estado funda-se na construção da hegemonia da sociedade civil, por meio da formação de consciências entre os grupos subalternos que, no sobrepujamento dos interesses corporativistas, se unificam na doutrina da "sociedade regulada".

A partir da análise de estado em Gramsci, portanto, há de se destacar a importância do seu pensamento político para a sua época e para o período atual, ressaltando sua atualidade para compreensão do estado contemporâneo, tendo em vista sua atuação na sociedade de classes, que se apresenta com uma sociedade civil cada vez mais robusta e ativa frente à sociedade política, ao mesmo tempo que essa se coloca cada vez mais a serviço do capital em contraposição aos interesses da população em geral, ou seja, do proletariado.

O estado compreendido em sua dimensão ampliada (sociedade civil + sociedade política) assume como função o desenvolvimento da sociedade como um todo e, nesse sentido, é oportuno investigar como esse organiza, planeja e executa as ações, em especial no que tange à definição das políticas públicas. Nesse contexto, o planejamento, enquanto estratégia intencional e programática de democratização, racionalização e efetividade das ações do estado assume significativa relevância no estágio histórico-contemporâneo.

1.2 DO CONCEITO DE ESTADO INTEGRAL ÀS POLÍTICAS DE ESTADO ANTE AS POLÍTICAS DE GOVERNO

A partir da compreensão ampliada do conceito de estado integral desenvolvido por Gramsci, entendendo-o como a composição dialética entre sociedade civil e sociedade política que se afirmam num campo plural, heterogêneo e em constante movimento e disputas, é possível compreender o significativo papel que esses atores assumem nos momentos de concepção, materialização e avaliação das políticas públicas.

As políticas públicas são entendidas como ações intencionais e planejadas/programadas que colocam o estado em ação, ou seja, o fazer teórico-prático da sociedade política e da sociedade civil, a fim de atender às demandas postas pelo conjunto da sociedade. No contexto das políticas públicas, principalmente a partir do século XIX com a ampliação da cidadania burguesa e da compreensão do cidadão como sujeito portador de direitos individuais e coletivos, o estado-governo se coloca como o principal agente capaz de conduzir o desenvolvimento societário utilizando-se como estratégias a execução de políticas, ampliando seu horizonte de atuação.

Assim, governar torna-se a capacidade do governo de planejar, materializar e avaliar políticas. Por meio das políticas públicas, o estado assume o papel de minimizar os desarranjos criados pelo sistema capitalista, como a necessidade de redistribuição de renda frente à sua acumulação cada vez mais restrita e volumosa. Logo, segundo Cueto e Guardamagna (2012), governar é gerar políticas, e tanto a ação como a omissão do governo frente às demandas sociais são, de certa forma, uma opção política; o não fazer, a omissão ou ausência do governo representam, nesse contexto, política em sentido negativo.

> Por conseguinte, as políticas são conjuntos de decisões definidas e implementadas com a participação e legitimação das autoridades representativas do Estado [em sentido restrito], em conjunto com representantes da sociedade, destinadas a melhorar, transformar ou resolver uma situação pública problemática ou empreender ações consideradas úteis para a sociedade. E embora aceite que as ações possam ser articuladas entre autoridades legítimas e instituições da sociedade, não considera a opção de políticas somente da sociedade e muito menos sem o governo. [Logo], uma política não é simplesmente uma sequência formal de ações e decisões que responde a uma lógica de causa e efeito, mas há um significado

> substantivo que dá ao social. Portanto, é essencial recuperar o horizonte e a contextualidade que as políticas dão à relação Estado/sociedade, seja qual for sua natureza, característica e magnitude. (GUARDAMAGNA; CUETO, 2013, p. 63, 66. Livre tradução)[15].

Com objetivos didáticos e conceituais, tomando como referência de análise categorias como o processo de elaboração, planejamento, materialização, alcance, temporalidade, resultados e avaliações das políticas públicas, pode-se compreendê-las como *políticas de Estado* e *políticas de governo*, classificação essa que muito traz implicações para o estudo dos planos de educação, que vêm sendo gestados principalmente pelos governos, mas também provocados pela sociedade civil desde a década de 1930 aos tempos atuais, conforme será examinado no Capítulo 2.

Logo, ao governar utilizando-se de políticas, o poder público tem a possibilidade e a opção por gerir suas ações por meio de políticas de estado e/ou políticas de governo, sendo essa uma importante distinção metodológica para situarmos o alcance da pretensão ideológica de determinado grupo político que ascende ao poder e, por meio das ações de legitimação de suas ações, visa tornar-se dominante e dirigente de toda sociedade, ou seja, capaz de impor sua hegemonia. Em linhas gerais, quando o grupo que assume o controle do estado tende a agir mais com políticas de governo, tende a não encrustar socialmente suas marcas de gestão e ideológicas; em outro sentido, ao colocar o governo em ação produzindo políticas de estado em sentido ampliado, ou seja, com participação ativa entre sociedade política e sociedade civil, tende a garantir uma maior perenidade de seus propósitos sobre toda sociedade.

Oliveira (2011, p. 329) realiza a seguinte distinção entre políticas de governo e políticas de estado:

> Considera-se que *políticas de governo* são aquelas que ao Executivo decide num processo elementar de formulação e implementação de determinadas medidas e programas,

[15] Livre Tradução: "En consecuencia, las políticas son conjuntos de decisiones definidas e implementadas con la participación y legitimación de autoridades representativas del Estado, junto a representantes de la sociedad, tendientes a mejorar, transformar o solucionar una situación pública problemática o a emprender acciones consideradas útiles para la sociedad. Y aunque acepta que las acciones puedan ser conjuntas entre autoridades legítimas e instituciones de la sociedad, no considera la opción de políticas solo desde la sociedad y menos aún sin el gobierno. [...] una política no es simplemente una secuencia formal de acciones y decisiones que responde a una lógica de causa-efecto, sino que hay un sentido sustantivo que da lo social. Por eso es imprescindible recuperar el horizonte y la contextualidad que le da a las políticas la relación Estado/sociedad, cualquiera sea su naturaleza, característica y magnitude" (GUARDAMAGNA; CUETO, 2013, p. 63, 66).

> visando responder às demandas da agenda política interna, ainda que envolvam escolhas complexas. Já as *políticas de Estado* são aquelas que envolvem mais de uma agência do Estado, passando em geral pelo Parlamento ou por instâncias diversas de discussão, resultando em mudanças de outras normas ou disposições preexistentes, com incidência em setores mais amplos da sociedade. (Grifos nossos).

Em linhas gerais, as políticas de governo têm as marcas e interesses do grupo que assume a direção do estado, principalmente do Poder Executivo, naquele curto espaço de tempo, ou seja, por um período limitado e não há compromisso com a continuidade das ações então planejadas e implementadas. Duram enquanto vigorar o governo. São ações conjunturais, para resolver as demandas de momento e que nem sempre envolvem outras instâncias de poder, como o Legislativo e o Judiciário e, tomando como referência a definição de Oliveira (2011), muitas vezes restritas a ações isoladas dos órgãos que compõem o Poder Executivo. Em tese, há um processo mais básico de formulação e materialização, em que nem sempre a sociedade civil é ouvida, pois centram-se mais no plano administrativo. Nesse sentido,

> Uma política de governo é aquela que está confinada a uma gestão específica e responde aos interesses e critérios desta. Portanto, dura enquanto durar o governo que a concebeu. Ou seja, são políticas que normalmente não têm continuidade além do governo que a formulou e sustentou. Nem procura um consenso alargado, mas reflete o pensamento da maioria que durante um determinado período apoia esse governo. Além disso, a política do governo não tem que ter continuidade com políticas anteriores, não necessariamente há o consenso nem o procura, porque a raiz ideológica que diferencia a nova política com a anterior, é a mesma que diferencia o governo de oposição. (GUARDAMAGNA; CUETO, 2013, p. 75. Livre tradução[16]).

[16] Livre tradução: "Una política de gobierno es aquella que se circunscribe a una gestión em particular y responde a los intereses y criterios de esta. Por lo tanto, dura mientras este vigente el gobierno que la concibió. Es decir, son políticas que normalmente no tienen continuidad más allá del propio gobierno que la formuló y la sostuvo. Tampoco busca consensos extendidos, sino que refleja el pensamiento de la mayoría que durante un período determinado sustenta a ese gobierno. Es más, una política de gobierno no tiene por qué tener continuidad con políticas anteriores, no necesariamente tiene consenso ni lo busca, porque la raíz ideológica que diferencia la nueva política con la anterior, es la misma que diferencia al gobierno de la oposición" (GUARDAMAGNA; CUETO, 2013, p. 75).

Todavia, como afirmam Guardamagna e Cueto (2013), a própria sociedade civil reivindica políticas a longo prazo, principalmente se levarmos em consideração os grandes desafios sociais, econômicos, culturais, ambientais que assolam países como os da América Latina. Isso implica que planejar e colocar em ação políticas de estado corresponde a uma grande demanda à sociedade política, mas não é possível fazê-lo sem a participação ativa da sociedade civil.

Destarte, as políticas de estado assumem, nas palavras de Cueto e Guardamagna (2012), características importantes: tratam-se de políticas estratégicas que visam estabelecer as linhas de ação que influenciarão a vida de toda sociedade, assumindo como elementos essenciais a continuidade e o consenso.

Enquanto continuidade, as políticas de estado permanecem além das mudanças de governo e têm como marca a vigência a longo prazo; todavia, essa característica não é universal ou suficiente, nem isenta de limites e contradições. A possibilidade de perenidade só é possível se forem a síntese possível dos consensos nos momentos de formulação e materialização das políticas em si, ou seja, uma ampla pactuação social e política que reconhece a relevância e a efetividade da política frente as demandas estruturais que marcam a sociedade. Esse consenso, segundo Cueto e Guardamagna (2012), é resultado de um processo extenso, controverso e transformador, muitas vezes assumindo a abrangência de pactuações. Mas esses autores problematizam o entendimento do consenso se compreendido como mera conformação de acordos, chamando atenção para, numa sociedade democrática, o lugar do conflito e sua importância a fim de garantir a pluralidade e a complexidade que marcam tanto a sociedade política quanto a sociedade civil. Aceitar uma ideia de consenso como produto passivo pode contribuir para homogeneizar e anular as divergências nos campos em disputa, em sociedades cada vez mais complexas e plurais, o que é uma prática, segundo os autores, comum nos regimes neoliberais.

> Em resumo e de acordo com as contribuições que foram feitas, as políticas de Estado constituem uma realidade dinâmica e ainda mais na democracia, onde os acordos são o resultado de constantes debates entre as diferentes forças políticas e atores sociais. Nesse sentido, os dois componentes centrais de uma política de Estado seriam o consenso e a continuidade, que não necessariamente ocorrem simultaneamente. Destes dois, o mais controverso é o conceito de consenso, definido

> por alguns autores do paradigma neoliberal, contrário aos princípios de uma democracia plural. Enquanto que em outras posições o consenso na democracia é pensado como resultado de um processo de confronto entre atores coletivos, estimulado pelo Estado. (CUETO; GUARDAMAGNA, 2012, p. 17-18. Livre tradução).[17]

Assim, a relação consenso e conflito nos processos de formulação, planejamento e materialização de uma política de estado não se dão de forma linear e homogênea, mas representa o "jogo" entre perdas e ganhos dos grupos que se colocam em disputa frente ao estado, seja na sociedade civil em seus grupos plurais, seja na sociedade política em seus estamentos. Logo,

> O conflito, então, é um atributo comum ou um pré-requisito para qualquer política, isto é, uma política sempre assume ambas as dimensões: conflito e consenso. É por isso que a continuidade e o consenso, por si mesmos, são claramente insuficientes para caracterizar uma política de Estado. Privilegiar o consenso e o tempo é apenas uma visão simplificada, superficial e talvez até imprecisa; no entanto, a continuidade e o consenso podem alcançar o caráter de um atributo específico de uma política de Estado quando eles estão enraizados na base e como resultado de um processo extenso, controverso e em mudança. Nesse sentido, as políticas de Estado são uma realidade complexa e dinâmica, e ainda mais na democracia, quando os acordos são o resultado de constantes debates entre forças políticas e atores sociais. (GUARDAMAGNA; CUETO, 2013, p. 77. Livre tradução[18]).

[17] Livre tradução: "En síntesis y de acuerdo a los aportes que se han hecho, las políticas de Estado constituyen una realidad dinámica y más aún en democracia, donde los acuerdos son el resultado de los constantes debates entre las distintas fuerzas políticas y los actores sociales. En este sentido, los dos componentes centrales de una política de Estado serían el consenso y la continuidad, que no necesariamente se dan de forma simultánea. De estos dos, el más controversial es el concepto de consenso, definido por algunos autores desde el paradigma neoliberal, contrario a los principios de una democracia plural. Mientras desde otras posturas el consenso en democracia es pensado como el resultado de um proceso de confrontación entre actores colectivos, alentado por el Estado" (CUETO; GUARDAMAGNA, 2012, p. 17-18).

[18] Livre tradução: "El conflicto entonces es un atributo común o un prerrequisito para cualquier política, es decir, una política supone siempre ambas dimensiones: conflicto y consenso. Es por ello que la continuidad y el consenso, por sí mismos, son claramente insuficientes para caracterizar una política de Estado. Privilegiar el consenso y el tiempo es solo uma visión simplificada, superficial y quizás hasta imprecisa; sin embargo, la continuidad y el consenso pueden alcanzar el carácter de atributo específico de una política de Estado cuando se arraigan sobre la base y como resultado de un proceso extenso, controversial y cambiante. En este sentido, las políticas de Estado son una realidad compleja y dinámica, y más aún en democracia, cuando los acuerdos son el resultado de los constantes debates entre las fuerzas políticas y los actores sociales" (GUARDAMAGNA; CUETO, 2013, p. 77).

Portanto, as políticas de estado configuram-se como resultado complexo e perene da combinação de forças políticas, equilíbrios sociais, históricos e sociais que marcam as disputas entre sociedade política e sociedade civil enquanto estado, com vistas a atender, de forma estrategicamente planejada, às necessidades estruturais da sociedade em geral, materializando-se em ações, programas e projetos com a capacidade de vigorar por um período mais amplo, extrapolando a periodicidade dos governos. Assim, as políticas de estado respondem a interesses mais gerais, valores menos questionáveis pela maioria da sociedade, enfatizando mais o processo do que os produtos em si; configuram-se como diretrizes amplas que proporcionam relativa estabilidade e coerência na formulação e ações dos governos, sendo que, para ter essa dimensão ampliada, muitas vezes, as políticas de estado requerem também uma base jurídico-normativa que as sustente, deem diretrizes, envolvendo, por exemplo, o Parlamento em sua elaboração e avaliação (CUETO; GUARDAMAGNA, 2012; GUARDAMAGNA; CUETO, 2013; OLIVEIRA, 2011). Em síntese,

> Políticas de Estado que, como já dissemos, não podem ser pensadas fora da relação Estado/sociedade, constituem a manifestação mais significativa da capacidade de condução de um Estado, fazem parte das estratégias centrais de um país e se sustentam além da cor político-ideológica do governo. Elas transcendem a temporalidade de uma gestão, a resolução de problemas de conjuntura e até de médio alcance para tentar definir critérios que resolvam problemas de nível estrutural. Para isso, exigem que, a partir do nível governamental, seja estabelecida e garantida a construção institucional que consolide o apoio de longo prazo de várias dessas medidas, que *a priori* não podem ser descritas como políticas de Estado. (GUARDAMAGNA; CUETO, 2013, p. 74. Livre tradução[19]).

Cueto e Guardamagna (2012) ainda problematizam que, a despeito de tais características que marcam as políticas de estado e as políticas de governo, visto a dinâmica da própria política e das relações que se estabe-

[19] Livre tradução: "Las políticas de Estado, que como ya afirmamos no pueden ser pensadas fuera de la relación Estado/sociedad, constituyen la manifestación más significativa de la capacidade de conducción de un Estado, forman parte de las estrategias centrales de un país y se sostienen más allá del color político-ideológico del gobierno. Trascienden la temporalidade de una gestión, la resolución de problemas de coyuntura y aun los de mediano alcance para tratar de definir criterios que resuelvan problemas de nivel estructural. Para ello requieren que desde el nivel gubernamental se establezca y garantice la construcción institucional que consolide el largo aliento de varias de estas medidas, que a priori no pueden calificarse como políticas de Estado" (GUARDAMAGNA; CUETO, 2013, p. 74).

lecem entre sociedade civil e sociedade política, muitas vezes a mesma ação pode ser considerada como política de estado em um momento e como política de governo em outro.

Seguindo linha semelhante de conceituação, Bordignon, Queiroz e Gomes (2011) destacam três elementos importantes ao se elaborar uma política de estado: a) a ampla participação da sociedade civil; b) sua expressão em texto de lei; e c) sua vigência que extrapole a duração dos governos. Tendo por referência tais elementos, e ratificando a tese de Dourado (2017), o Plano Nacional de Educação 2014-2024 é o que mais se aproxima, para esse setor, de uma política de estado para a sociedade brasileira. Ele foi estipulado por lei (Lei n.º 13.005/2014), com duração decenal, ou seja, vigência de três mandatos eletivos, e contou com a ampla participação da sociedade civil (principalmente a partir das conferências de educação e das entidades do campo educacional progressista, mas também com influentes grupos privatistas e confessionais) e da sociedade política em seu extenso processo de tramitação nas casas legislativas, sendo um projeto de lei recorde em número de emendas, conforme pode ser visto no Capítulo 2.

O PNE 2014-2024, que, segundo Dourado (2017), no campo propositivo é o que mais se aproxima de uma política de estado para o setor, não abarcou todas as demandas dos campos progressistas, pois carrega em si limites, tensões e contradições que não foram totalmente equacionados, mas representa uma síntese possível como produto de pactuação e do conflito entre sociedade civil e sociedade política naquele momento histórico. Contudo, é importante sinalizar, a partir de Dourado (2017), que não há uma relação linear entre a proposição, elaboração e materialização da política. Mesmo sendo concebido como uma política estratégica de estado para a Educação Nacional, observa-se que o espaço que o PNE 2014-2024 tem ocupado na agenda do Ministério da Educação após o golpe político-jurídico-midiático de 2016 indica um claro escanteio e descumprimento da lei e sua "morte", principalmente a partir da promulgação da Emenda Constitucional n.º 95/2016, conforme analisou Amaral (2017).

Faz-se necessário, nesse momento de recrudescimento da cena democrática no país, que o PNE 2014-2024 seja recuperado pelas forças progressistas da sociedade civil e da sociedade política e recolocado, usando o termo de Dourado (2017), no epicentro da agenda educacional do país, pois o seu engavetamento, a exemplo do que ocorreu, de certa forma, como o PNE 2001-2010, impactará também no cumprimento e materialização dos planos estaduais, distrital e municipais. Analisa Dourado (2010, p. 681) que "tal perspectiva alerta-nos para a complexa relação entre proposição e materialização de políticas, seus limites e possibilidades históricas, bem como para a necessária efetivação de políticas de Estado que traduzam a participação ampla da sociedade brasileira".

Nesse sentido, em reflexão com Cueto e Guardamagna (2012), as agendas ideológicas de quem assume o controle do estado por meio do Poder Executivo (governo) impactam na formulação e na materialização das políticas públicas. Entendendo o planejamento educacional como uma ação do estado, no sentido de garantir previsibilidade, estabilidade e racionalidade às suas ações, procurou-se definir quais as concepções de planejamento que contribuíram para as análises realizadas neste trabalho.

1.3 O PLANEJAMENTO GOVERNAMENTAL COMO AÇÃO INTENCIONAL DO ESTADO

A adoção das técnicas de planejamento como ação do estado e/ou do governo, de forma sistematizada e com teor mais pragmático, tem suas origens no início do século XX, após a Primeira Guerra Mundial, principalmente na União das Repúblicas Socialistas Soviéticas, durante o regime stalinista. No bloco socialista, o planejamento quinquenal objetivava, em primeira instância, concentrar e consolidar os esforços estatais a fim de promover a rápida industrialização do país. Dessa forma, segundo Pereira (1975), a ideia do "Estado planejador"[20] vinculava-se principalmente à esfera econômica. Segundo Fernandes (2014), três eventos foram decisivos para a disseminação da adoção do planejamento como ação estatal: a Primeira Guerra Mundial (1914-1918), a Revolução Socialista Soviética (1917) e a crise capitalista estadunidense de 1929 que logo se espalhou para os demais países capitalistas. Não cabia mais, naquela conjuntura histórica, que os estados-nação agissem sem o mínimo de previsibilidade e de racionalidade na gestão governamental.

[20] "Estado planejador" é uma expressão utilizada por Matus (1993), sendo que esta pesquisa não tem o objetivo de aprofundar no conceito, pois ele é amplo e não se aplica somente ao campo educacional.

No ocidente, o Plano Marshall[21] é exemplo de primeira ação sistematicamente realizada nos moldes do planejamento estatal. Após a Segunda Guerra Mundial, a ideia de desenvolver as ações do estado por meio do planejamento ganhou mais força, sendo, nos momentos a seguir, incorporada também nas agendas dos organismos multilaterais. Nesse sentido,

> Se, inicialmente, o planejamento restringia-se à racionalização dos processos de produção industrial nos países capitalistas, nos moldes da administração taylorista, com a Segunda Guerra Mundial, tornou-se atividade humana consciente e instrumento racional de intervenção na realidade social, mediante o desenvolvimento de técnicas cuja finalidade era controlar racionalmente a organização dos grupos sociais. (FERNANDES; GENTILINI, 2014, p. 486-7).

Naquele contexto histórico, o planejamento não mais se restringia à ferramenta de racionalização científica do campo econômico para o desenvolvimento dos países, mas passou a configurar-se também como instrumento de controle social, pois, além de visar à manutenção e à ampliação do sistema, buscou-se igualmente "o enriquecimento dos valores culturais pela revitalização das técnicas sociais tradicionais (como a educação) e o aprimoramento de novas formas de manipulação de opiniões e atitudes (como a propaganda)" (FERNANDES; GENTILINI, 2014, p. 487). Logo, o estado encontra na sua capacidade planificadora uma estratégia para atuar também nos campos sociais, culturais e educacionais. Com essa configuração, identifica-se que o estado planejador age diretamente no campo da hegemonia.

A partir da década de 1950, segundo Fernandes e Gentilini (2014), o planejamento, já não mais como tarefa restrita ao campo econômico, ganhou importante destaque na agenda dos países desenvolvidos e passou a influenciar, de forma significativa, a agenda dos países em desenvolvimento, sendo esses sugestionados por agências como a Organização das Nações Unidas para Educação, Ciência e Cultura (Unesco) e a Comissão

[21] O Plano Marshall, também conhecido como Plano de Recuperação Europeia, vigorou de 1947 a 1951, e teve como principal objetivo contribuir com os países europeus do bloco capitalista destruídos após a Segunda Guerra Mundial. Financiado pelos Estados Unidos da América, o Plano visava à reconstrução desses países, de edifícios, parques industriais, importação de alimentos e outros, com um aporte de 18 bilhões de dólares. Configurou-se, ainda, no âmbito político, como uma forma dos EUA fazerem frente à URSS, permitindo sua hegemonia em uma Europa devastada. Disponível em: http://www.fgv.br/cpdoc/acervo/dicionarios/verbete-biografico/gordon-lincoln. Acesso em: 23 dez. 2019.

Econômica para a América Latina e o Caribe (Cepal), no caso específico da América Latina (UNESCO, 1971).

É importante destacar o papel que a Cepal/Unesco desempenhou para a promoção da prática do planejamento governamental educacional principalmente a partir da década de 1950 por meio das conferências regionais. Objetivava-se, de forma geral, contribuir para a formação de equipes técnicas nos países com a capacidade de implementar o planejamento como política de estado, assegurando as condições para o desenvolvimento dessas nações. Assim, as entidades defendiam um modelo de planejamento com perfil estritamente técnico, desenvolvido por especialistas em elaboração de planos que visassem à superação dos quadros educacionais de exclusão e segregação (FERNANDES, 2014; GENTILINI, 2014). Porém, levando-se em consideração as marcas históricas de origem e desenvolvimento do planejamento estatal, o planejamento educacional nasceu fortemente atrelado ao planejamento econômico[22], ou seja, o planejamento educacional deveria estar inserido num plano geral de desenvolvimento em que as normas eram ditadas pelo campo econômico. Nesse sentido, segundo Fernandes (2014), o objetivo principal do planejamento estatal definido pela Unesco não era pedagógico, mas econômico: "[...] maior eficiência e produtividade dos sistemas de ensino, graças à introdução, na medida em que o setor educacional passou a ser planejado em função das metas definidas nos planos de desenvolvimento econômico" (p. 32). Assim, durante as décadas de 1950 e 1960,

> [...] o planejamento global da educação definiu-se, tornando-se amplamente aceito como indispensável ao desenvolvimento ordenado e eficaz do setor. De sua parte, a Unesco considerou o planejamento educacional como uma de suas atividades prioritárias. Recorreu principalmente, para a aplicação de seu programa, à organização de conferências ministeriais e reuniões técnicas, ao envio de peritos em planejamento a mais de 80 países, e à criação de centros regionais e internacionais de treinamento e pesquisa. (UNESCO, 1971, p. 10).

Segundo Fernandes (2014), no caso específico da América Latina, a Cepal, criada em 1948 e sediada no Chile, assumiu papel estratégico para disseminar uma concepção e técnicas de planejamento, visando ser o braço orgânico da Unesco na região. Para tanto, umas das principais ações de que a Comissão lançou mão foi a realização de conferências voltadas para

[22] Esse atrelamento do planejamento educacional ao plano econômico pode ser muito bem exemplificado com o modelo adotado pela Ditadura Civil-Militar no Brasil, durante o período de 1964 a 1985. Ver Capítulo 2.

ministros de estado e técnicos planejadores e a prestação de consultorias. A Cepal realizou seu primeiro ciclo de conferências no período de 1958 a 1968.

As orientações da Unesco, replicadas pela Cepal, segundo Fernandes (2014) e Gentilini (2014), cumpriram o papel de configurar e homogeneizar na região um modelo de planejamento que foi largamente aceito, principalmente por aqueles países que passaram a ter ditaduras militares como regime político. Como pode ser percebido a seguir, ao criticar o planejamento a curto prazo, algumas raízes plantadas pela Unesco ainda se fazem presentes no modelo atual de planejamento adotado pelos países, a exemplo do caso brasileiro:

> a) aplicar-se ao conjunto do sistema de ensino, em todos os níveis e a todos os elementos deste sistema, levando-se em conta os aspectos qualitativos como os quantitativos; b) situar-se numa perspectiva de maior alcance, de modo a cobrir ao menos vários anos e, se possível, um período de duração equivalente ao do ciclo escolar; c) estar totalmente integrado no planejamento do desenvolvimento econômico e social. [...] [d] o planejamento educacional deveria dar maior ênfase às inovações em matéria de estrutura, conteúdo e método. (UNESCO, 1971, p. 12).

Com essa configuração, as ideias de planejamento educacional que contemplam todo o sistema educativo, de longo prazo, vinculado ao campo econômico e social (vide EC n.º 59/2009) e ocupar-se também de questões estruturais, curriculares e metodológicas ainda permanecem no modelo atual de planejamento educacional adotado, a exemplo do PNE 2014-2024. Todavia, há de se ressaltar que, à medida que se propõe e defende um modelo de planejamento como política de estado, uma grande diferença está na produção do plano: para a Unesco/Cepal, o ato de planejar corresponde a algo destinado aos técnicos e especialistas, muitas vezes com vinculação restrita ao Executivo, ou seja, à parte da sociedade política. Numa perspectiva contemporânea mais progressista, um plano de estado, conforme explorado anteriormente, exige a participação ativa também da sociedade civil e de outros segmentos da sociedade política nos processos de discussão, elaboração, aprovação e materialização das metas e estratégias planificadas.

A Unesco/Cepal defendia o conceito de planejamento educacional como um processo contínuo, interligado por várias operações correlatas, por meio de uma abordagem racional e científica dos problemas educacionais, econômicos e sociais. Visava à determinação de objetivos e sua adequação aos recursos disponíveis, à análise das consequências com a aplicação do plano, à determinação de metas específicas distribuídas numa cronologia bem definida e à determinação dos meios mais eficazes para a materialização da política planejada (UNESCO, 1971). Destarte, o planejamento educacional responderá a um duplo objetivo:

> O primeiro, articular a educação e as ações indispensáveis para o seu desenvolvimento com as necessidades do desenvolvimento geral de uma comunidade ou país e com as decisões que são adotadas para impulsioná-lo; e assim a educação começa a desempenhar um papel funcional e direto dentro do quadro de fatores que são mobilizados para alcançar certos objetivos de progresso cultural, social e econômico.
>
> O segundo propósito, intimamente ligado ao anterior, consiste em estabelecer as condições que assegurem um processo contínuo de inovação e melhoria em todo o conjunto de fatores que determinam a eficácia dos sistemas educacionais: estrutura, administração, pessoal, conteúdo, procedimentos e instrumentos. (ROMERO LOZANO; FERRER MARTIN, 1969, p. 9. Livre tradução[23]).

Em síntese, esse duplo objetivo do planejamento educacional coaduna com os preceitos da Unesco/Cepal ao reforçar a necessidade de integração dos planos do setor a uma agenda global de desenvolvimento e ao definir como objetivo a compreensão da educação e seus insumos como um conjunto, devendo o plano se ocupar de todos os elementos necessários para o desenvolvimento inovador dos sistemas educacionais.

Delimitando o planejamento educacional como um processo e um método para formular e executar uma política pública, Romero Lozano e Ferrer Martin (1969) atribuem a ele as características de: a) adequação entre as necessidades educacionais diagnosticadas com os recursos viáveis para atendê-las, sendo admitida a participação de mais setores sociais interessados; b) definição de objetivos explícitos a serem alcançados em termos e tempos precisos, exigidos pela sociedade para equacionar os problemas

[23] Livre tradução: "El primero, articular la educación y las acciones indispensables para su desenvolvimiento con las necessidades del desarrollo general de una comunidad o país y con las decisiones que se adopten para impulsarlo; y así la educación comience a desempeñar un papel funcional y directo dentro del cuadro de factores que, se movilicen para alcanzar determinados objetivos de progreso cultural, social y económico. El segundo propósito, estrechamente vinculado al anterior, consiste en sentar las condiciones que aseguren un proceso continuo de innovación y mejoramiento en todo el conjunto de factores que determinan la eficacia de los sistemas educativos: estructura, administración, personal, contenido, procedimientos e instrumentos" (ROMERO LOZANO; FERRER MARTIN, 1969, p. 9).

educacionais; c) coerência entre a política educacional e as políticas dos outros setores visando ao desenvolvimento nacional. Então, o tipo de planejamento enquanto técnica se aproxima do modelo de *planejamento tradicional normativo*, ainda presente nos dias atuais, e que foi amplamente difundido pela Unesco e, mais especificamente, pela Cepal em toda América Latina após a década de 1950.

Uma questão que marca essa concepção de planejamento está no entendimento de sua dimensão: se instrumento técnico ou também político. Para a Unesco/Cepal, conforme já foi dito anteriormente, o planejamento tem um caráter eminentemente técnico, daí a importância de investir na criação de ministérios e departamentos exclusivos e de formação de quadros capazes de conduzir a ação planificada dos governos, numa concepção verticalizada, descontextualizada e de distanciamento entre quem pensa e quem executa a política. Justamente esse distanciamento entre o agente planejador (técnicos em seus gabinetes) e o agente executor (o governo) é apontado, pela própria Unesco, como um dos fatores de fracasso dos planos elaborados e não materializados pelos países naquele período (FERNANDES, 2014; FERNANDES; GENTILINI, 2014).

Mas há possibilidade de o planejamento educacional ser politicamente neutro? Para Ferreira e Fonseca (2011, p. 70), mesmo convivendo com uma dimensão técnica, "há no planejamento uma decisão política de normatização e de controle social", na medida em que transcorre como atividade técnica que objetiva organizar as ações dos governos para atender às necessidades essenciais da população e "prover os países de uma estruturação econômica e social". Nesse sentido, a planificação educacional é uma atividade essencialmente política, "destinada a dar direção e coerência a um processo social concreto, baseado nas orientações normativas das classes dominantes naquele momento histórico" (DE MATTOS, 1987, p. 121. Livre tradução[24]).

Não há neutralidade técnica no planejamento, considerando esse uma ação humana e coletiva e, assim, essencialmente política. Para De Toni (2002), um planejamento exclusivamente técnico não passa de atividade de "adivinhação", pois a "prática do planejamento governamental (ou público) jamais pode ser isolada ou dissociada das concepções mais amplas sobre o estado ou se colocada distante das disputas mais gerais pela hegemonia social" (p. 958). Nesse sentido, quando o estado (sociedade civil mais sociedade

[24] Livre tradução: "En otras palabras la planificación es una actividad esencialmente política, destinada a dar dirección y coherencia a un concreto proceso social, basada en las orientaciones normativas de las clases dominantes en ese momento histórico" (DE MATTOS, 1987, p. 121).

política) opta pela estratégia da planificação para definir e construir suas agendas, está, principalmente no campo político, remetendo a um projeto de sociedade e de futuro, ou, em termos gramscianos, a uma concepção de mundo. Ianni (1996) chama atenção para as duas faces conexas do planejamento que são a estrutura econômica e a estrutura de poder, sendo que essas se sobrepõem às conotações meramente técnicas. Diz o autor que,

> Aliás, pode-se dizer que, em última instância, o planejamento é um processo que começa e termina no âmbito das relações e estruturas de poder. Em geral, o planejamento destina-se, explicitamente, a transformar ou consolidar uma dada estrutura econômica e social. Em concomitância, e em consequência, ele implica na transformação ou consolidação de uma dada estrutura de poder. As relações e os processos políticos e econômicos estão sempre imbricados, influenciando-se e determinando-se reciprocamente. (IANNI, 1996, p. 309).

A partir das reflexões do autor supracitado, entende-se que não há dissociação entre os elementos técnico e político do planejamento, mas sim uma conexão que, fundada numa perspectiva democrática, tende a assegurar, em tese, uma maior probabilidade de materialização dos planos. Nesse sentido, a sociedade civil desempenha um importante papel ao ocupar os espaços antes restritos aos técnicos que ora se faziam valer enquanto sociedade política, vinculada principalmente ao Poder Executivo.

Romero Lozano e Ferrer Martin (1969) fazem duas análises apropriadas quanto a distinção, orgânica, entre os aspectos técnicos e políticos do planejamento. No que tange aos aspectos técnicos, parte de um escopo multidisciplinar, metódico e permanente de diagnosticar a realidade e identificar as necessidades da população, visando determinar as ações (metas, estratégias) para satisfazê-las; é uma metodologia para análise, previsão, programação e avaliação do desenvolvimento educacional. No que se refere aos aspectos políticos, o planejamento configura-se como um processo de tomada de decisões, de fazer escolhas compatíveis com o trabalho técnico e com a agenda programática do estado, sendo fundamental o envolvimento dos agentes políticos e/ou seus representantes em todo processo de planejamento de modo que esse passe a ser a orientação das ações governamentais ou, nas palavras de Dourado (2017), o plano como epicentro das políticas de estado. Logo, é "importante enfatizar que, sendo resultado de um processo político, o planejamento está imerso em um sistema de relações sociais que já exclui qualquer possibilidade de caracterizá-lo como instrumento neutro de intervenção" (FERNANDES, 2014, p. 30).

1.3.1 Construindo um conceito de planejamento

Matus (1993) defende a tese de que o planejamento precede e preside a ação. Sustenta-a com a ideia de que planejar é guiar de forma consciente a ação de sujeitos coletivos, submetendo o curso dos acontecimentos à vontade humana, num contexto em que há aliados e concorrentes que também planejam, e muitas vezes os opositores são mais bem-sucedidos. Para esse autor, negar o planejamento é recusar a possibilidade de interferir no futuro, submetendo a aceitá-lo da forma que vier. Na mediação entre o conhecimento e a ação (MATUS, 1991), o plano, enquanto produto do planejamento, que não preceder a ação é inútil por chegar após o curso dos acontecimentos, e se chegar a tempo, mas não presidir a ação governamental, se torna supérfluo (MATUS, 1993). Assim,

> O processo de planejamento real, unido indissoluvelmente ao processo de governo, consiste num cálculo incessante e permanente que precede e preside as ações dos atores em conflito. Mas se o essencial do governo é a ação e o essencial do planejamento é o cálculo que a precede e preside, então planeja quem governa (porque o governante faz o cálculo de última instância) e governa quem planeja (porque governar é conduzir com uma direcionalidade que supera o imediatismo de mera conjuntura). (MATUS, 1993, p. 34).

A partir dessa perspectiva e compreendendo-o enquanto metodologia técnico-política que tem o plano como resultado de seu processo, o planejamento pode ser definido numa perspectiva ampliada, como a ação do estado visando implementar um certo tipo de racionalidade e cientificidade à atuação do Poder Público, envolvendo sociedade civil e sociedade política num processo de análises de contextos, definição de objetivos, prioridades e estabelecimento de metas a fim de se materializar um modelo de desenvolvimento desejado. De forma geral, enquanto instrumento de direção da ação do estado que se materializa nas políticas públicas, o planejamento cumpre, em tese, o fim de garantir um grau mínimo de governabilidade e de continuidade das ações estatais, ante o clientelismo, o patrimonialismo, o improviso e a desarticulação entre os poderes públicos, entre programas, projetos e ações. Tem como objetivo maior integrar sociedade civil e sociedade política na edificação de uma concepção de mundo. Logo, o planejamento enquanto método e o plano enquanto produto configuram-se como ação/objeto técnico-político, que não deve desvincular-se da complexidade que marca a realidade brasileira, principalmente num contexto de desigualdades sistêmicas.

Em síntese, segundo Ferreira e Fonseca (2011, p. 70), o "planejamento é uma das estratégias utilizadas para imprimir racionalidade ao papel do Estado e institucionalizar 'as regras do jogo' na administração das políticas governamentais". Assim, é entendido como processo social, político e histórico que, no caso do campo educacional, associa-se aos campos econômico, cultural, científico etc.

Todavia, há de se ressaltar que um processo de planejamento instituído por vias plurais e democráticas, abarcando os dissensos dos diversos grupos que compõem o tecido social e político, no esforço coletivo e qualificado de construção de vias consensuais para formalização de um projeto social, constitui uma perspectiva cara ao campo social progressista. Se um plano construído com essa tônica social, principalmente os de longo prazo, tem dificuldades em sua materialização, mais difícil ainda é crer na materialização de planos que são peças meramente burocráticas cujo processo de formulação ficou restrito a agentes técnicos vinculados à sociedade política, a exemplo dos Planos Setoriais de Educação e Cultura (PSEC), discutidos no Capítulo 2. Nesse sentido, o plano é o produto da pactuação possível que se constrói no dissenso, entre consensos, conflitos e contradições, numa perspectiva de estado ampliado. Sendo assim,

> É importante ter também presente que as decisões consubstanciadas no plano, mesmo que assentadas nas estruturas de poder presentes na sociedade e, portanto, possuindo fortemente as marcas das forças hegemônicas, não significam a anulação dos espaços de confronto e de participação que a vigência da democracia política permite, tal como hoje é possível ocorrer na realidade brasileira. (AZEVEDO, 2014, p. 267).

É com essa perspectiva, do plano enquanto constructo de dissensos e pactuações posto em relações sociais heterogêneas, de embates e acordos entre sociedade civil e sociedade política, que se entende o plano enquanto peça de estado, constitutiva e constituinte de um processo histórico que visa impor, nem sempre de forma coercitiva, uma hegemonia sobre toda sociedade, ou seja, de formalizar-se como uma nova concepção de mundo à medida que visa atender (ou não) às necessidades e reivindicações populares.

Matus (1991) advertiu que nenhuma técnica de planificação é segura diante da incerteza do mundo real, devendo-se buscar a capacidade de acompanhar a realidade e corrigir a tempo os planos. "Por isso, muito mais importante que formular um plano é a capacidade contínua de planificação para refazer os cálculos a tempo e toda vez que as circunstâncias o mereçam" (p. 40).

Por melhor técnica e politicamente que seja elaborado um plano, Dourado (2017) chama atenção para a não linearidade entre a formulação e a materialização da política, ou seja, por mais que sociedade política e sociedade civil participem de um processo qualitativamente democrático de produção dos planos isso não significa, na prática e nos meandros da política governamental, uma execução efetiva do que fora aprovado. Segundo Matus (1993), é principalmente nos momentos de materialização dos planos que esses tendem a falhar, pois nem sempre são colocados na agenda dos gestores públicos e nem sempre são reivindicados pela sociedade civil como planos de estado.

Ainda é preciso destacar que o planejamento, enquanto formulação de uma política de estado em sentido ampliado, dá-se num campo de tensão, que congrega perspectivas, interesses e diferentes concepções de mundo, de sociedade e projetos de futuro. O consenso não é dado por imediato e, quase sempre, não é definitivo. Dessa forma,

> Se os objetivos dos homens sobre o futuro são conflitantes, o planejamento não se faz num mar de rosas comandado pelo cálculo técnico-científico. Consequentemente, o planejamento deve admitir que o meio no qual se desenvolve é um meio resistente, que se opõe à nossa vontade, e que tal oposição não provém da natureza, mas de outros homens com diferentes visões, objetivos, recursos de poder, que também possuem um cálculo sobre o futuro e têm iguais ou maiores possibilidades que nós de conduzir o processo social por um caminho que diverge do nosso. (MATUS, 1993, p. 13-14).

Enquanto terreno de disputas, o planejamento também se torna instrumento de hegemonia. Em dado contexto histórico, é importante, pois, analisar se se trata de uma hegemonia excludente ou inclusiva. Essa definição está diretamente relacionada aos objetivos que tem o estado ao eleger o planejamento como ação estratégica, distinguindo o papel, os fins e tipos de racionalidade que são inerentes a ele, o que se interliga à visão de mundo dos grupos dominantes e dirigentes ou, numa perspectiva progressista, pode também vincular-se aos anseios dos grupos subalternos.

No que se refere aos objetivos, segundo Cardoso Júnior (2011), o plano visa manter os grandes objetivos nacionais de longo prazo sempre em destaque, como guia às mais altas decisões e tarefas do estado, devendo as políticas setoriais, departamentais e regionais amoldarem-se as emanações do plano nacional, mesmo que para isso sejam feitas adequações em relação às mudanças de conjuntura e de administrações governamentais. Logo, o plano "cumpre o papel de nortear, o que significa servir de referência, de coordenadas das quais as políticas públicas se afastam apenas a contragosto ou temporariamente" (CARDOSO JÚNIOR, 2011, p. 18). Ou, nas palavras de De Mattos (1987), o planejamento cumpre o papel fundamental de dar coerência aos processos de tomada de decisão, visando ao máximo possível coordenar as ações destinadas para o cumprimento dos principais objetivos do projeto político vigente.

1.3.1.1. Algumas vertentes do planejamento

Desde a adoção da estratégia do planejamento pelos estados a fim de sistematizar e racionalizar seus desenvolvimentos, principalmente a partir da Segunda Guerra Mundial, vertentes das teorias de planejamento foram sendo constituídas nesse percurso histórico. Gandin (2011) destaca que a opção por um modelo ou outro de planejamento distingue-se pela visão de sociedade que perpassa o estado, ou seja, considerando-se o conteúdo programático que move o estado e qual a concepção de mundo dos agentes sociais e políticos que estão envolvidos no processo de planificação. O ponto de partida e a visão de sociedade se fundem, prospectivamente, na concepção de futuro relacionada ao desenvolvimento societário que se coloca como projeto, como perspectiva e como desafio.

Ferreira e Fonseca (2011, p. 70) caracterizam o planejamento enquanto categoria histórica do processo de controle social, argumentando que a "implantação da planificação no desenvolvimento do sistema capitalista é resultado de um processo político que, por seu turno, exprime o embate de interesses de classes divergentes". Nesse sentido, o governo, ao adotar determinada vertente de planejamento, faz tal escolha consubstanciado em seu conteúdo programático e, como dito anteriormente, condizente com sua visão de sociedade e perspectiva de futuro o que, na lógica do sistema capitalista, significa a conservação ou superação dos conflitos entre as classes divergentes, entre os grupos dominantes e os grupos subalternos, em termos gramscianos. Nesse sentido, continuam as autoras supracitadas:

> A defesa de uma modalidade de planejamento exprime, portanto, posições políticas em competição no interior dos sistemas centrais e periféricos. Em meio às tensões em que se encontra o aparelho estatal o planejamento funciona como elemento racional para organizar a política do Estado que compreende as condições e objetivos econômicos, sociais, políticos, [educacionais] e administrativos, ainda que em graus variáveis. Em linhas gerais, a organização racional do Estado é realizada a partir de algumas hipóteses sobre a realidade, sendo o planejamento a forma concreta de definição das ações e dos meios para seu alcance, quando um país pretende transformar ou consolidar determinadas estruturas sociais e econômicas. (FERREIRA; FONSECA, 2011, p. 70-71).

Ao definir determinada modalidade de planejamento, o estado opta, então, por gestão com vistas ao desenvolvimento social numa perspectiva progressista ou pela manutenção das estruturas sociais vigentes, numa visão conservadora. Matus (1993, p. 200) adverte que "na concepção de um método de planejamento, o importante é sua *eficácia social* e não sua viabilidade prática, plena e imediata" (grifo nosso), referindo-se "a ações humanas que tentam produzir efeitos num dado sistema de governabilidade" (p. 49).

Dentre as vertentes ou modalidades de planejamento já desenvolvidas por diversos países, há quatro tipos mais comuns: o modelo normativo tradicional, o planejamento estratégico situacional, o planejamento de qualidade total e o planejamento participativo. Partindo das duas distinções referidas por Gandin (2011), essas modalidades se enquadram em determinados rumos objetivando corresponder, segundo Ferreira e Fonseca (2011), a diferentes funções e incorporar variáveis políticas, econômicas e sociais, sendo que, no caso brasileiro, no percurso do período republicano, "o Estado oscilou entre diferentes direções políticas: em certas fases, orientou-se pelo conservadorismo econômico; em outras, aderiu ao liberal-desenvolvimentismo ou ao neoliberalismo; privilegiou políticas centralizadas ou descentralizadas" (p. 72), conforme poderá ser observado no Capítulo 2.

1.3.1.1.1 O planejamento normativo tradicional

Essa modalidade de planificação foi a mais difundida, principalmente pela Unesco/Cepal e, consequentemente, mais utilizada pelos países associados, dentre os quais os da América Latina, inclusive, o Brasil. Principalmente a partir dos anos 1960, tal vertente foi incorporada à agenda dos governos nacionais via orientações, assessorias e formação de equipes técnicas. De forma geral, o planejamento normativo tradicional concentra-se no campo econômico, do qual partem os "subplanejamentos" setoriais, sendo marcado, muitas vezes, por um reducionismo econômico e excessiva formalidade e rigidez do plano, elaborado pelos técnicos planejadores em seus gabinetes e desconsiderando a dinâmica dos processos sociais (FERNANDES; GENTILINI, 2014).

O planejamento normativo tradicional concentra-se como tarefa de um único agente planejador: o poder Executivo, que tem o monopólio da ação de planejar e estabelecer os planos para toda a sociedade. Com isso, é encarado como tarefa centrada nas mãos de técnicos que garantem, na normatividade do processo e do documento "livro-plano" uma suposta neutralidade que desconsidera a presença de outros atores, como a sociedade civil, por exemplo, e a dinâmica das conjunturas sociais. Nesse sentido, enquanto instrumento normativo,

> [...] refere-se, portanto, a uma norma que deve ser cumprida e que foi fixada por diferenciação entre o necessário e a realidade, dentro do razoavelmente possível. Uma vez conhecida a área de possibilidade, o normativo move-se segundo a lógica do necessário, questão esta que tem, sem dúvida, um aspecto técnico, bem como complexidades metodológicas. Os objetivos, como propostas gerais, devem traduzir-se em metas, com precisão quantitativa e qualitativa. A meta permite precisar o alcance do objeto. (MATUS, 1993, p. 37).

Por seu viés economicista, seu centralismo e tecnicismo "apolítico", a modalidade tradicional foi a mais utilizada, principalmente pelos regimes ditatoriais, destacando, como exemplos, os Planos Nacionais de Desenvolvimento (PND) e os respectivos Planos Setoriais de Educação e Cultura implantados pelos governos militares brasileiros do final da década de 1960 à década de 1980, conforme poderá ser visto no Capítulo 2.

Segundo De Toni (2002), por ser um plano profundamente discursivo, vazio de conteúdos práticos e com linguagem codificada que restringe ao universo dos técnicos burocratas, esse modelo não é operacional nem prático, com prevalência do médio prazo e uma disposição rígida de metas dentro de cronogramas fechados. Matus (1993) critica esse modelo pois, na medida em que se centraliza nas mãos de só um ator (o governo), esse mesmo planeja e governa. Por fim, esse autor avalia a implementação dessa vertente de planejamento com a seguinte análise:

> [...] as causas dos magros resultados do planejamento tradicional na América Latina estão na referida hipótese de base do planejamento normativo que, por um lado, conduz a um conceito restrito de planejamento e de planejador e, por outro lado, a uma prática economicista e tecnocrática, que se isola do planejamento político e do processo do governo como sistemática de cálculo que precede e preside a ação. (MATUS, 1993, p. 76).

Considerando-se tais características, pode-se apontar a adoção centralizada do modelo de planejamento normativo tradicional concomitante à exclusão dos outros atores sociais, junto aos parcos resultados, como uma das razões da descrença crescente na eficácia, efetividade e relevância do planejamento enquanto estratégia de ação do estado. No caso brasileiro, soma-se a esse descrédito o que Dourado (2017) analisa como uma lógica de descontinuidade que se impõe como uma lógica de continuidade no processo de materialização dos planos de educação, ou seja, não há o respeito por governos futuros pelos planos elaborados e aprovados por governos anteriores.

1.3.1.1.2 Planejamento Estratégico Situacional

A modalidade do planejamento estratégico situacional (PES) foi desenvolvida principalmente pelo chileno Carlos Matus, Ministro da Economia do Governo do Presidente Salvador Allende (1971-1973), como uma alternativa ao planejamento normativo tradicional. O PES é assim definido pelo autor:

> É um método de planejamento estratégico governamental claramente distinto do planejamento tradicional e do planejamento estratégico empresarial. Ele é concebido como uma ferramenta ao serviço do dirigente político moderno, no governo ou na oposição, por isso permitirá resgatar o valor prático do planejamento, bem como superar a improvisação, a politicagem e o tecnocratismo, uma vez que permite abordar os problemas técnico-políticos reais que o governante deve enfrentar. (MATUS, 1993, p. 3).

Em contraposição ao planejamento tradicional, o PES é moldado a partir de situações-problemas reais, analisadas em sua profundidade e complexidade, permitindo aos gestores fazerem escolhas e tomarem decisões mais condizentes com a visão de sociedade e projeto de futuro. Nesse sentido, o PES tem objetivos políticos e sua formulação e materialização considera o envolvimento de todos os agentes possíveis do campo, abarcando sociedade política e sociedade civil, inclusive os opositores ao governo, e não se limitando a iluminados planejadores técnicos. Caracterizado dessa forma,

> O PES é uma metodologia de planejamento por problemas, os quais devem ser analisados em profundidade, mediante a identificação de suas causas, cuja origem é processual, fruto das relações sociais e de natureza política, econômica e organizacional. É com base nessa análise que se delineia o plano de ação, mas que não se caracteriza por uma solução normativa, e, sim, por como um conjunto de estratégias e táticas concebidas em diferentes cenários possíveis para a realidade social. (FERNANDES; GENTILINI, 2014, p. 491).

Em síntese, ao trabalhar com objetivos políticos a partir de situações-problemas e estabelecendo um conjunto de estratégias e táticas, o PES é uma ferramenta de governo que tem na participação dos diversos segmentos e atores sociais uma das grandes diferenças em relação ao planejamento normativo tradicional. Enquanto instrumento que precede e preside a ação, o planejamento leva em consideração "dados concretos da realidade, indicadores, informações, tendências, regularidades, possíveis desvios e, tanto quanto possível, baseia-se em métodos racionais e científicos" (GENTILINI, 2014, p. 588).

Para tanto, a planificação ao envolver diferentes atores e considerar diferentes contextos e heterogêneas visões de futuro, fundamenta-se em ações qualitativas e quantitativas que têm como maior desafio, não sua formulação restrita num "livro-plano", mas a sua implementação estratégica, partindo das necessidades mais urgentes e prioritárias.

Situando o período histórico em que o PES foi desenvolvido quando regimes ditatoriais foram impostos na América Latina, ele não foi amplamente difundido e aplicado nos diversos países, principalmente por ter como um dos princípios a participação social e basear-se em objetivos políticos. Nem mesmo governos autoproclamados progressistas levaram a cabo a implementação desse modelo de planejamento.

No caso brasileiro, Martins (2010) destaca que a Conferência Nacional de Educação (Conae) baseou-se em princípios que se aproximam dos fundamentos do PES ao definir como um dos grandes desafios do PNE ajustar suas metas e diretrizes às novas necessidades da sociedade brasileira, num cenário marcado pela edição de planos e projetos educacionais, em que se faz necessário "empreender ações articuladas entre a proposição e a materialização de políticas, bem como ações de planejamento sistemático" (BRASIL, 2010, p. 28).

O processo de construção/elaboração do Plano Nacional de Educação 2014-2024, ao empreender a produção de metas e estratégias em cadeia, bem como o intenso processo de discussão nas Conferências de Educação e no percurso legislativo, com envolvimento ativo da sociedade civil organizada, são atributos do PES presentes nesse documento-lei, todavia, há de se ressaltar que também são fortes as marcas do planejamento normativo tradicional, tanto no processo como no produto final.

1.3.1.1.3 Planejamento de Qualidade Total ou Planejamento Estratégico Empresarial

O projeto de levar o modelo empresarial privado de gestão para o setor público não é recente e encontrou seu ápice com o advento do neoliberalismo. Nessa perspectiva, os cidadãos são condicionados à condição de clientes dos serviços públicos e um dos objetivos da planificação governamental no mote da qualidade total é solucionar os problemas à medida que surgem, garantindo eficiência, eficácia e produtividade das ações do estado (GANDIN, 2001; MARTINS, 2010). Para tanto, o tamanho da máquina pública precisa ser redimensionado, investindo somente naquilo que não puder ser repassado à iniciativa privada. Nessa perspectiva,

> O objetivo era imprimir eficiência ao setor público por meio da consolidação de um Estado gerencial, entendido como uma instituição político-regulatória que buscaria corresponsabilizar outros setores/instituições em favor do desenvolvimento social do país. O Estado gerencial é aquele que pretende desenvolver uma gestão econômica eficiente e que, sem estar no mundo produtivo, pauta-se pela sua organização, portanto, incorpora a ideologia do mercado. Busca avaliar os resultados das políticas públicas que chegam aos cidadãos por meio das agências reguladoras nos âmbitos federal e estadual, baseadas no princípio da autonomia e da manutenção de relações equilibradas com o Governo, os usuários e as concessionárias dos serviços públicos. (FERREIRA; FONSECA, 2011, p. 79).

Uma das estratégias utilizada pelo estado gerencial, via neoliberalismo, é a ressignificação de conceitos muitos dos quais caros ao campo progressista, como a descentralização, a qualidade e a participação. A descentralização, por exemplo, passou a ser encarada pelo poder central nos seguintes termos:

> Nesse contexto de reforma do Estado, a descentralização passou a ser encarada como um fator capaz de gerar eficiência no sistema de oferta de políticas públicas. Tal descentralização veio acompanhada da centralização no processo de definição de políticas. Ocorreu uma efetiva transferência de responsabilidades pela implementação e gestão de políticas e programas definidos em nível federal para os governos subnacionais. Além disso, também foi verificado o comprometedor deslocamento das atribuições públicas para os setores privados. (CRUZ, 2012, p. 71).

No que se refere à participação da sociedade civil, enquanto os movimentos progressistas defendiam-na como direito social, para a vertente neoliberal, essa configura-se como engajamento, voluntariado, engajamento social e menos estado. O envolvimento dos cidadãos/usuários no planejamento de qualidade total dá-se mais no sentido de desconcentração, em que os sujeitos são convidados a tomar partido de decisões já pensadas pela administração central. Por seu turno, essa vertente recupera o caráter conservador e tecnicista do planejamento normativo tradicional e o condiciona às "novidades" do mercado e à ressignificação dos termos.

Com foco num modelo operacional, segundo Gandin (2011), a participação é limitada aos setores nos quais a pessoa se encontra, não se ocupando de discutir os resultados sociais das tarefas que realiza. O planejamento da qualidade total promove, com isso, a padronização de tarefas, de procedimentos e de resultados, implantando um novo significado para o termo qualidade, circunscrito à satisfação individual do usuário dos serviços públicos.

No caso brasileiro, essa modalidade de planejamento foi introduzida nos anos 1990 nas práticas de gestão escolar por meio de programas de descentralização da administração pública, como o Plano de Desenvolvimento da Escola (PDE-Escola). Nesse, as unidades escolares, por meio de um grupo gestor, tinham como incumbência identificar seus pontos fracos e fortes, elaborar sua missão e objetivos estratégicos e planejar os poucos recursos destinados a elas para aplicação em insumos de custeio e capital. O PDE-Escola não implicou mais recursos para as instituições, mas na administração do pouco disponível frente a demandas crescentes juntamente a burocratização da gestão.

1.3.1.1.4 Planejamento Participativo

A vertente do planejamento participativo tem como premissa a crítica ao modelo social atual em que vigora a injustiça e a desigualdade e entende que é por meio da participação qualificada de todos os cidadãos que está a possibilidade de superação desse cenário. Ou seja, partindo de uma base técnica-operacional visa, por meio do envolvimento dos sujeitos em tomada coletiva de decisões, à transformação da realidade social, tornando-se, assim, também um ato político. Com essa perspectiva, as ações do governo só fazem sentido e são socialmente qualificadas se houver a oitiva da sociedade. Fundamenta-se, pois, de acordo com De Toni (2002), na democracia participativa que objetiva inventariar coletivamente as demandas sociais, que "assumem o caráter de demandas propositivas de longo prazo" (MARTINS, 2010, p. 96). Com isso,

> O Planejamento Participativo pretende ser mais do que uma ferramenta para a administração; parte da ideia que não basta uma ferramenta para "fazer bem as coisas" dentro de um paradigma instituído, mas é preciso desenvolver conceitos, modelos, técnicas, instrumentos para definir "as coisas certas" a fazer, não apenas para o crescimento e a sobrevivência da entidade planejada, mas para a construção da sociedade; neste sentido, inclui como sua tarefa contribuir para construção de novos horizontes, entre os quais estão, necessariamente, valores que constituirão a sociedade. (GANDIN, 2011, p. 87).

Por meio da participação qualificada, o planejamento participativo visa integrar o operacional e o estratégico, entendendo o ato de planejar como o desenvolvimento de um processo técnico com vistas a contribuir para um projeto político. Para tanto, essa modalidade de planejamento se realiza por meio do marco referencial que contém a dimensão política, ideológica, de opção coletiva e que precede o diagnóstico. Esse marco referencial é composto por três partes: o marco situacional (relação entre a realidade global e a realidade local), o marco doutrinal (proposição e definição de um projeto político-social de ser humano e de sociedade) e o marco operativo (processo técnico para se atingir o marco doutrinal) (GANDIN, 2011).

Algumas experiências foram introduzidas no Brasil com base nessa vertente de planejamento, como o chamado *orçamento participativo* realizado em municípios e estados principalmente com administrações de partidos vindos do campo progressista. Mesmo com consideráveis êxitos nessas propostas, atualmente há um recrudescimento na realização dessas iniciativas que têm como objetivo maior corresponsabilizar os cidadãos na definição da agenda pública e das prioridades do estado.

Conhecer essas modalidades de planejamento que, com alguma influência ou outra, balizaram a ação do estado planejador, contribui para ter referência do desenvolvimento das experiências de planificação adotadas e dos resultados dessas no percurso histórico do país, à medida que se defende a ação organizada, sistematizada, racional, qualificada e participativa na elaboração e materialização das políticas públicas. Retoma-se, dessa maneira, ao importante papel do planejamento seja para conservação, seja para a promoção de significativas transformações sociais, à medida que os planos construídos com participação ativa da sociedade civil e da sociedade política tornam-se, nas palavras de Dourado (2017), o epicentro da ação do estado.

1.4 FEDERALISMO BRASILEIRO E O MUNICÍPIO EM SEU CONTEXTO

A Constituição Federal de 1988 estabeleceu como princípio das ações de estado a adoção do planejamento para garantir eficiência e eficácia tanto no campo econômico quanto na arena das políticas sociais. Assim, para se pensar como o estado planejador se fez presente a partir desse marco constitucional, é necessário analisá-lo em consonância com o modelo federativo estatuído nesse novo arranjo jurídico.

Em coerência com essa afirmativa, Cara (2012) e Cury (2010) convergem na assertiva de que para a análise das políticas sociais é essencial que elas sejam situadas dentro do modelo de estado federativo adotado no Brasil, modelo esse erigido em substituição ao estado unitário que vigorou em tempos monárquicos e imperiais. Essa compreensão contribui no sentido de se entender as engrenagens fixadas, principalmente a partir do diploma legal, para que o estado seja posto em ação por meio das relações estabelecidas entre os entes federados, não mais como subordinados, mas como entes autônomos, jurídica, administrativa e financeiramente constituídos. Conceitualmente,

> Federação provém do latim *foedus-eris* que significa contrato, aliança, união, ato de unir-se por aliança e também se fiar, confiar-se, acreditar. Uma federação é a união de membros federados que formam uma só entidade soberana: o Estado

> Nacional. No regime federal, só há um Estado Soberano cujas unidades federadas subnacionais (estados) gozam de autonomia dentro dos limites jurisdicionais atribuídos e especificados. Daí que tais subunidades não são nem nações independentes e nem unidades somente administrativas. Trata-se, pois, de um regime em que os poderes de governo são repartidos entre instâncias governamentais por meio de campos de competências legalmente definidas. A repartição de competências sempre foi um assunto básico para a elucidação da forma federativa de Estado. (CURY, 2010, p. 152).

Em síntese, por federalismo e autonomia entende-se

> [...] um sistema político caracterizado por um Estado soberano, composto por diversas entidades territoriais autônomas dotadas de governo próprio. Por autonomia compreende-se um conjunto de competências ou prerrogativas determinadas e garantidas por uma Constituição, que não podem ser abolidas ou alteradas de modo unilateral pelo governo central. (CARA, 2012, p. 257).

Em conformidade com esses conceitos, Abrúcio (2010) explicita quatro elementos que são essenciais para o sucesso do estado federativo: (1) a compatibilização entre autonomia e interdependência; (2) a garantia de direitos federativos; (3) a instituição de arenas institucionais de pactuação entre os entes federados; e (4) a coordenação das políticas entre todos os atores territoriais. Para tanto, emerge como essencial a regulamentação do regime federativo a fim de delimitar e integrar as competências dos entes que formam a federação que, coerentemente com a Constituição Federal de 1988, está expresso por meio de competências comuns, concorrentes e privativas. Todavia, dada sua complexidade e pluralidade, o regime federativo não se dá de forma homogênea ou linear, mas pode-se intercalar entre diversas configurações, dentre as quais Cury (2010) destaca:

> O **federalismo centrípeto** se inclina ao fortalecimento do poder da União em que, na relação concentração — difusão do poder, predominam relações de subordinação dentro do Estado Federal. Pode-se dar como exemplo o próprio Brasil entre os anos 1930-1934, 1937-1945 e 1964-1988.
>
> O **federalismo centrífugo** remete ao fortalecimento do poder do Estado-membro sobre o da União em que, na relação concentração — difusão do poder prevalecem relações de larga autonomia dos Estados-membros. Pode-se assi-

> nalar como tal a Velha República, especialmente o poder hegemônico das oligarquias paulistas e mineiras, entre 1898 - 1930.
>
> O **federalismo de cooperação** busca um equilíbrio de poderes entre a União e os Estados-membros, estabelecendo laços de colaboração na distribuição das múltiplas competências por meio de atividades planejadas e articuladas entre si, objetivando fins comuns. Esse federalismo político e cooperativo foi posto em 1934, em 1946 e é o registro jurídico forte de nossa atual Constituição. (CURY, 2010, p. 153, grifos nossos).

De acordo com Abrúcio (2010), o estado federalista brasileiro pós--CF/1988 vem com a ideia de transferência de poder para os demais entes federados, no sentido de autogoverno dos estados e municípios, aproximando-se do modelo cooperativo e do conceito de descentralização, em que essa contribuiria para o bom funcionamento da máquina estatal, inclusive para a superação do excessivo poder centralizado na União. Durante o período republicano, essa relação entre União e demais entes federados oscilou entre momentos de maior ou menor autonomia dos entes federados, de maior descentralização ou concentração de poder na União. Cury (2010) descreve que nos períodos de regência democrática, entre 1946 e 1964 e a partir da CF/1988, prevaleceu maior autonomia; em contraponto, nos períodos do Estado Novo varguista (1937-1945) e na ditadura militar (1964-1985), houve maior centralização e controle por parte do poder central.

A ebulição social com a reabertura democrática da década de 1980, inclusive com ampla participação de diversos segmentos da sociedade civil e da sociedade política, buscou imprimir na nova Carta Magna de 1988 seus anseios e concepções de mundo, dentre as quais as reinvindicações por maior descentralização e autonomia dos entes federados. Com essa Constituição, reivindicou-se construir um federalismo de modelo cooperativo, no qual o regime de colaboração entre os entes federados se firma como diretriz. Nas palavras de Cury (2010), a CF/1988 recusou tanto um federalismo centrífugo quanto o centrípeto, apelando para o modelo cooperativo "sob a denominação de regime articulado de colaboração recíproca, descentralizado, com funções privativas, comuns e concorrentes entre os entes federativos" (p. 158).

Traduzindo a ideia de descentralização como municipalização, segundo Abrúcio (2010), os constituintes, à época, criaram um arranjo federativo até então inédito: erigiram os municípios à condição de ente federativo autônomo, o que já veio expresso no primeiro artigo da Carta de 1988:

> Art. 1º A **República Federativa do Brasil**, formada pela **união indissolúvel dos estados e municípios e do Distrito Federal**, constitui-se em Estado Democrático de Direito e tem como fundamentos:
>
> I - a soberania;
>
> II - a cidadania;
>
> III - a dignidade da pessoa humana;
>
> IV - os valores sociais do trabalho e da livre iniciativa; (Vide Lei n.º 13.874, de 2019)
>
> V - o pluralismo político.
>
> Parágrafo único. Todo o poder emana do povo, que o exerce por meio de representantes eleitos ou diretamente, nos termos desta Constituição. (BRASIL, 1988, grifos nossos).

A CF/1988 ratificou o regime federativo como a organização do estado brasileiro, formado da associação "indissolúvel" entre estados e municípios, característica que é reafirmada no artigo 8º: "A organização político-administrativa da República Federativa do Brasil compreende a União, os Estados, o Distrito Federal e os Municípios, **todos autônomos**, nos termos desta Constituição" (BRASIL, 1988, grifos nossos). Assim, a Carta Magna reconheceu a autonomia dos três entes federados, num arranjo que Araújo (2010) veio denominar de "Federação tridimensional", devido à inserção de um novo ente com igual autonomia: o município. Dessa forma, esse ente passou a ter competências estabelecidas em lei e gozando de prerrogativas assim como os estados e a União, inclusive, de definir seu próprio orçamento e regido por uma Lei Orgânica Municipal.

Para a instituição do federalismo cooperativo, a CF/1988 estabeleceu a necessidade de leis complementares que regulamentassem seu funcionamento, delimitando as ações dos entes federados. Essa determinação está presente no parágrafo único do artigo 23:

> Art. 23. É **competência comum** da União, dos Estados, do Distrito Federal e dos Municípios:

> [...]
>
> V - proporcionar os meios de acesso à cultura, à educação, à ciência, à tecnologia, à pesquisa e à inovação; (Redação dada pela EC n.º 85, de 2015)
>
> [...]
>
> Parágrafo único. Leis complementares **fixarão normas para a cooperação** entre a União e os Estados, o Distrito Federal e os Municípios, tendo em vista o equilíbrio do desenvolvimento e do bem-estar em âmbito nacional. (Redação dada pela EC nº 53, de 2006). (BRASIL, 1988, grifos nossos).

Como pode ser visto, no texto constitucional estabeleceu-se como competência comum dos entes federados proporcionar o acesso à educação, entre outros. Determinou, para tanto, a necessidade de edição de leis complementares para que as normas de cooperação fossem regulamentadas, a fim de definir a atuação conjunta, interdependente, mas também autônoma de União, estados, DF e municípios. Nos termos da CF/1988, compete à União o estabelecimento de normas gerais (artigo 24, parágrafo 1º). Entre as pautas das leis complementares, encontra-se a educação, conforme inciso V do presente artigo. No artigo 211, a Carta Magna, na Seção sobre a Educação, estabeleceu a necessidade de organização dos sistemas de ensino vinculados aos entes federativos em regime de colaboração:

> Art. 211. A União, os Estados, o Distrito Federal e os Municípios organizarão em **regime de colaboração seus sistemas de ensino**.
>
> § 1º A União organizará o sistema federal de ensino e o dos Territórios, financiará as instituições de ensino públicas federais e exercerá, em matéria educacional, função redistributiva e supletiva, de forma a garantir equalização de oportunidades educacionais e padrão mínimo de qualidade do ensino mediante assistência técnica e financeira aos Estados, ao Distrito Federal e aos Municípios; (Redação EC n.º 14, de 1996)
>
> § 2º Os Municípios atuarão prioritariamente no ensino fundamental e na educação infantil. (Redação EC n.º 14, de 1996)

> § 3º Os Estados e o Distrito Federal atuarão prioritariamente no ensino fundamental e médio. (Redação EC n.º 14, de 1996)
>
> § 4º Na organização de seus sistemas de ensino, a União, os Estados, o Distrito Federal e os Municípios definirão **formas de colaboração**, de modo a assegurar a universalização do ensino obrigatório. (Redação EC n.º 59, de 2009)
>
> § 5º A educação básica pública atenderá prioritariamente ao ensino regular. (Incluído pela EC n.º 53, de 2006). (BRASIL, 1988, grifos nossos).

Nesse artigo, a CF/1988 delimitou a abrangência dos sistemas de ensino dos entes federados por meio do regime de colaboração e o estabelecimento de formas de colaboração. Abrúcio (2010) faz a seguinte análise do artigo 211:

> O resultado constitucional na área de educação pode ser considerado bem equilibrado do ponto de vista federativo. O artigo 211 da Constituição (1988) resume esse modelo ao propor três coisas. A primeira foi uma **divisão de competências mais descentralizadas na execução dos serviços**, dando um peso importante aos municípios. A noção foi completada por outras normas constitucionais, que garantiram bases financeiras para a realização deste processo e estabeleceram a adoção de uma **gestão democrática no plano local**, para garantir o controle social e evitar a oligarquização do municipalismo. A segunda característica foi a **adoção de elementos matizadores de uma descentralização centrífuga**, que seria prejudicial a um país tão desigual. Entram aí a noção de competência comum, segundo a qual um nível de governo atua prioritariamente sobre um ciclo, mas outro também poderá fazê-lo, evitando, em tese, o vácuo no acesso aos bens públicos; e a definição de um papel importante à **União de produzir diretrizes e normas nacionais**, ao que se soma a sua função redistributiva e supletiva [...]. A lógica do artigo 211 completa-se com a noção de **regime de colaboração**, cujo objetivo seria a articulação dos entes federativos nas várias ações educacionais que lhes cabem. Dada a existência de redes duais, particularmente no ensino fundamental, de competências comuns e de ações supletivas da União, seria necessária a cooperação entre os níveis de governo para evitar choques ou ações descoordenadas capazes de provocar uma piora na qualidade da política. Desenha-se, aqui, o **federalismo cooperativo** proposto para a área educacional,

> reforçado depois por um parâmetro nacional, a LDB (Lei de Diretrizes e Bases da Educação Nacional), aprovada em 1996 (BRASIL, 1996). (ABRÚCIO, 2010, p. 60, grifos nossos).

A partir dessas considerações feitas por Abrúcio (2010), depreende-se que a Constituição Federal de 1988 cuidou para que as competências dos entes federados, na proposição de um modelo cooperativo, se firmassem como princípio de uma lógica de distribuição e compatibilização de responsabilidades quanto à oferta e à qualidade do ensino ministrado nos respectivos sistemas. Destaca-se o espaço ocupado pela municipalidade no citado texto constitucional, no sentido de evidenciar a municipalização como uma estratégia impulsionada a fim de descentralizar a prestação de serviços educacionais em prol de ampliação de qualidade, mas sem descuidar do papel essencial da União enquanto coordenadora da política nacional de Educação.

Ainda, a respeito do artigo 211, Araújo (2013) faz a seguinte distinção:

> Diferenciamos regime de colaboração de formas de colaboração, no sentido de que o regime de colaboração é um instituto jurídico e administrativo que abrange os aspectos mais gerais de uma política pública. É o que objetiva o parágrafo único do art. 23 da CF/88. Formas de colaboração seriam aspectos mais pontuais da política educacional (por exemplo, as formas de colaboração entre estados e municípios no oferecimento do transporte escolar), como objetiva o art. 211, § 4º, da CF/88, *in verbis*: 'Na organização de seus sistemas de ensino, a União, os Estados, o Distrito Federal e os Municípios definirão formas de colaboração, de modo a assegurar a universalização do ensino obrigatório'. (p. 799-800).

Dessa forma, na ausência da regulamentação do regime de colaboração, o que se identifica na implementação das políticas educacionais se configura mais em formas de colaboração.

A LDB 9.394/1996, coerente com o texto constitucional, especifica as incumbências de cada ente federado (artigos 9º, 10 e 11), em especial na composição dos respectivos sistemas de ensino, com destaque para o artigo 8º:

> Art. 8º A União, os Estados, o Distrito Federal e os Municípios organizarão, em **regime de colaboração**, os respectivos sistemas de ensino.

> § 1º Caberá à União a **coordenação da política nacional de educação**, articulando os diferentes níveis e sistemas e exercendo função normativa, redistributiva e supletiva em relação às demais instâncias educacionais.
>
> § 2º Os sistemas de ensino terão liberdade de organização nos termos desta Lei. (BRASIL, 1996, grifos nossos).

Ao mesmo tempo que a LDB ratifica a necessidade do regime de colaboração, o texto da Lei responsabiliza a União pela coordenação da política nacional de educação em articulação com os demais entes federados. Nesse sentido, à União compete agir como elo em movimentos de integração com estados, DF e municípios, a fim de definir os princípios gerais em matéria educacional, principalmente no exercício das funções supletiva e redistributiva no que tange à educação básica, sem, como isso, atropelar a autonomia dos entes subnacionais.

Além da regulamentação do parágrafo único do artigo 23 e do artigo 211 da CF/1988, a institucionalização do Sistema Nacional de Educação[25] apresenta-se como essencial demanda para definição clara e precisa dos papéis de todos os entes no regime federativo. Logo, a União assume, nesse sentido, papel central, mas não centralizador, de ente articulador do Sistema Nacional de Educação tendo como um dos principais objetivos a mitigação das disparidades regionais num contexto de desigualdades sistêmicas que assolam o país, com o objetivo central de oferta de uma Educação com qualidade social a todos os brasileiros e brasileiras. Para tanto, a Carta Magna define o Plano Nacional de Educação como o instrumento articulador do Sistema Nacional de Educação:

> Art. 214. A lei estabelecerá o **plano nacional de educação**, de duração decenal, com o objetivo de **articular o sistema nacional de educação em regime de colaboração e definir diretrizes, objetivos, metas e estratégias** de implementação para assegurar a manutenção e desenvolvimento do ensino em seus diversos níveis, etapas e modalidades por meio de ações integradas dos poderes públicos das diferentes esferas federativas que conduzam a: (Redação EC n.º 59, de 2009)
>
> I - erradicação do analfabetismo;
>
> II - universalização do atendimento escolar;

[25] Sobre o Sistema Nacional de Educação, ver Cury (2008), Dourado (2013, 2016a) e Saviani (1999, 2014).

> III - melhoria da qualidade do ensino;
>
> IV - formação para o trabalho;
>
> V - promoção humanística, científica e tecnológica do País.
>
> VI - estabelecimento de meta de aplicação de recursos públicos em educação como proporção do produto interno bruto. (Incluído EC n.º 59, de 2009). (BRASIL, 1988, grifos nossos).

Pelo exposto no texto constitucional, o PNE assume centralidade no contexto do Sistema Nacional de Educação ao passo que define diretrizes, objetivos e metas que possam contemplar as demandas por uma educação com qualidade socialmente referenciada e contribua para a superação das desigualdades presentes no país. Para Dourado (2016a),

> Há uma relação direta e intrínseca entre PNE, SNE, regime de colaboração e, neste sentido, é fundamental avançar nas orientações jurídico-normativas, envolvendo a aprovação de um PNE como política de Estado, bem como a Lei Complementar do regime de colaboração, como passos concomitantes à instituição do SNE, tendo claro que suas bases constitutivas nos remetem ao delineamento de medidas de coordenação federativa, articulado à normatização dos processos de decisão e responsabilidades compartilhadas entre os entes federativos, a partir da efetivação da já denominada descentralização qualificada. (p. 63).

A Lei n.º 13.005/2014, que aprovou o PNE 2014-2024, coaduna com o diploma legal vigente e estabelece como uma necessidade para a materialização deste Plano a instituição do regime de colaboração nos seguintes termos:

> Art. 7º A União, os estados, o Distrito Federal e os municípios atuarão em regime de colaboração, visando ao alcance das metas e à implementação das estratégias objeto deste Plano.
>
> § 1º Caberá aos gestores federais, estaduais, municipais e do Distrito Federal a adoção das medidas governamentais necessárias ao alcance das metas previstas neste PNE.
>
> § 2º As estratégias definidas no anexo desta lei não elidem a adoção de medidas adicionais em âmbito local ou de instrumentos jurídicos que formalizem a cooperação entre os entes federados, podendo ser complementadas

> por mecanismos nacionais e locais de coordenação e colaboração recíproca.
>
> § 3º Os sistemas de ensino dos estados, do Distrito Federal e dos municípios criarão mecanismos para o acompanhamento local da consecução das metas deste PNE e dos planos previstos no art. 8º.
>
> § 4º Haverá regime de colaboração específico para a implementação de modalidades de educação escolar que necessitem considerar territórios étnico-educacionais e a utilização de estratégias que levem em conta as identidades e especificidades socioculturais e linguísticas de cada comunidade envolvida, assegurada a consulta prévia e informada a essa comunidade.
>
> § 5º Será criada uma instância permanente de negociação e cooperação entre a União, os estados, o Distrito Federal e os municípios.
>
> § 6º O fortalecimento do regime de colaboração entre os estados e respectivos municípios incluirá a instituição de instâncias permanentes de negociação, cooperação e pactuação em cada estado.
>
> § 7º O fortalecimento do regime de colaboração entre os municípios dar-se-á, inclusive, mediante a adoção de arranjos de desenvolvimento da educação. (BRASIL, 2014a).

O artigo 7º da Lei n.º 13.005/2014 ratifica a importância do regime de colaboração para a materialização do Plano Nacional de Educação, especificando, inclusive, a criação de instâncias interfederativas em âmbito nacional e dos estados visando zelar pelo cumprimento tanto do PNE quanto dos planos subnacionais. De certa forma, a Lei reforça como uma das principais demandas para a instituição de um regime federativo cooperativo, no sentido de implementação de um modelo de descentralização qualificada, a necessidade de regulamentação do regime de colaboração (CRUZ, 2012; DOURADO, 2016a).

O PNE 2014-2024, que em alguns pontos sintetizou as demandas da Conferência Nacional de Educação de 2010, fixou:

> Art. 13. O poder público deverá instituir, em lei específica, contados dois anos da publicação desta lei, o Sistema Nacional

> de Educação, responsável pela articulação entre os sistemas de ensino, em regime de colaboração, para efetivação das diretrizes, metas e estratégias do Plano Nacional de Educação. (BRASIL, 2014a).

E, ainda, estabeleceu com uma de suas estratégias:

> 20.9. regulamentar o parágrafo único do art. 23 e o art. 211 da Constituição Federal, no prazo de dois anos, por lei complementar, de forma a estabelecer as normas de cooperação entre a União, os estados, o Distrito Federal e os municípios, em matéria educacional, e a articulação do sistema nacional de educação em regime de colaboração, com equilíbrio na repartição das responsabilidades e dos recursos e efetivo cumprimento das funções redistributiva e supletiva da União no combate às desigualdades educacionais regionais, com especial atenção às regiões Norte e Nordeste. (BRASIL, 2014a).

Logo, o PNE 2014-2024 vai ao encontro das análises citadas anteriormente, mas, com mais de cinco anos de vigência dessa Lei, o que se evidencia é que tanto a instituição do Sistema Nacional de Educação quanto a regulamentação do artigo 23 não encontraram continuidade e finalização nos trabalhos legislativos, o que representa, tomando como referência as demandas da Conae, retrocessos que contribuem para a manutenção das assimetrias que marcam a oferta educacional no país. Segundo Cara (2012, p. 259), "a necessidade de estabelecimento do SNE advém das inúmeras desigualdades na República brasileira, o que prejudica a realização das políticas sociais, tanto no acesso quanto na qualidade".

O citado autor chama atenção tanto para as desigualdades regionais, quanto para aquelas dentro dos próprios estados, entre os municípios, que denomina de desigualdade horizontal. Por outro lado, Cara (2012) também chama atenção para um outro tipo de desigualdade, a vertical, que se manifesta na relação interfederativa entre União, estados, DF e municípios:

> O aspecto dramático das desigualdades federativas brasileiras, em especial a vertical, é que as políticas sociais, como resultado da lógica de municipalização, ficam essencialmente a cargo dos municípios, seja por responsabilização constitucional ou devido à pressão do munícipe sobre o prefeito ou prefeita, o que é territorialmente facilitado. O lema do ex-governador paulista, André Montoro, pode ter se tornado lugar-comum, mas permanece verdadeiro: 'Ninguém vive no

> Estado ou na União. Eles são figuras jurídicas. Nós vivemos nos municípios'. (p. 261).

Araújo (2010) define a dimensão vertical com a seguinte configuração:

> Os contornos dos conflitos federativos no Brasil, por falta de regulamentação do regime de colaboração, se tornaram ainda mais complexos e assumiram duas dimensões: uma vertical e outra horizontal. A vertical se traduz na atitude defensiva do governo federal ou livrando-se de encargos com extinção de sua intervenção, ou incentivando programas de descentralização, nos quais assume postura de fiscalizador dos processos. A dimensão vertical dos conflitos federativos no Brasil também pode ser tipificada mediante a ação competitiva e predatória dos entes federados (estados e municípios) na disputa com o governo federal por recursos, gerando agenda de demandas segmentadas e fragmentadas que só agravam os conflitos. (p. 758).

Relacionando-se a esse aspecto, Abrúcio (2010) e Araújo (2013) analisam que os municípios pouco incorporaram sua condição constitucional de ente federativo autônomo, pois as condições objetivas frente às muitas demandas consolidam-se como incompatíveis com a disponibilidade financeira e acarretam uma relação de extrema dependência em relação à União. Os programas desenvolvidos via Fundo Nacional de Desenvolvimento da Educação (FNDE), pactuado por meio do Plano de Ações Articuladas, evidenciam essa relação em que a União pauta a agenda educacional e submete os municípios à condicionalidades a fim de que tenham acesso aos recursos e às políticas do Fundo. Segundo Araújo (2013), o próprio Fundef assumiu características semelhantes ao impulsionar a municipalização do ensino fundamental evitando que os entes locais perdessem receitas devido ao baixo número de matrículas. Para Abrúcio (2010, p. 61),

> A municipalização ficou vinculada às negociações políticas entre os estados e municípios, sem que houvesse uma arena institucional para isso e/ou critérios claros de repasse de funções, de modo que este processo dependeu muito mais do jogo de poder federativo para além da política educacional em si. Dito de outro modo, não houve incentivos financeiros, gerenciais ou de democratização que guiassem a relação entre os níveis de governo e sua necessária colaboração.

Logo, o que se observa é que a proposição de um federalismo cooperativo, em vias práticas, tem assumido características centrípetas, em que a descentralização via municipalização se configura mais como processo de desconcentração, na medida em que o poder de decisão e a disponibilidade de recursos não se deu de forma proporcional às atribuições advindas com a Constituição de 1988. Nesse sentido,

> Finalizando esse argumento, cabe frisar que a municipalização pode aumentar a eficiência na alocação de recursos e na implementação das políticas, especialmente se tomada como contraponto da centralização das ações, algo que se torna mais ineficiente diante do tamanho do país e de suas especificidades locais. [...] Só que os resultados da municipalização das políticas foram bastante díspares, pois resultados negativos também foram produzidos. Entre estes, destacam-se a dependência financeira ou a escassez de recursos para dar conta das demandas dos cidadãos; baixa capacidade administrativa, o que implica dificuldade para formular e implementar os programas governamentais, mesmo quando há dinheiro federal ou estadual envolvido; e os males que atrapalham a democratização dos municípios, como o clientelismo, a "prefeiturização" (isto é, o excesso de poder nas mãos do prefeito), o pouco interesse em participar politicamente e/ou de controlar os governantes. (ABRÚCIO, 2010, p. 46-47).

A partir dessas análises, evidencia-se a concordância entre Abrúcio (2010), Araújo (2010; 2013), Cara (2012) e Dourado (2013; 2016a), quanto à necessidade de uma qualitativa reforma tributária que se possa minimizar disparidades regionais e estabeleça coerência entre as demandas e os serviços prestados pelos entes federados, em especial que compatibilize o papel dos municípios com o que foi preconizado na Constituição de 1988. Pois,

> Entre as dificuldades para a falta de regulamentação do regime de colaboração para a educação está a necessidade de uma reforma fiscal que redistribua os recursos segundo as responsabilidades e as demandas de atendimento de cada ente federado, pois o que temos hoje é que, na repartição do "bolo tributário", os municípios são os que menos arrecadam e os que mais têm responsabilidade com a oferta educacional. (ARAÚJO, 2013, p. 793).

A partir desse referencial, deduz-se que a não regulamentação do regime de colaboração compromete o próprio sistema federativo, na medida em que se denota uma centralidade da União na definição da pauta educacional em detrimento de uma pactuação equilibrada com os demais entes federados, em caso específico ao foco deste trabalho, com os municípios. A concentração da arrecadação na União enquanto a maior parte das matrículas está nos municípios, evidencia um exemplo que coaduna com um modelo de federalismo centrípeto (ARAÚJO, 2013).

Esse contexto demanda uma ampla reforma tributária acompanhada da regulamentação do regime de colaboração, a institucionalização do Sistema Nacional de Educação, resgatando o PNE como epicentro da ação do estado, para utilizar a expressão de Dourado (2017), impõe-se como prioridades para construção de políticas articuladas de educação, num processo de alinhamento, e não subordinação, entre os entes federados numa perspectiva equalizadora e qualificadora da intervenção estatal. Não obstante, essa empreitada não pode prescindir do papel da União enquanto coordenadora de uma política nacional de educação, bem como da repartição equitativa dos recursos que enfrente as divergências entre atendimento e financiamento da educação.

Ampliando as análises, é possível inferir também que a não autonomia dos municípios guarda estreita relação com seu desenvolvimento histórico no país, com marcas patrimonialistas e clientelistas que se mantém, mesmo com o novo desenho institucional atribuído com a CF/1988. Essa relação de poder de submissão do bem público estatal a vontades privadas colaboram, inclusive, para anulação de quadros participativos. Todavia, há de se ressaltar que não se pode analisar esse cenário da municipalização como princípio de descentralização e autonomia municipal apenas numa perspectiva maniqueísta; Abrúcio (2010) chama atenção para importantes experiências nas quais o binômio municipalização-descentralização teve resultados positivos:

> A visão descentralizadora teve efeitos positivos no campo das políticas públicas. Inovações foram criadas por várias municipalidades nas mais diversas áreas governamentais, como mostra o trabalho de Pinho e Santana (2002). Exemplo disso é que programas hoje consagrados no plano nacional, como o Programa Saúde da Família (PSF) e o Bolsa Escola (hoje Bolsa Família), nasceram por iniciativas de prefeitos e da sociedade local, e não na Esplanada dos Ministérios. Também houve avanços no que se refere ao controle social, com experiências como a do Orçamento Participativo. [...] Basta lembrar como era o modelo da merenda escolar antes da descentralização feita na década de 1990: ela era comprada pelo governo federal — geralmente de fornecedores de São Paulo e Rio de Janeiro —, ia normalmente para Brasília e

> de lá era distribuída aos governos subnacionais. O grau de desperdício era enorme — para não falar da corrupção. (p. 46).

A análises feitas pelo autor supracitado demonstram que nos municípios, a despeito de toda lógica patrimonialista e clientelista, também são capazes de promover ações de intensificação da participação popular e de melhoria dos serviços públicos, servindo, nos exemplos de políticas citadas, inclusive, como referência às políticas nacionais. Situa-se, pois, no campo da contradição, numa relação dialética entre sociedade civil e sociedade política, condição estruturante do regime federativo estatuído no Brasil, as faces que o modelo municipalista vem sendo constituído dado sua brevidade histórica, em face à centralização de poder, de recursos e decisões pela União.

Pensar nesse conjunto como um todo integrado contribui para analisar o real papel do município e seu potencial dentro do pacto federativo, visto sua proximidade com os cidadãos e a gama de atribuições advindas com a Constituição de 1988. Nesse sentido, os Planos Municipais de Educação, em consonância com o PNE, assumem centralidade ao se defender a Educação nacional na perspectiva de um todo articulado. Todavia, a historiografia do planejamento educacional brasileiro, apresentada e discutida no Capítulo 2, evidencia cada vez mais o papel centralizador da União, mesmo após a CF/1988, em detrimento do federalismo cooperativo.

2

PLANEJAMENTO EDUCACIONAL NO BRASIL: ENTRE PLANOS, MARCOS LEGAIS E MOVIMENTOS HISTÓRICO-POLÍTICOS

Implementar um modelo de "estado planejador" configurou-se como um grande desafio para os países após a Segunda Guerra Mundial, principalmente com a polarização capitalistas *versus* socialistas e a necessidade de reerguer os países então devastados (FERNANDES, 2014; PEREIRA, 1975). O planejamento, conforme apontado no Capítulo 1, passou a ser aceito como a estratégia para impor racionalidade às ações do estado e, com isso, potencializar recursos e processos em prol de um dado modelo de desenvolvimento. Nesse sentido, a adoção de determinados vieses de planejamento implicou na definição de um modelo de sociedade a ser construído, que está diretamente relacionado à estrutura e às conexões entre sociedade política e sociedade civil na definição de uma agenda pública.

A partir dessa conjuntura, este Capítulo 2 tem como objetivo específico percorrer historicamente como os meandros do planejamento, enquanto estratégia do estado brasileiro, foi se moldando, principalmente após a década de 1930 até os dias atuais, no âmbito das administrações/governos. Para tanto, a partir do recorte temporal daquele período, buscou-se por meio de pesquisa e levantamento bibliográfico na literatura da área e nos documentos e produtos desse processo, identificar e analisar como em cada movimento as ideias de plano, planejamento e atos normativos foram sendo utilizadas pelos diversos governos na tentativa da implementação do "estado planejador". Para cumprir esse objetivo específico, fundamentou-se principalmente nas análises de Azanha (1993), Bordignon (2014), Bordignon, Queiroz e Gomes (2011), Cury (1996, 1998, 2009, 2015), Dourado (2010, 2011, 2013, 2016b), Horta (1982, 1997), Mendes (2000), Saviani (1999, 2007, 2016a, 2016b), Sena (2014) e Souza e Martins (2014).

Numa linha histórico-cronológica, é possível destacar, dentre outros, os principais movimentos de planejamento e respectivos planos, acompanhados de marcos legais da década de 1930 até 2016.

Quadro 6 – Desenvolvimento histórico do planejamento educacional no Brasil: movimentos, planejamento, planos e marcos legais (1932-2016)

ANO	GOVERNO	MARCO HISTÓRICO-LEGAL
1930	Vargas	- Criação do Ministério da Educação e Saúde Pública (Mesp), via Decreto n.º 19.402, de 14 de novembro de 1930.
1931	Vargas	- Criação do Conselho Nacional de Educação (CNE) pelo Decreto n.º 19.850, de 11 de abril de 1931, que estabelece como competência desse órgão firmar as diretrizes gerais do ensino em todos seus níveis (art. 5º, f); - CNE cria comissão para elaboração do Plano Nacional de Educação.
1932	Vargas	- Publicação do Manifesto dos Pioneiros da Educação Nova, primeira sistematização da ideia de um Plano Nacional de Educação para o sistema educacional brasileiro.
1934	Vargas	- Promulgada a Constituição Federal de 1934 que estabelece no art. 150 ser competência da União fixar o Plano Nacional de Educação, sendo atribuído ao CNE (art. 152) a tarefa de redação do documento.
1936	Vargas	- Sancionada a Lei n.º 174, de 6 de janeiro de 1936, que reestrutura o CNE, reforçando a atribuição do colegiado de elaborar o Plano Nacional de Educação (art. 2º), estabelecendo o prazo de noventa dias.
1937	Vargas	- Projeto de Lei elaborado pelo CNE contendo 506 artigos, intitulado como o "Código da Educação Nacional".
1946	Eurico Dutra	- Constituição Federal de 1946: silenciou-se em relação ao PNE. No seu lugar, definiu como competência da União legislar sobre as diretrizes e bases da educação nacional (art. 5º, XV).

ANO	GOVERNO	MARCO HISTÓRICO-LEGAL
1956	Juscelino Kubistchek	- No Plano Nacional de Desenvolvimento – Plano de Metas, a Educação ficou concentrada na meta n.º 30 com o objetivo central de formação de pessoal técnico, adotando o viés de Educação para o desenvolvimento econômico.
1959	Juscelino Kubistchek	- Manifesto dos pioneiros mais uma vez convocados: ao povo e ao governo. Faz fortes críticas ao sistema educacional e na demora em se tomar frente aos problemas educacionais, em especial à classe política, principalmente no que tange à aprovação da Lei de Diretrizes e Bases da Educação Nacional.
1961	João Goulart	- LDB, Lei n.º 4.024/1961. No artigo 93 delimitou-se que a aplicação dos recursos do Fundo Nacional do Ensino Primário, do Fundo Nacional do Ensino Médio e do Fundo Nacional do Ensino Superior seria realizada conforme os planos estabelecidos pelo Conselho Federal de Educação (CFE) e pelos conselhos estaduais de educação.
1962	João Goulart	- No CFE, em trabalho dirigido por Anísio Teixeira, foi elaborado o que para alguns autores ficou conhecido como o primeiro PNE. Esse plano consistia na definição de metas quantitativas e qualitativas de aplicação dos recursos dos fundos criados pelas LDB n.º 4.024/1961, com vigência prevista para o prazo de oito anos.
1963	João Goulart	- Plano Trienal de Educação 1963-1965: contemplou as metas estabelecidas no PNE de 1962.

ANO	GOVERNO	MARCO HISTÓRICO-LEGAL
1967	Castello Branco	- Constituição Federal de 1967: resgatou a competência da União em estabelecer planos nacionais de educação e de saúde (art. 8º, XIV), devendo o Congresso Nacional dispor, mediante lei, sobre todas as matérias de competência da União, especialmente sobre planos e programas nacionais e regionais e orçamentos plurianuais (art. 46, II); - Edição do Decreto-Lei n.º 200, de fevereiro de 1967, que instaura o modelo de planejamento via Administração por Objetivos (APO) e reestrutura inclusive o Ministério do Planejamento, criado em 1962.
1972	Emílio Médici	- I Plano Setorial de Educação e Cultura (PSEC) (1972-1974): consistia num grande conjunto de projetos e dez programas, prevalecendo o caráter economicista.
1975	Ernesto Geisel	- II PSEC (1975 – 1979) avaliou positivamente o I PSEC. Especificava a programação detalhada das ações estratégicas distribuídas em quatro partes (sistema educacional, educação física e desportos, cultura e modernização do MEC).
1980	João Figueiredo	- III PSECD (1980-1985) estabeleceu quatro linhas prioritárias de ação: a educação no meio rural, educação nas periferias urbanas, desenvolvimento cultural, valorização dos recursos humanos da educação, da cultura e do desporto.
1986	José Sarney	- Plano Nacional de Desenvolvimento da Nova República (PND/NR) (1986-1989), Lei n.º 7.486, de 6 de junho de 1986: enfatizou a retomada do desenvolvimento com base no tripé: crescimento econômico, reformas estruturais e combate à pobreza, à desigualdade e ao desemprego.

ANO	GOVERNO	MARCO HISTÓRICO-LEGAL
1988	José Sarney	- Constituição Federal de 1988: no art. 214 determina que a lei estabelecerá o Plano Nacional de Educação, de duração plurianual, visando à articulação e ao desenvolvimento do ensino em seus diversos níveis e à integração das ações do poder público.
1993	Itamar Franco	- Plano Decenal de Educação para Todos (1993-2003) (PDEpT): Declaração Mundial de Educação Para Todos/Unesco, estabelecia estratégias para a universalização do ensino fundamental e erradicação do analfabetismo e as medidas e instrumentos de implementação.
1996	Fernando Henrique Cardoso	- LDB n.º 9.394/1996: especificou a incumbência da União e dos estados quanto à elaboração dos respectivos planos de educação. Todavia, essa incumbência não apareceu nas atribuições dos municípios, que foram situados na condição de colaboradores para elaboração dos planos em âmbito nacional e estadual.
2001	Fernando Henrique Cardoso	- PNE 2001-2010 (Lei Ordinária n.º 10.172, de 09 de janeiro de 2001), primeiro plano aprovado em lei, estipulou 295 metas, atendendo aos níveis e modalidades de ensino. Determinou que estados, Distrito Federal e municípios elaborassem seus respectivos planos de educação.
2007	Lula da Silva	- Plano de Desenvolvimento da Educação (PDE): concentrava os programas do MEC e tinha como ponto central a descentralização de recursos aos entes subnacionais mediante pactuação expressa no Compromisso Plano de Metas Todos pela Educação.

ANO	GOVERNO	MARCO HISTÓRICO-LEGAL
2008	Lula da Silva	- Realização da Conferência Nacional de Educação Básica (Coneb) (2008) teve como temática central: a construção do Sistema Nacional Articulado de Educação, já apontando importantes sinalizações para o próximo PNE.
2009	Lula da Silva	- Emenda Constitucional n.º 59/2009: deu nova redação ao artigo 214 da CF/1998. Destaca-se a substituição do termo plurianual pelo termo decenal, a definição do PNE como o instrumento articulador do sistema nacional de educação (SNE) e estipula que o plano estruturar-se-á em diretrizes, objetivos, metas e estratégias. Determinou a definição de percentual do PIB em investimento na Educação.
2010	Lula da Silva	- Realização da Conferência Nacional de Educação (Conae) (2010) que teve como tema "Construindo o Sistema Nacional Articulado de Educação: o Plano Nacional de Educação, suas Diretrizes e Estratégias de Ação", representando um importante movimento entre sociedade civil e sociedade política.
2014	Dilma Rousseff	- PNE 2014-2024, Lei n.º 13.005, de 25 de junho de 2014. Estruturado em 20 metas e 254 estratégias. Determinou o prazo de um ano para que os entes subnacionais aprovassem seus respectivos planos em consonância com o documento nacional.
2014	Dilma Rousseff	- Realização da 2ª Conae que apresentou como tema: O PNE na articulação do Sistema Nacional de Educação: participação popular, cooperação federativa e regime de colaboração.

ANO	GOVERNO	MARCO HISTÓRICO-LEGAL
2016	Michel Temer	- Emenda Constitucional n.º 95/2016: congela o orçamento do Governo Federal por 20 anos, o que inviabiliza a exequibilidade do PNE 2014-2024, principalmente no tocante a ampliar o investimento público a 10% do PIB em Educação.

Fonte: elaboração própria a partir de Bordignon, Queiroz e Gomes (2011), Cury (2015), Dourado (2016b, 2017), Horta (1982, 1997) e Saviani (2016a)

Conforme pôde ser percebido Quadro 6, no curto período republicano (1889-atual), em termos históricos, os governos brasileiros buscaram construir uma imagem de planejamento por meio de planos e atos legais. Também é relevante a mobilização da sociedade civil em específicos momentos, a fim de fazer com que suas demandas fossem assumidas como prioridades do estado, como no movimento dos Pioneiros da Educação Nova (1932 e 1959) e nas conferências de educação. Os marcos, planos e movimentos citados no Quadro 6 serão explorados no desenvolvimento deste capítulo.

Estruturalmente, o capítulo apresenta o percurso histórico do planejamento enquanto estratégia do estado brasileiro, materializado muitas vezes em marcos legais e em planos propriamente ditos. Não é objetivo analisar a implementação e efetividade desses marcos e planos, visto os limites deste texto, mas, sim, citá-los e descrevê-los a fim de situar os projetos e contextos que se consolidaram no campo da proposição que, segundo Dourado (2017), não apresenta uma relação linear com sua materialidade, num horizonte que impõe uma lógica de descontinuidade enquanto lógica de continuidade da gestão pública estatal. A edição e o abandono de planos e atos legais nesse curto período histórico confirmam essa análise. Todavia, é preciso salientar, dentro da perspectiva gramsciana que fundamenta este trabalho, que a descontinuidade nem sempre será algo negativo, mas o resultado das pressões e concessões que se integram e promovem as mudanças históricas, principalmente se levarmos em consideração a disputa entre sociedade civil e sociedade política, multifacetadas por seus plurais grupos de poder que as compõem, visando propagar sua hegemonia por meio de dado projeto societário.

De certa forma, essa apresentação histórico-documental realizada neste capítulo permite visualizar e compreender que nos dados momentos dinâmicos da política, o próprio conceito de planejamento não é homogêneo, pois representa o esforço dos grupos que operam o estado na tentativa, às vezes bem-sucedida e outras vezes não, de se impor enquanto grupo dominante e dirigente. Referenciando-se nas vertentes discutidas no Capítulo 1 (planejamento normativo tradicional, planejamento estratégico situacional, planejamento da qualidade total e planejamento participativo), percebe-se que, enquanto estratégia viabilizadora da ação do estado, o planejamento vai se metamorfoseando tanto nos aspectos técnicos quanto nos aspectos políticos a fim de representar a legitimação de interesses e concepções de mundo daqueles que controlam o próprio estado e tentam impor sua hegemonia, entendida na perspectiva de Gramsci (2007).

Justifica-se a proposição deste capítulo à medida que se compreende o planejamento da educação municipal como reflexo e recorte de uma dimensão mais ampla, tomando como base o país e as políticas educacionais como um todo. Assim, esse esforço de historicização se faz importante no sentido de entender como as organizações, processos, práticas e documentos locais reproduzem, ratificam ou mesmo negam o que está postulado nacionalmente, principalmente a partir da Constituição Federal de 1988 que erigiu os municípios à condição de ente federativo autônomo. Nesse sentido, foi possível identificar o processo de elaboração de Planos Municipais de Educação, principalmente, a partir do PNE 2001-2010 e, com mais ênfase, após o primeiro ano de vigência do PNE 2014-2024, sendo o objeto desta pesquisa se efetivado em consequência deste último. Por essa relevância que os Planos Nacionais de Educação de 2001 e 2014 assumiram ao delegar aos municípios a tarefa de elaborarem e aprovarem seus planos correlatos, justifica-se o espaço dado aqueles documentos nacionais neste capítulo, pois foi a partir desses marcos legais que, de fato, os municípios começaram a implantar esse modelo de planejamento nas suas redes de ensino.

Visando imprimir organicidade ao percurso descrito, este capítulo se desdobra em tópicos que foram nomeados acompanhando a categorização que Saviani (2016a; 2016b) apresenta ao identificar o tipo de racionalidade presente em cada momento histórico do planejamento estatal brasileiro:

> Em resumo, na década de 1930, o conceito de plano assumiu o sentido de introdução da **racionalidade científica** na educação; no Estado Novo, metamorfoseou-se em instrumento destinado a revestir de **racionalidade o controle político-ideológico** exercido pela política educacional; com a LDB de 1961 se converteu em instrumento de viabilização

> da **racionalidade distributiva** dos recursos educacionais; no regime militar se caracterizou como instrumento da introdução da **racionalidade tecnocrática** na educação; na Nova República sua marca foi o democratismo como o que a ideia de introduzir, pelo plano, uma espécie de **racionalidade democrática**, se revestiu de ambiguidade; finalmente, na era FHC, o plano se transmutou em instrumento de introdução da **racionalidade financeira** na educação. (SAVIANI, 2016b, p. 25-26, grifos nossos).

Para completar esse enquadramento histórico, acompanhamos a classificação de Gomes, Arruda e Silva (2017) ao identificar nos Governos Lula da Silva e Dilma Rousseff como aqueles de implementação de uma "racionalização democrática híbrida com um modelo de Estado Neodesenvolvimentista" (p. 71). Todavia, essa lógica é rompida com o golpe parlamentar-judicial-midiático de 2016, quando o vice Michel Temer assume a presidência e reintroduz a racionalidade financeira com recrudescimento do viés neoliberal e uma ampla e severa agenda de ajuste fiscal, o que comprometeu sobremaneira a implementação do Plano Nacional de Educação 2014-2024. O corolário desse período foi a promulgação da EC n.º 95/1996.

2.1 PLANEJAMENTO E PLANOS COMO INSTRUMENTOS DE RACIONALIDADE CIENTÍFICA

A década de 1930 é marcada com a instituição da questão educacional brasileira como problema nacional, principalmente a partir da instalação das bases do capitalismo industrial e com o entendimento da escolarização como condição necessária ao desenvolvimento do país, ao passo que o contexto internacional estava marcado por profundas crises. Na década anterior, mais precisamente em 1924, foi criada a Associação Brasileira de Educação (ABE) que congregava educadores liberais, progressistas e católicos e privatistas. A ABE se organizava principalmente por meio das conferências nacionais de educação, em que se debatiam teses relativas ao ensino. Naquela década, várias foram as reformas educacionais realizadas nos estados[26], muitas sob o comando dos renovadores da educação presentes na ABE.

[26] Dentre as principais reformas realizadas nos estados, podemos citar as reformas em São Paulo (1920, por Sampaio Dória), no Ceará (1922, por Lourenço Filho), no Distrito Federal (em 1927, por Fernando Azevedo), em Minas Gerais (1927, por Francisco Campos), no Paraná (1927, por Lysímaco da Costa), em Pernambuco (1928, por Carneiro Leão) e na Bahia (1928, por Anísio Teixeira). É perceptível a atuação dos pioneiros da Escola Nova na implantação das reformas educacionais estaduais.

Segundo Cury (2015), a ABE foi um dos agentes vinculados à sociedade civil de pressão junto ao governo provisório de Vargas, que respondeu com uma série de medidas[27] como a criação do Ministério dos Negócios da Educação e Saúde Pública (Mesp), em 14 de novembro de 1930, nomeando o mineiro Francisco Campos como primeiro ministro. Esse ato foi importante para a definição das políticas educacionais para o Brasil a partir da década em questão, como possibilidade de enfrentamento à crescente crítica da necessidade de se adotar o planejamento como estratégia de racionalidade para superar a crise no sistema educacional e alavancá-lo rumo às urgências do país.

Outro marco importante para a política educacional foi a criação do Conselho Nacional de Educação (CNE) pelo Decreto n.º 19.850, de 11 de abril de 1931. Cury (2015) vê nesse decreto de criação do CNE o embrião do que seria o Plano Nacional de Educação, ao estipular como uma das atribuições fundamentais do colegiado (artigo 5º), enquanto órgão consultivo do ministro, "f) firmar as diretrizes gerais do ensino primário, secundário, técnico e superior, atendendo, acima de tudo, os interesses da civilização e da cultura do país" (BRASIL, 1931).

A ideia do PNE enquanto instrumento de definição da política educacional para o país, observando-se as atribuições do CNE, já embaladas pelas ideias dos renovadores da década de 1920 aglutinados na ABE, é citada em discurso proferido pelo conselheiro João Simplício Alves de Carvalho, em 27 de junho de 1931:

> Proponho que o Conselho Nacional de Educação, [...] designe uma ou mais comissões para o preparo e a redação de um plano nacional de educação, que deve ser aplicado e executado dentro de um período de tempo, que nele será fixado. Esse plano procurará satisfazer as exigências da atualidade brasileira, tomando em consideração as condições sociais do mundo, e assegurará, pela sua estrutura e pela sua aplicação, o fortalecimento da unidade brasileira, o revigoramento racial de sua gente e o despertar dos valores indispensáveis ao seu engrandecimento econômico; e, depois de estudado

[27] "A Revolução de Trinta, deflagrada em 03 de outubro de 1930, leva Getúlio Vargas ao poder como Chefe do Governo Provisório em 03 de novembro de 1930. O Ministério dos Negócios da Educação e Saúde Pública foi criado em 14 de novembro de 1930, pelo Decreto n. 19.402, vale dizer 11 dias após a posse de Vargas. Seu primeiro titular foi Francisco Campos. Dotado de grande iniciativa e apoiado por Vargas, estabelece as atribuições do MESP pelo Decreto n. 19.560/31; cria o Conselho Nacional de Educação pelo Decreto n. 19.580/31; dispõe sobre o Ensino Superior e Universitário pelo Decreto n. 19.581/31 e sobre o ensino secundário pelo Decreto n. 19.890/31; institui o ensino religioso facultativo pelo Decreto n. 19.941/31, entre outros" (CURY, 2015, p. 400).

> e aprovado pelo Conselho Nacional de Educação, será submetido ao exame do Governo da República e à consideração dos Governos dos Estados. E estabelecerá, apanhando todos os aspectos do problema educativo [...]. (CARVALHO, João Simplício Alves *apud* CURY, 2015, p. 403-404).

Nota-se na proposta do conselheiro a ideia de um Plano Nacional de Educação, a vigorar por um certo período, a fim de assegurar a unidade nacional e sua vinculação com o desenvolvimento econômico e com a superação das dificuldades encontradas no chamado "problema educativo". Relata Cury (2015) que o CNE formou uma comissão para a tarefa de elaborar o plano composta pelos conselheiros João Simplício, Miguel Couto, Aloysio de Castro, Padre Leonel Franca e Leitão da Cunha.

Mas o movimento pela reconfiguração da política educacional não ficaria restrito ao CNE. Na IV Conferência Nacional de Educação da ABE, realizada em dezembro de 1931, tendo como tema geral *As grandes diretrizes da educação popular*, que contou com a presença de Getúlio Vargas na solenidade de abertura, esse conclamou os educadores a apontarem os rumos da educação para o país, que dessem o caráter "pedagógico" da Revolução de 1930. Nos debates, nos quais sobressaíam o embate entre liberais e católicos, germinavam ideias como a obrigatoriedade e a gratuidade do ensino, laicidade, integração entre os diferentes graus e o financiamento público da educação. Após rompimento entre católicos e liberais, sob redação de Fernando de Azevedo, em março de 1932 é publicado aquele que se constituiu como marco documental de grande relevância para os debates em torno da Educação brasileira: o *Manifesto dos Pioneiros da Educação Nova, destinado ao povo e ao governo*, assinado por 26 educadores[28].

Horta (1997) e Saviani (2016a) creditam ao Manifesto a primeira sistematização da defesa da ideia de um plano nacional de educação para o sistema educacional brasileiro. Diz uma parte do Manifesto:

> Na hierarquia dos problemas nacionais, nenhum sobreleva em importância e gravidade ao da educação. Nem mesmo os de caráter econômico lhe podem disputar a primazia nos planos de reconstrução nacional. [...] No entanto, se depois de 43 anos de regime republicano, se der um balanço ao

[28] As educadoras: Noemy da Silveira, Cecília Meireles e Armanda Álvaro Alberto. Os educadores: Fernando de Azevedo, Afrânio Peixoto, Sampaio Dória, Anísio Teixeira, Lourenço Filho, Roquete Pinto, Frota Pessoa, Julio de Mesquita Filho, Raul Briquet, Mario Casasanta, Delgado de Carvalho, Ferreira de Almeida Junior, José Paranhos Fontenelle, Roldão Lopes de Barros, Hermes Lima, Attilio Vivacqua, Francisco Venâncio Filho, Paulo Maranhão, Edgar de Mendonça, Garcia de Rezende, Nóbrega da Cunha, Paschoal Lemme e Raul Gomes.

> estado atual da educação pública, no Brasil, se verificará que, dissociadas sempre as reformas econômicas e educacionais, que era indispensável entrelaçar e encadear, dirigindo-as no mesmo sentido, todos os nossos esforços, sem **unidade de plano e sem espírito de continuidade**, não lograram ainda criar um sistema de organização escolar, à altura das necessidades modernas e das necessidades do país. **Tudo fragmentário e desarticulado.** [...] Onde se tem de procurar a causa principal desse estado antes de inorganização do que de desorganização do aparelho escolar, é na falta, em quase todos os planos e iniciativas, da determinação dos fins de educação (aspecto filosófico e social) e da aplicação (aspecto técnico) dos métodos científicos aos problemas de educação. Ou, em poucas palavras, na falta de espírito filosófico e científico, na resolução dos problemas da administração escolar. (MANIFESTO, 2006a, p. 188, grifos nossos).

No exposto, o enfrentamento do problema educacional brasileiro é defendido como uma prioridade para a agenda nacional, pois "sem unidade de plano e sem espírito de continuidade", as reformas até então realizadas não encontraram o êxito desejado, gerando um estado de "inorganização" por não definir os fins da racionalidade científica à educação. Em vista disso, os pioneiros propõem:

> Em lugar dessas reformas parciais, que se sucederam, na sua quase totalidade, na estreiteza crônica de tentativas empíricas, o nosso programa concretiza uma nova política educacional, que nos preparará, por etapas, a grande reforma, em que palpitará, com o ritmo acelerado dos organismos novos, o músculo central da estrutura política e social da nação. [...] É preciso, porém, atacar essa obra, por um **plano integral**, para que ela não se arrisque um dia a ficar no estado fragmentário [...]. (MANIFESTO, 2006a, p. 190-191, grifos nossos).

Nesse sentido, a definição de um "plano geral de educação" como obrigação do estado a atender principalmente aos mais pobres, e na defesa de uma escola comum a todos, firma-se como diretriz:

> Assentado o princípio do direito biológico de cada indivíduo à sua educação integral, cabe evidentemente ao Estado a organização dos meios de o tornar efetivo, por um **plano geral de educação**, de estrutura orgânica, que torne a escola acessível, em todos os seus graus, aos cidadãos a quem a estrutura social do país mantém em condições de inferiori-

> dade econômica para obter o máximo de desenvolvimento de acordo com as suas aptidões vitais. Chega-se, por esta forma, ao princípio da escola para todos, "escola comum ou única", que, tomado a rigor, só não ficará na contingência de sofrer quaisquer restrições, em países em que as reformas pedagógicas estão intimamente ligadas com a reconstrução fundamental das relações sociais. (MANIFESTO, 2006a, p. 193, grifo nosso).

Esse "plano geral de educação" teria como princípios a educação integral, a laicidade, a gratuidade, a obrigatoriedade e a coeducação, que seriam a essência para a construção dessa escola unificada, a ser mantida por um "fundo especial ou escolar", "constituído de patrimônios, impostos e rendas próprias, seja administrado e aplicado exclusivamente no desenvolvimento da obra educacional, pelos próprios órgãos do ensino, incumbidos de sua direção" (MANIFESTO, 2006a, p. 195).

Na construção desse sistema educacional, propõe-se o princípio da descentralização na definição, planejamento e execução da política pública, garantindo, por meio do "plano de reconstrução educacional", a unidade na multiplicidade em prol da unidade educativa sob a responsabilidade da União, estados e municípios, assegurando a racionalidade na aplicação dos recursos públicos.

> A organização da educação brasileira unitária sobre a base e os princípios do Estado, no espírito da verdadeira comunidade popular e no cuidado da unidade nacional, não implica um centralismo estéril e odioso, ao qual se opõem as condições geográficas do país e a necessidade de adaptação crescente da escola aos interesses e às exigências regionais. Unidade não significa uniformidade. A unidade pressupõe multiplicidade. Por menos que pareça, à primeira vista, não é, pois, na centralização, mas na aplicação da doutrina federativa e descentralizadora, que teremos de buscar o meio de levar a cabo, em toda a República, uma obra metódica e coordenada, de acordo com um **plano comum**, de completa eficiência, tanto em intensidade como em extensão. À União, na capital, e aos estados, nos seus respectivos territórios, é que deve competir a educação em todos os graus, dentro dos princípios gerais fixados na nova constituição, que deve conter, com a definição de atribuições e deveres, os fundamentos da educação nacional. Ao governo central, pelo Ministério da Educação, caberá vigiar sobre a obediência a esses princípios, fazendo executar as orientações e os **rumos gerais da**

> **função educacional**, estabelecidos na carta constitucional e em leis ordinárias, socorrendo onde haja deficiência de meios, facilitando o intercâmbio pedagógico e cultural dos Estados e intensificando por todas as formas as suas relações espirituais. A **unidade educativa**, essa obra imensa que a União terá de realizar sob pena de perecer como nacionalidade, se manifestará então como uma força viva, um espírito comum, um estado de ânimo nacional, nesse regime livre de intercâmbio, solidariedade e cooperação que, levando os Estados a evitar todo desperdício nas suas despesas escolares a fim de produzir os maiores resultados com as menores despesas, abrirá margem a uma sucessão ininterrupta de esforços fecundos em criações e iniciativas. (MANIFESTO, 2006a, p. 195, grifos nossos).

Tal plano de reconstrução educacional, fundado na racionalidade científica, apresenta como linhas gerais:

> Ora, assentada a finalidade da educação e definidos os meios de ação ou processos de que necessita o indivíduo para o seu desenvolvimento integral, ficam fixados os princípios científicos sobre os quais se pode apoiar solidamente um sistema de educação. A aplicação desses princípios importa, como se vê, numa radical transformação da educação pública em todos os seus graus, tanto à luz do novo conceito de educação, como à vista das necessidades nacionais. No **plano de reconstrução educacional**, de que se esboçam aqui apenas as suas grandes linhas gerais, procuramos, antes de tudo, corrigir o erro capital que apresenta o atual sistema (se é que se pode chamar sistema), caracterizado pela falta de continuidade e articulação do ensino, em seus diversos graus, como se não fossem etapas de um mesmo processo, e cada um dos quais deve ter o seu 'fim particular', próprio, dentro da 'unidade do fim geral da educação' e dos princípios e métodos comuns a todos os graus e instituições educativas. (MANIFESTO, 2006a, p. 196-197, grifo nosso).

Com tais ideias a respeito do sistema educacional e suas propostas, para Horta (1997) e Saviani (2016a), o Manifesto representa o esboço para um primeiro Plano Nacional de Educação. Pela força e representatividade dos pioneiros, na V Conferência Nacional de Educação, realizada em 1932, assumiu-se como tarefa a elaboração do capítulo sobre Educação para a Constituinte de 1933-1934 e de uma minuta de PNE. Para os autores citados, os pioneiros influenciaram diretamente na redação/aprovação do texto constitucional de 1934, incluindo na Carta os princípios da obrigatoriedade, da gratuidade, do PNE, da definição de percentuais para investimento em manutenção e desenvolvimento do ensino, entre outros.

Assim, a Constituição Federal de 1934 determinou no artigo 5º, inciso XIV, como competência da União traçar as diretrizes da educação nacional e, no que tange ao PNE, no artigo 150:

> Art. 150. Compete à União:
>
> a) fixar o **plano nacional de educação**, compreensivo do ensino de todos os graus e ramos, comuns e especializados; e coordenar e fiscalizar a sua execução, em todo o território do país;
>
> Parágrafo único. O **plano nacional de educação** constante de lei federal, nos termos dos arts. 5, n. XIV, e 39, n. 8, letras *a* e *e*, só se poderá renovar em prazos determinados, e obedecerá às seguintes normas:
>
> a) ensino primário integral gratuito e de frequência obrigatória, extensivo aos adultos;
>
> b) tendência à gratuidade do ensino educativo ulterior ao primário, a fim de o tornar mais accessível;
>
> c) liberdade de ensino em todos os graus e ramos, observadas as prescrições da legislação federal e da estadual;
>
> d) ensino, nos estabelecimentos particulares, ministrado no idioma pátrio, salvo o de línguas estrangeiras;
>
> e) limitação da matrícula a capacidade didática do estabelecimento e seleção por meio de provas de inteligência e aproveitamento, ou por processos objetivos apropriados a finalidade do curso;
>
> f) reconhecimento dos estabelecimentos particulares de ensino somente quando assegurarem aos seus professores a estabilidade, enquanto bem servirem, e uma remuneração condigna. (BRASIL, 1934, grifos nossos).

Ficou explícito no texto constitucional a incumbência de elaboração do PNE e seus princípios. E a Constituinte foi além, atribuindo ao CNE a competência de elaboração do referido plano (artigo 152), devendo submetê-lo à aprovação do Legislativo "e sugerir ao Governo as medidas que julgar necessárias para a melhor solução dos problemas educativos, bem como a distribuição adequada dos fundos especiais" (BRASIL, 1934).

Para desempenho de sua principal função, sob coordenação do então ministro da Educação e Saúde Pública, Gustavo Capanema[29], o CNE passou por uma reorganização definida pela Lei n.º 174, de 6 de janeiro de 1936, que determinava:

> Art. 1º O Conselho Nacional de Educação instituído pela Constituição da República, é órgão colaborador do Poder Executivo no preparo de anteprojetos de lei e na aplicação de leis referentes ao ensino; e consultivo dos poderes federal e estaduais, em matéria de educação e cultura.
>
> Art. 2º O Conselho Nacional de Educação terá as seguintes atribuições:
>
> 1º. elaborar o plano nacional de educação, para ser aprovado pelo Poder Legislativo (Constituição Federal, artigo 152);
>
> 2º. propor ao Poder Legislativo quaisquer modificações do plano nacional de educação, decorrido o prazo que for determinado em lei para a sua inalterabilidade (Constituição Federal, art. 150, parágrafo único);
>
> Parágrafo único. Dentro de noventa dias após a decretação do plano nacional de educação e de suas alterações periódicas, deverá o Ministério de Educação e Saúde Pública apresentar ao Conselho Nacional de Educação a proposta de organização de sistemas educativos para os territórios, a fim de ser enviado o projeto ao Poder Legislativo. (BRASIL, 1936).

No estabelecimento do novo CNE, em 16 de fevereiro de 1937, em sessão presidida pelo ministro Gustavo Capanema, este profere como missão do colegiado:

[29] Gustavo Capanema (1900-1985), advogado, foi um dos apoiadores da Revolução de 1930 em Minas Gerais. Durante o Governo Vargas, foi interventor federal interino naquele estado (1933). Em junho de 1934 foi nomeado ministro da Educação e Saúde Pública, permanecendo no cargo até o fim do Estado Novo, em outubro de 1945, sendo o ministro mais longevo da história da educação brasileira. Centralismo, nacionalismo e integralismo marcam sua passagem pelo Mesp. Atuou como constituinte em 1946, assumindo em seguida diversos mandatos parlamentares. Apoiou o Golpe de 1964 e se filiou à Arena, partido de apoio político ao regime militar. Encerrou sua carreira política em 1979, enquanto senador da República por Minas Gerais (HORTA, 2010).

> No momento em que dais início aos trabalhos desta reunião especial, que prolongar-se por alguns meses, e na qual ides elaborar essa obra de grande magnitude, que é o plano nacional de educação... Efetivamente, é a primeira vez que se vai fazer em nosso país, uma lei de conjunto sobre a educação. Do ensino superior temos leis diversas, cada uma sobre determinada parte do assunto. Temos uma lei do ensino secundário, mas modificada parcialmente por outras leis. O ensino primário é regulado nos Estados e no Distrito Federal, por legislações autônomas, cada qual diferente das outras, na estrutura e no valor. Do ensino profissional, de tão formidável importância, não possuímos, rigorosamente falando, aqui e ali, senão leis parciais e imperfeitas. Sobre a educação extra escolar não temos nenhuma lei de conjunto. Tanto a União como o Distrito Federal e alguns Estados, têm, na esfera de sua competência, decretado leis e segura orientação. Mas tais leis, além de se revestir de caráter incompleto e fragmentário, não têm tido a duração necessária e invariável. Não dispomos, assim, de um corpo coeso de disposições legais sobre a educação nacional. (CAPANEMA *apud* CURY, 2015, p. 405-406).

Segundo Bordignon, Queiroz e Gomes (2011), na definição da agenda do colegiado, foi constituída uma comissão para elaboração do PNE com base nos preceitos da Constituição de 1934. Capanema apresentou ao CNE um questionário com 207 questões a ser remetido a instituições escolares, educadores, intelectuais, políticos, instituições militares, igrejas e empresários com o objetivo de colher contribuições para subsidiar a elaboração do plano.

No trabalho de sistematização das respostas dos questionários, o CNE elaborou uma minuta de anteprojeto de lei com 506 artigos que disciplinavam minuciosamente todo o arranjo educativo, das atribuições dos poderes públicos e educadores ao conteúdo de cursos até o número de provas a serem aplicadas aos estudantes. Horta (1982) pondera que esse documento se afastou do pretendido pelos pioneiros da Educação Nova, por seu caráter centralizador, uniformizador e burocrático. Além disso, descaracterizava-se enquanto plano, por não definir objetivos, metas e aplicação de recursos, mas se aproximava do conceito de uma lei de diretrizes e bases da educação nacional, conforme entendido na legislação atual. O próprio documento se denominava como "Código da Educação Nacional":

> Art. 1.º O Plano Nacional de Educação, **código da educação nacional**, é o conjunto de princípios e normas adotados por esta lei para servirem de base à organização e funcionamento das instituições educativas, escolares e extraescolares, mantidas no território nacional pelos poderes públicos ou por particulares.
>
> Art. 2.º Este Plano só poderá ser revisto após vigência de **dez anos**. (BRASIL, 1937, grifos nossos).

Com essa configuração, o projeto do CNE se caracterizava mais como diretrizes e bases da educação nacional e se propunha a ser aplicado a todos estabelecimentos, públicos e privados, na essência de um "código geral", instituindo o decênio como período de vigência do PNE. Azanha (1993, p. 73) analisa que, nesses dois artigos supracitados, três ideias persistiram e, em partes, marcam a concepção atual de plano de educação: "a — Plano de Educação identifica-se com as diretrizes da educação nacional; b — O Plano deve ser fixado por lei; c — O Plano não pode ser revisto senão após uma vigência prolongada".

O anteprojeto de lei foi então entregue ao Executivo e remetido à Câmara dos Deputados em 18 de maio de 1937, que constituiu uma comissão especial para apreciação do PNE. Devido ao fechamento do Legislativo em 10 de novembro de 1937 em virtude do advento do Estado Novo, a análise do PNE foi abortada e não mais voltou à pauta do Legislativo Federal (CURY, 2015).

2.2 PLANEJAMENTO E PLANOS SOB A RACIONALIDADE DE CONTROLE POLÍTICO-IDEOLÓGICO

Nos primeiros movimentos do Estado Novo, a Constituição outorgada em 1937 abandonou princípios da Carta de 1934 como a definição de percentuais para investimento público em Educação e não fez mais referência ao PNE. Vargas estabeleceu como meta a elaboração de um plano quinquenal para desenvolvimento do país e, nessa esteira, o ministro Capanema propôs um plano quinquenal para a Educação, por meio da reformulação das competências do Mesp. De acordo com Horta (1982), o plano de Capanema foi mais ousado do que a intenção de Vargas, que se resumiu no Decreto-Lei n.º 1.058, de 19 de janeiro de 1939, estabelecendo o Plano Quinquenal denominado "Plano Especial de Obras Públicas e Aparelhamentos da Defesa Nacional".

Segundo Horta (1997), o ministro Capanema defendia a aprovação de uma lei geral do ensino, ou seja, um Código da Educação Nacional, que se apresentava como condição prévia para elaboração de um PNE. Assim, conforme Horta (1997, p. 150), para Capanema, "o problema do ensino apresentava três ordens de questões: fixação de diretrizes, realização dos serviços e controle das atividades". Nesse sentido, "as diretrizes do ensino de todo o país seriam determinadas pela União de três formas: por meio da lei, por meio dos programas de ensino e por meio da orientação" (HORTA, 2010, p. 71). Essa compreensão revela o ideário centralizador do Governo Federal, o que se justifica à medida que se propõe utilizar o ensino formal como aparelho de controle ideológico.

O Código da Educação Nacional não chegou a ser elaborado, mas duas realizações marcam o período do Estado Novo: a criação da Comissão Nacional do Ensino Primário em 1938 e a I Conferência Nacional de Educação em 1941. Na década de 1940, começaram a circular no país "as ideias de Mannheim[30] a respeito da possibilidade (e da necessidade) de se conciliar planejamento, liberdade e democracia", o que influenciou, de certa forma, o pensamento do ministro Capanema (HORTA, 1997, p. 154). Novas concepções acerca do planejamento enquanto estratégia de estado começam a circular nos meios administrativos e, inclusive, acadêmicos.

2.3 PLANEJAMENTO E PLANOS SOB A RACIONALIDADE DISTRIBUTIVA

Com a queda do Estado Novo e a reinstalação de período democrático, foi promulgada a nova Constituição em 1946. Essa recuperou a destinação percentual de investimento público em Educação (artigo 169), mas manteve o silêncio em relação ao PNE. No seu lugar, definiu como competência da União legislar sobre as diretrizes e bases da educação nacional (artigo 5º, XV) (BRASIL, 1946). Nesse contexto, diferenciava-se a concepção de PNE e de LDB, que se apresentava, de certa maneira, indissociada na década passada.

Destaca-se no governo Dutra (1946-1951) a elaboração do *Plano Salte* que foi aprovado, após dois anos de tramitação, via Lei n.º 1.102, de 18 de maio de 1950. O *Plano Salte* tinha como meta resolver os quatro principais problemas do Brasil: saúde (s), alimentação (al), transporte (t) e energia (e).

---

[30] Karl Mannheim (1893-1947) foi um sociólogo judeu nascido na Hungria que desenvolveu uma teoria do conhecimento inicialmente fundada no marxismo; trouxe grande contribuição para a teoria do planejamento e para caracterização da sociedade de massa.

A Educação, mesmo com um sistema desarticulado e com altíssimos índices de analfabetismo e exclusão, não foi incluída no plano. Nessa área, sob desígnio da Constituição de 1946, foi elaborado o anteprojeto de LDB, cuja tramitação perdurou por 13 anos no Congresso Nacional.

Na década de 1950, explica Fonseca (2013), entidades internacionais de assistência técnica e financeira começaram a incentivar o planejamento estatal como ferramenta de desenvolvimento e superação das dificuldades advindas com a Segunda Guerra Mundial. Assim, "o planejamento passa a ser requisito para que os governos tivessem acesso aos créditos de organismos financeiros internacionais" (FONSECA, 2013, p. 87). Conforme foi exposto no Capítulo 1, instituições como a Cepal junto a Organização dos Estados Americanos (OEA) passaram a promover conferências internacionais tendo o planejamento como tema, a exemplo da Conferência para o Desenvolvimento da América Latina, realizada em 1961, no Uruguai, da qual se produziu a *Carta de Punta del Este* (FERNANDES, 2014; UNESCO, 1971).

O planejamento, adotando-se o princípio da racionalização, seria necessário para a reconstrução das nações e das suas respectivas economias e políticas sociais após a Segunda Guerra Mundial. Segundo Fonseca (2013, p. 88),

> As conferências deram visibilidade à Teoria do Capital Humano[31], segundo a qual a educação seria requisito essencial para o crescimento econômico dos países, ao dotar os indivíduos de competências técnicas para o mercado de trabalho. Foi recomendado, então, que os governos incorporassem a educação a seus planos econômicos. A gestão do presidente Kubitschek de Oliveira (1956-1960) deu início ao planejamento estatal, com a criação do Programa de Metas.

No *Plano Nacional de Desenvolvimento — Plano de Metas* de Juscelino Kubitschek, a Educação foi contemplada na meta n.º 30 com o objetivo central de formação de pessoal técnico, adotando o viés de Educação para o desenvolvimento econômico. De acordo com Horta (1997, p. 159), pela primeira vez, um programa de governo contempla a "vinculação educação-

[31] Teoria fundada em meados de 1950 pelo economista estadunidense Theodore W. Schultz, buscou "explicar os ganhos de produtividade gerados pelo 'fator humano' na produção. A conclusão de tais esforços redundou na concepção de que o trabalho humano, quando qualificado por meio da educação, era um dos mais importantes meios para a ampliação da produtividade econômica, e, portanto, das taxas de lucro do capital. Aplicada ao campo educacional, a ideia de capital humano gerou toda uma concepção tecnicista sobre o ensino e sobre a organização da educação, o que acabou por mistificar seus reais objetivos" (MINTO, L. W. **Teoria do Capital Humano** [verbete]. Disponível em: http://www.histedbr.fe.unicamp.br. Acesso em: 17 ago. 2017).

-desenvolvimento, sendo a educação considerada apenas na sua função de formadora dos quadros técnicos exigidos pelo crescimento econômico".

No curso (e lentidão) da tramitação da LDB, projeto n.º 2.222-B/1957, os pioneiros da Escola Nova outra vez se manifestaram, também com redação de Fernando de Azevedo, no documento intitulado *Manifesto dos pioneiros mais uma vez convocados (1959): ao povo e ao governo*[32]. Com fortes críticas ao sistema educacional e na demora em se tomar frente aos problemas educacionais, em especial à classe política, assim se manifestaram:

> Não foi, portanto, o sistema de ensino público que falhou, mas os que deviam prover-lhe a expansão, aumentar-lhe o número de escolas na medida das necessidades e segundo planos racionais, prover às suas instalações, preparar-lhe cada vez mais solidamente o professorado e aparelhá-lo dos recursos indispensáveis ao desenvolvimento de suas múltiplas atividades. [...] Para responder ao terrível desafio que nos lançam as sociedades modernas, numa fase crítica de reconstrução e de mudanças radicais, o de que necessitaria o país, antes de tudo, é de governos e de câmaras legislativas que se preocupassem em maior medida com a **política a longo prazo** e cada vez menos com interesses partidários e locais. (MANIFESTO, 2006b, p. 207, grifo nosso).

Seguindo os fundamentos do Manifesto de 1932, os pioneiros novamente convocados em 1959 reforçaram o papel do estado na oferta do ensino público, gratuito e obrigatório, de forma contínua, ou seja, de forma planejada com o rigor racional e científico que a Educação exige. Nesse sentido,

> Já se vê, mais uma vez, que essa participação, com a amplitude que deve ter, para colher toda a população em idade escolar, não pode ser senão obra do Estado, pela escola universal, obrigatória e gratuita, e uma sucessão de esforços ininterruptos, através de longos anos, inspirados por uma firme política nacional de educação. (MANIFESTO, 2006b, p. 218).

De acordo com Fonseca (2013), os manifestantes clamavam, principalmente, contra a ausência de um planejamento unificado, capaz de determinar, antecipadamente, as medidas da oferta do ensino básico, contra a fragmentação entre os sistemas de governo. Logo, "os planos [...] deveriam

[32] Nessa segunda manifestação, contou-se com 161 signatários. Entretanto, alguns dos pioneiros da década de 1930 não endossaram esse documento. No marco da história da educação brasileira, apesar de maior adesão, a carta de 1959 não teve a repercussão do Manifesto de 1932.

assegurar a unidade do ensino, mediante um regime de coordenação e de colaboração entre as esferas federal, estadual e municipal" (p. 88).

Nesse contexto de crítica devido à ausência de uma direção para o sistema educacional na década de 1960, momento em que ainda não haviam sido estabelecidas as diretrizes e bases da educação nacional conforme preceituara a Constituição de 1946, Ribeiro (2005, p. 91) analisa que,

> [...] com essa falta de uma filosofia e de uma política de educação claramente definidas e expressas, não poderá haver nem base nem direção para qualquer planejamento escolar. Em consequência, somos forçados a admitir que, por mais anos ainda, continuaremos na linha da legislação vigente: tumultuada, instável, sem organicidade.

Em âmbito de planejamento geral, segundo Bordignon, Queiroz e Gomes (2011), o governo de Jânio Quadros (1961) abandonaria o Plano de Metas de Kubitschek para criar, por meio do Decreto n.º 51.152, de 5 de agosto de 1961, a Comissão Nacional de Planejamento (Coplan) com a função de elaborar o *Primeiro Plano Quinquenal de Desenvolvimento Econômico e Social*; decreto esse que fora alterado, já no governo João Goulart (1961-1964), pelo Decreto *n.º 154, de 17 de novembro de 1961, que estabeleceu a criação de órgãos e programas setoriais de planejamento. Em 22 de junho de 1962 foi criada no MEC,* por meio do Decreto n.º 1.230, a Comissão de Planejamento da Educação (Copled). A Copled seria subordinada à Coplan para definição dos planejamentos na esfera educacional.

A primeira Lei de Diretrizes e Bases da Educação Nacional, Lei n.º 4.024, fora finalmente sancionada em 20 de dezembro de 1961. Em consonância com a Constituição de 1946, estabeleceu-se a vinculação de percentual para aplicação de recursos financeiros na manutenção e desenvolvimento do ensino (artigo 92) e definiu a criação, com os recursos federais, do Fundo Nacional do Ensino Primário, do Fundo Nacional do Ensino Médio e do Fundo Nacional do Ensino Superior. No artigo 93, delimitou-se que a aplicação dos recursos dos fundos seria realizada conforme os planos estabelecidos pelo Conselho Federal de Educação[33] e pelos conselhos estaduais de educação. Com esse preceito, a LDB/1961 devolveu ao colegiado técnico a incumbência de planejar a Educação.

[33] Com a LDB n.º 4.024/1961, o Conselho Nacional de Educação foi renomeado para Conselho Federal de Educação. "Art. 8º O Conselho Federal de Educação será constituído por vinte e quatro membros nomeados pelo Presidente da República, por seis anos, dentre pessoas de notável saber e experiência, em matéria de educação" (BRASIL, 1961).

No CFE, em trabalho dirigido por Anísio Teixeira, um dos pioneiros dos Manifestos de 1932 e 1959 foi elaborado o que para alguns autores ficou conhecido como o primeiro Plano Nacional de Educação, apesar de não ter sido submetido à apreciação do Congresso Nacional e, consequentemente, não ter força de lei. O plano aprovado em 1962 consistia na definição de metas quantitativas e qualitativas de aplicação dos recursos dos fundos criados pelas LDB n.º 4.024/1961, com vigência prevista para o prazo de 8 anos. Assim determinava, em linhas gerais:

> **Metas quantitativas**
>
> 1. *Ensino Primário,* matrícula até a quarta série de 100% da população escolar de 7 a 11 anos de idade e matrícula nas quinta e sexta séries de 70% da população escolar de 12 a 14 anos.
>
> 2. *Ensino Médio,* matrícula de 30% da população escolar de 11 e 12 a 14 anos nas duas primeiras séries do ciclo ginasial; matrícula de 50% da população escolar de 13 a 15 anos nas duas últimas séries do ciclo ginasial; e matrícula de 30% da população escolar de 15 a 18 anos nas séries do ciclo colegial.
>
> 3. *Ensino Superior,* expansão da matrícula até a inclusão, pelo menos, de metade dos que terminam o curso colegial.
>
> **Metas qualitativas**
>
> 4. Além de matricular toda a população em idade escolar primária, deverá o sistema escolar contar, até 1970, com professores primários diplomados, sendo 20% em cursos de regentes, 60% em cursos normais e 20% em cursos de nível pós-colegial.
>
> 5. As duas últimas séries, pelo menos, do curso primário (5.a e 6.a séries) deverão oferecer dia completo de atividades escolares e incluir no seu programa o ensino, em oficinas adequadas, das artes industriais.
>
> 6. O ensino médio deverá incluir em seu programa o estudo dirigido e estender o dia letivo a seis horas de atividades escolares, compreendendo estudos e práticas educativas.

> 7. O ensino superior deverá contar pelo menos com 30% de professores e alunos de tempo integral. (BRASIL, 1962, grifos no original).

Analisando o PNE elaborado, Mendes (2000, p. 34) critica que o CFE "não utilizou as possibilidades oferecidas pela sua representatividade e pela sua autoridade: limitou-se, no plano a seu cargo, a formular um esquema contábil, em vez de definir uma filosofia de ação". Ou seja, o plano configurou-se mais como um documento operativo do que uma diretriz para a ação do Poder Público.

Sob demanda dos organismos internacionais e de apelos nacional-desenvolvimentistas, o governo João Goulart lançou o *Plano Trienal de Educação 1963-1965*, contemplando as metas estabelecidas no PNE de 1962.

> Com a Lei de Diretrizes e Bases da Educação Nacional, ora em fase inicial de aplicação, tornou-se possível a coordenação dos esforços federais, estaduais e municipais, nos termos do plano nacional de educação, elaborado pelo Conselho Federal de Educação, homologada pelo Ministro da Educação e aprovado pelo Conselho de Ministros.
>
> O programa delineado apresenta a indicação das linhas pelas quais a União irá colaborar com os Estados e os Municípios no grande esforço comum para atingir certos objetivos mínimos, dentro dos próximos três anos. Esse esforço deverá ser continuado nos cinco anos seguintes, para a conquista das metas estabelecidas pelo Plano Nacional de Educação. (BRASIL, 1963, p. 13).

Pretendia-se, dessa forma, que a materialização do plano de 1962 contribuísse qualitativamente com o desenvolvimento do país, instituindo uma linha de cooperação entre a União e os demais entes federados, prenúncios de um federalismo mais cooperativo. Mas esse processo fora abandonado com o golpe civil-militar pós-1964, que implementou outro modelo de racionalidade para a gestão pública.

2.4 PLANEJAMENTO E PLANOS SOB A RACIONALIDADE TECNOCRÁTICA

Com o golpe civil-militar de 1964, o Plano Trienal foi abandonado e uma nova sistemática de planejamento foi instituída no país. Segundo Cury (1998, p. 167), "a situação pós-64 decidiu-se por um planejamento econômico de corte tecnocrático e voltado para a acumulação de tal modo que a área social tornou-se residual nas prioridades governamentais". Como consequência, houve um deslocamento do planejamento educacional do MEC para o Ministério do Planejamento, ou seja, dos educadores (em tese) para os tecnocratas, bem como foi retirado do CFE suas atribuições no que se refere à essa temática (MENDES, 2000). Reforçava-se, dessa maneira, a adoção de uma racionalidade tecnocrática como objetivo e forma do planejamento governamental, reforçando um modelo de relação centrípeta entre União e estados (CURY, 2010).

Na esteira do viés economicista e na compreensão do planejamento como alavanca para o desenvolvimento econômico, várias foram as facetas e os instrumentos de planejamento adotados pelos militares, como o

> [...] Programa de Ação Econômica do Governo (PAEG), para o período de 1964-66, ao qual se seguirão o Plano Decenal de Desenvolvimento Econômico e Social (1967-1976), o Programa Estratégico de Desenvolvimento (1968-1970), o I Plano Nacional de Desenvolvimento (1972-74), o II Plano Nacional de Desenvolvimento (1975-79) e o III Plano Nacional de Desenvolvimento (1980-1985). Até o I Plano Nacional de Desenvolvimento, inclusive, todos eles apresentam, para o setor educação, metas inferiores àquelas determinadas pelo Conselho Federal de Educação, em 1962. (HORTA, 1997, p. 169).

No que concerne ao tema do planejamento na Constituição outorgada de 1967, essa Carta resgatou a competência da União em estabelecer planos nacionais de educação e de saúde (artigo *8º, XIV), devendo o Congresso Nacional dispor, mediante lei, sobre todas as matérias de competência da União, especialmente sobre planos e programas nacionais e regionais* e orçamentos plurianuais (artigo 46, II) (BRASIL, 1967a). Todavia, essa Carta não especificou qual órgão teria a incumbência de elaboração dos citados planos nacionais de educação.

Para atender *à* perspectiva de desenvolvimento atrelado ao aspecto econômico, a sistemática de planejamento brasileira assumiria a tendência da Administração por Objetivos principalmente após a publicação do Decreto-Lei n.º 200, de 25 de fevereiro de 1967 (HORTA, 1982; FONSECA, 2013). Nesse contexto,

> [...] entidades internacionais ganharam espaço na construção do processo de planejamento. O Ministério da Educação assinou acordos de caráter técnico e financeiro com a Agência para o Desenvolvimento Internacional, vinculada ao Departamento de Estado Norte-Americano (Usaid). Adotou-se um método quantitativo de planejamento (enfoque na mão de obra) que consistia em fixar as metas de um plano de educação com base na necessidade do mercado de trabalho, considerando o perfil e o quantitativo de trabalhadores. A partir daí, a educação passou a constituir um dos itens dos Planos Nacionais de Desenvolvimento. (FONSECA, 2013, p. 89).

Assim estabelecia o Decreto-Lei n.º 200/1967:

> Art. 7º A ação governamental obedecerá a planejamento que vise a promover o desenvolvimento econômico-social do País e a segurança nacional, norteando-se segundo planos e programas elaborados, na forma do Título III, e compreenderá a elaboração e atualização dos seguintes instrumentos básicos:
>
> a) plano geral de governo;
>
> b) programas gerais, setoriais e regionais, de duração plurianual;
>
> c) orçamento-programa anual;
>
> d) programação financeira de desembolso. [...]
>
> Art. 15. A ação administrativa do Poder Executivo obedecerá a programas gerais, setoriais e regionais de duração plurianual, elaborados através dos órgãos de planejamento, sob a orientação e a coordenação superiores do Presidente da República.
>
> § 1º Cabe a cada Ministro de Estado orientar e dirigir a elaboração do programa setorial e regional correspondente ao seu Ministério e ao Ministro do Planejamento e Coordenação Geral auxiliar diretamente o Presidente da República na coordenação, revisão e consolidação dos programas setoriais e regionais e na elaboração da programação geral do Governo.
>
> § 2º Com relação à Administração Militar, observar-se-á o disposto no art. 50.

> § 3º A aprovação dos planos e programas gerais, setoriais e regionais é da competência do Presidente da República. (BRASIL, 1967b).

Pelo exposto no Decreto-Lei, o planejamento, sob influência da Teoria do Capital Humano, vincular-se-ia ao desenvolvimento econômico e à segurança nacional, enquanto os planos setoriais seriam subordinados a um plano geral de governo, os Planos Nacionais de Desenvolvimento. Era de competência dos ministros coordenar a elaboração dos planos setoriais, devendo submetê-los à aprovação da presidência da República. De acordo com Mendes (2000, p. 40),

> Estabeleceu-se o dualismo pelo qual o Ministério do Planejamento elaborava o plano e o Ministério da Educação tomava as suas decisões fora dele, às vezes segundo planos por ele mesmo elaborados, sempre muito inferiores aos do Ministério do Planejamento, porém mais viáveis, algumas vezes, por emergirem da instância decisória.

Enquanto isso, "no âmbito da lei foi rompido o princípio de uma lei sistêmica de diretrizes e bases da educação nacional, com a edição das leis 5.540/68 para a educação superior e 5.692/71 para o ensino de 1º e 2º graus" (BORDIGNON; QUEIROZ; GOMES, 2011, p. 11), adotando-se um viés economicista e tecnicista em detrimento do viés pedagógico e de desenvolvimento humano. Nesse contexto, após 1972, logrou mais êxito no âmbito do Ministério do Planejamento a gestão por meio dos PNDs, os quais serviriam de base para elaboração de planos setoriais. No caso da Educação, foram elaborados os Planos Setoriais de Educação e Cultura. Configurou-se como um sistema impositivo de planejamento, centralizado e verticalizado, com predominância da racionalização técnica e pragmática visando ao desenvolvimento econômico.

O I PSEC (1972-1974), fundamentado no I PND que objetivava elevar o Brasil a uma nação desenvolvida, consistia num grande conjunto de projetos e programas, prevalecendo, como dito antes, o caráter economicista. Eram dez programas: ensino primário e médio, aperfeiçoamento do magistério, educação de adultos, assistência global ao estudante, implementação da reforma universitária, melhoria das condições de remuneração do magistério, formação e treinamento intensivo de mão de obra, integração do educando no mercado de trabalho, integração das universidades nas comunidades e de pesquisa e desenvolvimento para o setor educacional (PAMPLONA, 1973). Para Horta (1997, p. 181), "ao optar pela sistemática de programas, o MEC estava, na prática, negando a ideia de planejamento", haja vista que nem sempre os programas mantinham organicidade entre si e com os objetivos gerais do próprio plano.

O II PSEC (1975-1979) apresentou na primeira parte uma avaliação positiva do I PSEC. Bordignon, Queiroz e Gomes (2011) expõem que, na segunda parte, eram definidos os objetivos gerais e específicos para cada etapa e nível de educação e as estratégias globais e específicas para alcançá-los. Na terceira parte era apresentada a programação detalhada das ações estratégicas distribuídas em quatro partes (sistema educacional, educação física e desportos, cultura e modernização do MEC), programadas por meio de projetos específicos para cada etapa e nível de ensino e cada ação estratégica (BRASIL, 1976). Para Germano (2011), o II PND, base para o II PSEC, aglutinava duas tendências: a primeira claramente destinada a "assegurar sobretudo a reprodução do capital suprindo as suas necessidades" (p. 224), na medida em que subordinava a Educação à necessidade do crescimento acelerado, com bases no capitalismo industrial. A segunda tendência presente no II PND, num contexto de desgastes do Regime Militar frente à sociedade civil, propunha incorporar o "redistributivismo" e o "participacionismo", implicando necessidade de distribuição de renda face ao "milagre econômico" e ao tutelado envolvimento da classe média na tomada de decisões.

Apropriando-se do "vocabulário crítico da sociedade civil", o governo ditatorial militar começa a utilizar dos discursos que vinham dos diversos segmentos e das ruas para justificar e construir seu projeto de perpetuação no poder. Nesse sentido, "a incorporação da classe média e dos trabalhadores no rol das preocupações governamentais tem em vista não somente suprir uma necessidade real, mas, principalmente, busca um apoio importante para a manutenção do poder" (GERMANO, 2011, p. 225). Para esse autor, o II PSEC não estava em sintonia com o II PND, pois "continuava a expressar uma visão tecnicista, despolitizante — inspirada na 'teoria do capital humano' — e tinha em vista um interlocutor abstrato e indeterminado: o homem brasileiro" (GERMANO, 2011, p. 233). Assim, no documento do MEC "predomina uma visão utilitarista e interessada da educação com vistas ao mercado, ao lado de evidentes apelos à igualdade do acesso à escola, como forma de possibilitar a ascensão social dos escolarizados" (GERMANO, 2011, p. 234).

De acordo com Germano (2011), essa utilização do "vocabulário crítico da sociedade civil" vai se intensificar no III PND e, consequentemente, no III Plano Setorial de Educação, Cultura e Desporto (PSECD) (1980-1985), dado o processo de distensão para destituição do regime da Ditadura Militar e redemocratização do país. Na sua elaboração, quando o MEC reassumiu as rédeas do processo de planejamento, contou-se com a participação de secretários de estado da educação por meio de seminários e encontros regionais. De forma geral, buscaram-se contribuições para superação das dificuldades assim sintetizadas: redução das desigualdades sociais, crescimento demográfico, universalização da educação básica, eficiência do sistema escolar, desenvolvimento cultural, flexibilidade regional e programática. O III PSECD estabeleceu quatro linhas prioritárias de ação: a educação no meio rural, educação nas periferias urbanas, desenvolvimento cultural, valorização dos recursos humanos da educação, da cultura e do desporto (BRASIL, 1980).

A mudança de discurso do governo da Ditadura Militar, segundo Germano (2011), justificava-se pela diminuição do poder político-eleitoral e da crise institucional e de representação agravante, fazendo-se necessário aproximar-se do povo e negar, ao menos no discurso, o autoritarismo. Nessa concepção, "o III PSECD se constituiu assim numa negação dos planos e dos procedimentos de planejamento adotados anteriormente, e numa crítica à política educacional desenvolvida até então" (GERMANO, 2011, p. 245).

2.5 PLANEJAMENTO E PLANOS SOB A RACIONALIDADE DEMOCRÁTICA

Com a reabertura democrática, posse e gestão do novo presidente da República, o civil José Sarney, deu-se continuidade à política de planejamento com a elaboração do Plano Nacional de Desenvolvimento da Nova República (PND/NR) (1986-1989), Lei n.º 7.486, de 6 de junho de 1986. Segundo Bordignon, Queiroz e Gomes (2011), o PND/NR enfatizou a retomada do desenvolvimento com base no tripé: crescimento econômico, reformas (administrativa, orçamentária e financeira — pela descentralização e combate à inflação —, tributária, agrária e do sistema financeiro de habitação) e combate à pobreza, à desigualdade e ao desemprego. Objetivando cumprir o compromisso político de possibilitar a todos o acesso à educação, "principalmente ao ensino básico", o PND/NR especificava como diretrizes gerais

> Universalizar o ensino de 1º grau; melhorar e ampliar o 2º grau; redimensionar as modalidades supletiva e especial de ensino; estabelecer padrões mais elevados de desempenho acadêmico; integrar a educação física e o desporto no processo educacional; utilizar recursos tecnológicos para fins educativos e, finalmente, redefinir as competências institucionais no exercício dos encargos públicos constituem objetivos básicos das ações que integram as linhas programáticas da educação. (BRASIL, 1986, p. 65).

Com a instalação da Assembleia Nacional Constituinte (1987) e as pressões e contribuições da sociedade civil organizada, construiu-se a Constituição Federal de 1988. Nela, assegura-se a educação pública, obrigatória, laica, gratuita e de qualidade a todos os cidadãos. Para operacionalizar esses princípios, compete privativamente à União legislar sobre as diretrizes e bases da educação nacional (artigo 22, inciso XXIV). No que tange ao planejamento, nos princípios gerais da atividade econômica, estabelece-se que o estado exercerá as funções de fiscalização, incentivo e planejamento, sendo esse determinante para o setor público e indicativo para o setor privado e, no exercício da regulamentação, "a lei estabelecerá as diretrizes e bases do planejamento do desenvolvimento nacional equilibrado, o qual incorporará e compatibilizará os planos nacionais e regionais de desenvolvimento" (artigo 174, § 1º) (BRASIL, 1988).

No campo educacional, a Carta de 1988, ao resgatar a vinculação de percentuais mínimos a serem investidos em manutenção e desenvolvimento do ensino, artigo 212, definiu no parágrafo terceiro desse que "a distribuição dos recursos públicos assegurará prioridade ao atendimento das necessidades do ensino obrigatório, nos termos do plano nacional de educação". Além disso, o artigo 214 resgatou a incumbência da aprovação do PNE de duração plurianual:

> Art. 214. A lei estabelecerá o plano nacional de educação, de duração plurianual, visando à articulação e ao desenvolvimento do ensino em seus diversos níveis e à integração das ações do poder público que conduzam à:
>
> I – erradicação do analfabetismo;
>
> II – universalização do atendimento escolar;
>
> III – melhoria da qualidade do ensino;

> IV – formação para o trabalho;
>
> V – promoção humanística, científica e tecnológica do País. (BRASIL, 1988. Redação original).

Logo, a Constituição Federal de 1988 aponta primeiro a incumbência privativa da União ao definir as diretrizes e bases e a coloca na posição de coordenadora da educação nacional, e depois vincula a distribuição de recursos ao Plano Nacional de Educação bem como define os princípios que devem conduzir o planejamento educacional, retomando desafios que já foram postos pelos Pioneiros da Educação Nova em 1932, como a superação do analfabetismo, a universalização do ensino e a definição de um padrão de qualidade dos serviços educacionais.

Para tanto, como influência do "caldeirão pró-democracia" que se formou no processo constituinte daquela década, a *Constituição Cidadã* assume como uma forte tendência a promoção da participação social na gestão pública, que, nas palavras de Bordignon, Queiroz e Gomes (2011, p. 17-18), "passou a representar a pluralidade das vozes articuladas por meio das entidades da sociedade civil organizada [...]" e "ganha ênfase a questão da formulação das políticas públicas como políticas de Estado". Um exemplo de voz da sociedade civil do campo progressista foi o Fórum Nacional em Defesa da Escola Pública (FNDEP)[34] que se constituiu como importante interlocutor de entidades acadêmicas, científicas, estudantis e dos trabalhadores em educação no processo constituinte, deixando suas marcas no capítulo sobre Educação da Carta de 1988. Após a promulgação dessa, o FNDEP continuou a atuar como representativo agente da sociedade civil do campo progressista na luta pela aprovação de uma nova LDB e do PNE demandados pela própria Constituição.

A década de 1980 foi um período de aguda crise econômica, política e social, muito consequência das medidas herdadas após os anos de chumbo da Ditadura Militar (1964-1985), mas de forte ebulição dos diversos segmentos da sociedade civil reivindicando direitos sociais e proteção estatal,

[34] O FNDEP foi fundado em 1986 com o objetivo de mobilizar e concentrar os esforços da sociedade civil, no geral, e da comunidade educativa, em particular, durante o processo Constituinte. Visava contribuir para a produção do texto constitucional para a área da Educação o que, de certa forma, obteve êxito. Inicialmente, o Fórum foi composto por 15 entidades, sendo três de organizações de classe (CUT, CGT, OAB), cinco voltadas para o ensino, a pesquisa e/ou para sua divulgação científica (Anped, SBPC, SEAE, Cedes e Anpae); cinco entidades vinculadas aos trabalhadores em educação (Andes, Ande, CPB, Fenoe, Fasubra) e duas ligadas ao movimento estudantil (UNE e Ubes). Após a Constituinte, foram agregadas outras 15 entidades, estabelecendo como meta a intervenção e contribuição no processo de elaboração e tramitação da nova LDB.

num país marcado por intensa desigualdade socioeconômica e extrema concentração de renda nas mãos de poucos indivíduos. Externo ao quadro nacional, os organismos internacionais como o Banco Mundial (BM) e o Fundo Monetário Internacional (FMI) se colocavam como salvadores dos governos nacionais em crise, oferecendo empréstimos e apoio técnico, mas impondo fortes condicionantes como o controle fiscal, a focalização de agendas para atuação estatal, privatizações de empresas públicas, em suma, o receituário neoliberal do estado mínimo para o campo social e máximo para a lucratividade do capital, principalmente pelo viés da especulação financeira e dos "sanguessugas" da dívida pública.

A influência desses organismos internacionais se fez presente, e alguns casos com muita contundência, inclusive na pauta educacional, sendo o BM um dos financiadores da Conferência Mundial de Educação para Todos, realizada em 1990 em Jomtien, na Tailândia. Além do Banco, foram promotores do evento a Unesco, o Fundo das Nações Unidas para a Infância (Unicef) e o Programa das Nações Unidas para o Desenvolvimento (Pnud). Participaram 155 países, 20 organismos intergovernamentais e 150 organizações não governamentais. Partindo do princípio da Declaração Universal dos Direitos Humanos de que todos têm direito à Educação, essa Conferência aprovou a *Declaração Mundial de Educação para Todos* que se fixou, a partir de então, como o documento basilar para que os países signatários elaborassem seus planos de educação. Convém destacar que, apesar do apelo "para todos", a declaração girara em torno de satisfazer as necessidades básicas de aprendizagem para crianças, jovens e adultos considerando a escolarização dos 4 aos 14 anos de idade, ou seja, como uma política focalizada e não como uma política universal de acesso a todos os níveis e modalidades da educação escolar.

Desde a participação do Brasil na Conferência de Jomtien até o ano de 1993, não houve por parte do governo nenhuma ação com vistas a implementação da Declaração por meio das políticas educacionais. Machado (2000) relata que foi após a participação do então ministro da educação, Murílio Hingel, na Conferência Nacional de Educação da China, no início de 1993, que esse retornou ao Brasil e tomou as primeiras ações voltadas à elaboração de um plano decenal de educação nas bases estabelecidas em Jomtien.

Como primeira ação administrativa, foi baixada a Portaria n.º 489, de 18 de março de 1993, com fins de instituir uma Comissão Especial objetivando a elaboração do Plano Decenal de Educação para Todos (PDEpT).

Essa comissão fora composta por um Grupo Executivo formado por representantes do próprio MEC e por representantes do Conselho Nacional de Secretários de Educação (Consed) e da União Nacional dos Dirigentes Municipais de Educação (Undime), que se constituíram como os principais interlocutores no processo de elaboração do plano. Junto ao Grupo Executivo, foi instituído o Comitê Consultivo integrado por representantes do Consed, da Undime, do CFE, do Conselho de Reitores das Universidades Brasileiras (Crub), da Confederação Nacional da Indústria (CNI), da Conferência Nacional dos Bispos do Brasil/Movimento Educação de Base (CNBB/MEB), da Confederação Nacional dos Trabalhadores em Educação (CNTE), da Unesco e do Unicef, logo em seguida sendo ampliado com a inclusão do Fórum dos Conselhos Estaduais de Educação, da Confederação Nacional das Mulheres do Brasil (CNMB), da Ordem dos Advogados do Brasil (OAB) e do Ministério da Justiça.

Foi de competência, então, desse colegiado implementar uma dinâmica de planejamento que se diferenciasse dos modelos experimentados até então, principalmente do modelo tecnocrático da Ditadura Militar com seus PSECs. Como estratégia adotada, foram realizadas reuniões e audiências públicas em vários estados a fim de angariar contribuições para produção da versão do plano decenal. A primeira versão sistematizada do PDEpT foi apresentada na Semana Nacional de Educação para Todos, em Brasília, realizada de 10 a 14 de maio de 1993, quando a União, estados, municípios e segmentos da sociedade civil debateram as diretrizes, os diagnósticos e a proposição de estratégias para o documento. Posteriormente à Semana, de julho a novembro daquele ano, deu-se nova etapa de reuniões e audiências até a consolidação da versão final do plano por um grupo composto por 25 entidades, sendo seu produto final apresentado e aprovado pela Unesco na Conferência Mundial de Nova Delhi sobre Educação para Todos, Índia, dezembro de 1993.

Saviani (2016a) ressalta que o plano aprovado não se reduziu a mera distribuição de recursos, como foi o documento de 1962, prevendo tanto metas quantitativas quanto qualitativas. Todavia, apesar de usar a expressão "educação básica", essa abrangia apenas o ensino de 4 a 14 anos, ou seja, segundo a tipificação da atual LDB/1996, na etapa da pré-escola e o ensino fundamental. De forma geral, segundo esse autor, o PDEpT cumpriu um objetivo pragmático: atender as emanações dos organismos internacionais, o que favorecia ao Brasil conseguir empréstimos e cooperação técnica.

Como dito anteriormente, o PDEpT apresentou como objetivo amplo satisfazer as necessidades básicas de aprendizagem de crianças, jovens e adultos na escolarização dos 4 aos 14 anos, por meio de conteúdos mínimos de aprendizagem, ou, nas palavras do Plano, o "objetivo mais amplo é assegurar, até o ano 2003, a crianças, jovens e adultos, conteúdos mínimos de aprendizagem que atendam às necessidades elementares da vida contemporânea" (BRASIL, 1993, p. 12-13), para tanto, esse fim geral se desdobrava em sete objetivos específicos:

> 1 - Satisfazer as necessidades básicas de aprendizagem das crianças, jovens e adultos, provendo-lhes as competências fundamentais requeridas para plena participação na vida econômica, social, política e cultural do País, especialmente as necessidades do mundo do trabalho [...];
>
> 2 - Universalizar, com equidade, as oportunidades de alcançar e manter níveis apropriados de aprendizagem e desenvolvimento [...];
>
> 3 - Ampliar os meios e o alcance da educação básica;
>
> 4 - Favorecer um ambiente adequado à aprendizagem;
>
> 5 - Fortalecer os espaços institucionais de acordos, parcerias e compromisso;
>
> 6 - Incrementar os recursos financeiros para manutenção e para investimentos na qualidade da educação básica, conferindo maior eficiência e equidade em sua distribuição e aplicação;
>
> 7 - Estabelecer canais mais amplos e qualificados de cooperação e intercâmbio educacional e cultural de caráter bilateral, multilateral e internacional. (BRASIL, 1993, p. 37-41).

Estruturalmente, o PDEpT apresentava um diagnóstico do contexto social, político e econômico do desenvolvimento educacional e a análise do desempenho educativo em oito pontos críticos. Segue o documento com a apresentação dos objetivos gerais, metas globais e linhas estratégicas de ação, compreendendo, em síntese:

> 1 – estabelecimento de padrões básicos para a rede pública;
>
> 2 – fixação dos conteúdos mínimos determinados pela Constituição;
>
> 3 – profissionalização e reconhecimento do magistério público;
>
> 4 – desenvolvimento de novos padrões de gestão educacional;
>
> 5 – estímulo às inovações;
>
> 6 – eliminação das desigualdades educacionais;
>
> 7 – melhoria do acesso e da permanência escolar;
>
> 8 – sistematização da educação continuada de jovens e adultos;
>
> 9 – produção e disseminação do conhecimento educacional e das informações em educação;
>
> 10 – institucionalização dos Planos Estaduais e Municipais; e
>
> 11 – Profissionalização da administração educacional. (BRASIL, 1993).

Como é perceptível nessas 11 ações estratégicas, muitas já estavam previstas desde a década de 1930 e ainda se fazem presentes, inclusive, no PNE 2014-2024, com indício de que o País ainda não conseguiu superar, a despeito dos avanços experimentados a partir dos anos 2000, muitos pontos críticos da Educação nacional, como o analfabetismo de jovens e adultos. Contudo, pela primeira vez, um documento nacional faz menção a planos estaduais e municipais, à esteira do sistema federativo advindo com a CF/1988.

Mesmo com tais características e, principalmente, por não se aplicar ao ensino formal em todos os seus níveis e modalidades, nos termos atuais, o PDEpT assumiu explicitamente não se tratar do plano nacional de educação previsto no artigo 214 da Constituição Federal:

> O Plano Decenal de Educação Para Todos **não se confunde com o Plano Nacional de Educação previsto na Constituição** e que incluirá todos os níveis e modalidades de ensino. Tampouco se caracteriza como um Plano ao estilo

> tradicional, em respeito mesmo à organização federativa do País. Delimitando-se no campo da educação básica para todos, que é a prioridade mais importante neste momento, o Plano responde ao dispositivo constitucional que determina 'eliminar o analfabetismo e universalizar o ensino fundamental' nos próximos dez anos. (BRASIL, 1993, p. 14, grifos nossos).

Com essa concepção, Machado (2000) analisa que o PDEpT se fundou em três pilares: configurar-se como um plano indicativo, constituir-se na forma de aliança de fundamento federativo e estabelecer-se mediante a parceria entre os entes federados e a sociedade civil. Nesse sentido,

> Estas diretrizes de política servirão de referência e fundamentarão os processos de detalhamento e operacionalização dos correspondentes planos estaduais e municipais. As metas globais que ele apresenta serão detalhadas pelos Estados, pelos Municípios e pelas escolas, elegendo-se, em cada instância, as estratégias específicas mais adequadas a cada contexto e à consecução dos objetivos globais do Plano. O sucesso do Plano depende, no âmbito nacional, do compromisso não só da União, dos Estados, dos Municípios, como das famílias e de outras instituições da sociedade civil. (BRASIL, 1993, p. 15).

No que se refere à elaboração de planos subnacionais, Machado (2000) destaca que quase todos os estados e cerca de 2.500 municípios elaboraram seus respectivos planos decenais. Mas Cunha (1993) salienta que o MEC não condicionou a elaboração de planos subnacionais ao repasse de recurso, visando evitar posturas artificiais por parte dos entes federados. Quanto às escolas, o MEC, com apoio do setor privado de editoração, fez chegar o PDEpT a cerca de 45.000 maiores escolas do país, objetivando que os respectivos projetos pedagógicos fossem elaborados em consonância com o Plano Decenal. Esperava-se que, com essa articulação de planejamento instituída, da União à sala de aula, o PDEpT cumpriria seus objetivos.

Todavia, Saviani (2016a) expõe que o PDEpT não saiu do papel, sendo solenemente ignorado pelo governo sucessor, primeiro mandato de Fernando Henrique Cardoso (FHC) — 1995/1998. Não se configurou, a despeito de todo processo participativo em sua elaboração, na fase de sua implementação, como uma política de estado, fim que se observa, desde a primeira ideia de plano de educação, já posta a partir da década de 1930, dos planos antecessores. Ratifica-se, nesse percurso, a exposição de Dourado (2017) da lógica de descontinuidade se impondo como uma lógica de continuidade da ação do Poder Público, na medida em que os planos de educação não se consolidam como Planos de estado, mas carregam desde sua elaboração marcas de políticas de governo.

2.6 PLANEJAMENTO E PLANOS SOB A RACIONALIDADE FINANCEIRA

Apesar de não ter implementado o PDEpT, o Brasil continuou signatário da Declaração Mundial de Educação para Todos, tanto que esse marco se fez presente no texto da LDB n.º 9.394/1996, aprovada mediante a força política impositiva do governo FHC, em detrimento dos movimentos progressistas da sociedade civil que defendiam um outro projeto de Educação para o país. Durante sua tramitação esteve em disputa dois projetos de LDB, um do senador Cid Sabóia e outro do governo. No texto daquele abarcava um projeto de sociedade mais progressista, alinhado às demandas sociais como a universalização da educação básica e a constituição do Sistema Nacional de Educação. O texto governista estava vinculado a um projeto neoliberal de construção de um mercado educacional.

> Nesse contexto, colocavam-se de um lado forças sociais progressistas, populares e democráticas da sociedade civil, compostas por entidades, em especial o FNDEP, defensoras de uma educação pública, universal, gratuita e de qualidade para todos — necessária à construção de uma sociedade democrática, socialmente justa; de outro, forças liberal-conservadoras que impõem um projeto educacional neoliberal, privatista e flexível para atender às demandas da sociabilidade capitalista. (BOLLMANN; AGUIAR, 2016, p. 410).

O substitutivo Darcy Ribeiro procurou aglutinar propostas desses dois projetos, mas prevaleceu um texto como resultado de alianças conservadoras e neoliberais. Logo, o texto da LDB/1996 refletiu, em muito, o escopo político neoliberal em vigência no país principalmente no que se refere ao estado mínimo e às políticas focalizadas, sendo enfatizada a prevalência do ensino fundamental em detrimento das outras etapas da educação básica e níveis e modalidades educacionais, como estratégica de focalização de investimento dos recursos financeiros. Convalidou, nesse sentido, uma racionalidade financeira imposta também às políticas sociais, dentre as quais a Educação.

O texto da LDB/1996 ratificou o texto do artigo 214 da CF/1988 no que se refere ao Plano Nacional de Educação, estabelecendo ser competência privativa da União a elaboração deste (artigo 9º, inciso I). Como competência dos estados e do DF, esse marco legal definiu no inciso III do artigo 10 ser da alçada desses "elaborar e executar políticas e planos educacionais, em consonância com as diretrizes e planos nacionais de educação, integrando e coordenando as suas ações e as dos seus Municípios". No que tange aos municípios, Saviani (2016a) teceu considerações a esse respeito: não há incumbência de elaborar planos municipais de educação, mas sim de integrar os órgãos e as instituições oficiais de ensino às políticas e planos educacionais da União e dos estados. Ou seja, assim como acontece com o texto constitucional, o texto infraconstitucional também não especifica que os municípios têm como responsabilidade a elaboração dos PMEs, todavia, argumenta Saviani (2016a), o texto também não proíbe.

Outra menção ao PNE presente no texto da LDB/1996 está no parágrafo 2º do artigo 79 que menciona a possibilidade de a União apoiar técnica e financeiramente os sistemas de ensino no provimento da educação intercultural às comunidades indígenas, devendo tais programas estarem incluídos nos planos nacionais de educação.

Por fim, no artigo 87 da referida Lei de Diretrizes e Bases, institui-se a Década da Educação (1996-2006) e determina que a União, no prazo de um ano, encaminhará ao Congresso Nacional o projeto do PNE, com diretrizes e metas para os 10 anos em sintonia com a Declaração Mundial de Educação para Todos. Nesse artigo e respectivo parágrafo 1º, é expressa a vinculação do Brasil à essa Declaração, retomando, de certa forma, o ideário do começo da década de 1990. Além disso, o texto infraconstitucional regulamenta que o termo "plurianual" da CF/1988 se equivaleria a dez anos, tendência que vem desde a década de 1960 com as propostas da Cepal, conforme apontado no Capítulo 1.

É relevante retomar que uma lei anterior à LDB/1996, a Lei Federal n.º 9.131/1995, que cria o Conselho Nacional de Educação, estabeleceu no artigo 7º, parágrafo 1º, alínea "a", ser atribuição desse colegiado subsidiar o Ministério da Educação na elaboração e acompanhar a execução do PNE (CURY, 2009). Logo, o texto da LDB/1996 ignorou esse diploma anterior, mas não o revogou.

Após a aprovação da LDB/1996, os movimentos sociais progressistas passam a canalizar suas ações num projeto de PNE que possa, de certa forma, contornar as derrotas sofridas naquela Lei. O FNDEP, por meio dos Congressos Nacionais de Educação (Coneds) estabeleceu como necessidade primeira do campo a elaboração e a aprovação de um PNE que contemplasse os princípios e metas para a reconstrução da educação nacional numa perspectiva global e não mais focalizada, como foi o PDEpT, e que atendesse aos preceitos do artigo 214 da CF/1988 e ao artigo 87 da LDB/1996.

Saviani (2016a) criticou a inércia do governo federal no sentido de conduzir a elaboração do PNE, a despeito do MEC ter lançado o texto *Documentos Preliminares* logo após a sanção da LDB/1996. Em contrapartida, a sociedade civil organizada por meio dos Coneds de 1996 e de 1997, ambos realizados em Belo Horizonte, Minas Gerais, assumiu para si essa responsabilidade. Em 1996 foi elaborado o *Documento Geral*, primeira versão que foi submetida ao escrutínio em vários debates, seminários e conferências. Em 1997 a proposta de PNE foi consolidada e aprovada no II Coned que teve como tema *Consolidando um Plano Nacional de Educação*. Segundo Bollmann (2010, p. 673),

> Pela primeira vez na história da educação brasileira, um projeto educacional do porte de um Plano Nacional é elaborado pelo conjunto da sociedade civil organizada em um Fórum Nacional, após ter passado por amplo, público e democrático processo de discussão entre os anos de 1996 e 1997, que culminou com a aprovação por mais de 5 mil pessoas presentes no II Coned, em novembro de 1997, Belo Horizonte, MG.

Em 10 de fevereiro de 1998, a proposta de PNE do FNDEP e do Coned foi então protocolada na Câmara Federal pelas mãos do deputado Ivan Valente (PT-SP), com mais de 70 deputados signatários. A proposta, denominada de *Proposta da Sociedade Brasileira*, recebeu o rótulo de Projeto de Lei n.º 4.155/1998.

Porém, o governo FHC não deixou por menos e, em 12 de fevereiro, protocolou a denominada *Proposta do Poder Executivo* sob o número PL n.º 4.173/1998. Para produção desse documento, o MEC acionou como principais interlocutores o CNE, o Consed e a Undime, ou seja, a sociedade política representada nas três instâncias federativas.

Na Comissão de Educação, Cultura e Desporto, gozando do direito de precedência, o PL da Sociedade Brasileira teve prioridade, sendo apensado a ele o PL do governo. Mas, numa manobra do relator, deputado governista Nelson Marchezan (PSDB-RS), inverteu essa prerrogativa ao propor um Substitutivo que incorporou, praticamente, todo o projeto do governo e muito pouco do PL n.º 4.155/1998. Na Comissão, o PL do Executivo recebeu 45 emendas (37 em 1998 e oito em 1999). Para Valente e Romano (2002, p. 99), o Substitutivo de Marchezan configurava-se como um "escrito teratológico (espécie de Frankenstein) que simula o diálogo com as teses geradas pela mobilização social (sobretudo no diagnóstico da situação educacional), mas adota a política do governo FHC nas diretrizes, nos objetivos e nas metas".

Em 14 de junho de 2000 o Substitutivo foi aprovado no plenário da Câmara e remetido ao Senado Federal sob o número de PLC n.º 42/2000, tendo como relator o senador governista José Jorge (PFL-CE) que, em 30 de novembro, apresentou parecer favorável ao projeto da Câmara, sendo votado em 12 de dezembro na Comissão, e logo depois submetido ao escrutínio e aprovado no plenário do Senado em 14 de dezembro daquele mesmo ano. Na votação no Senado, a oposição se absteve (BORDIGNON; QUEIROZ; GOMES, 2011; DIDONET, 2006; SAVIANI, 2016a).

Na comparação e avaliação das duas propositivas legais, além do aspecto participativo, sendo que a Proposta da Sociedade Brasileira contou com o envolvimento e legitimidade de amplo espectro popular, enquanto a Proposta do Governo ficou mais restrita ao campo governista, Cury (1998) teceu as seguintes considerações:

> Em síntese, a proposta do Executivo avança em metas e objetivos cuja realização faria com que a organização da educação nacional se aproximasse mais dos princípios e finalidades da LDB. Contudo, um realismo político conservador quanto aos recursos financeiros impede a superação de seu caráter vago. Nesse sentido, a proposta se apoia na redistribuição dos recursos vinculados, apostando na colaboração da sociedade e na atuação dos Estados e Municípios dentro de seus espaços de atribuições e de seus montantes consignados. Com isso, acentua-se o papel coordenador da União e o papel executor de Estados e Municípios. Com a vagueza para investimentos futuros e realismo quanto aos recursos existentes, a proposta oficial afirma compromissos, mas não necessariamente se compromete com eles, o que põe em questão a definição de plano. (p. 173-174).

A crítica de Cury (1998) se assenta principalmente sobre dois aspectos: que a proposta governamental consistia mais num plano para estados e municípios executarem, ou seja, de teor de desconcentração de responsabilidades, em perspectiva coincidente com o que foi aprovado na LDB/1996.

No segundo aspecto, no debate imposto pelo FNDEP ao propor 10% do PIB para financiamento da Educação, em detrimento de uma proposta de governo que não indica novos recursos, apesar dos desafios apontados nos diagnósticos. Nesse sentido, avaliam Valente e Romano (2002, p. 98),

> As duas propostas de PNE materializavam mais do que a existência de dois projetos de escola, ou duas perspectivas opostas de política educacional. Elas traduziam dois projetos conflitantes de país. De um lado, tínhamos o projeto democrático e popular, expresso na proposta da sociedade. De outro, enfrentávamos um plano que expressava a política do capital financeiro internacional e a ideologia das classes dominantes, devidamente refletido nas diretrizes e metas do governo. O PNE da Sociedade Brasileira reivindicava o fortalecimento da escola pública estatal e a plena democratização da gestão educacional, como eixo do esforço para se universalizar a educação básica. Isso implicaria propor objetivos, metas e meios audaciosos, incluindo a ampliação do gasto público total para a manutenção e o desenvolvimento do ensino público. O custo seria mudar o dispêndio, equivalente a menos de 4% do PIB nos anos de 1990, para 10% do PIB, ao fim dos 10 anos do PNE. A proposta da sociedade retomava, visando a organizar a gestão educacional, o embate histórico pelo efetivo Sistema Nacional de Educação, contraposto e antagônico ao expediente governista do Sistema Nacional de Avaliação.

Em 9 de janeiro de 2001 o PNE foi sancionado designando-se como Lei n.º 10.172 que fixou como objetivos nacionais:

> • a elevação global do nível de escolaridade da população;
>
> • a melhoria da qualidade do ensino em todos os níveis;
>
> • a redução das desigualdades sociais e regionais no tocante ao acesso e à permanência, com sucesso, na educação pública e
>
> • democratização da gestão do ensino público, nos estabelecimentos oficiais, obedecendo aos princípios da participação dos profissionais da educação na elaboração do projeto pedagógico da escola e a participação das comunidades escolar e local em conselhos escolares ou equivalentes. (BRASIL, 2001).

Para tanto, reconhecendo que os recursos financeiros são limitados, foram definidos como prioridades:

> 1. Garantia de ensino fundamental obrigatório de oito anos a todas as crianças de 7 aos 14 anos, assegurando o seu ingresso e permanência na escola e a conclusão desse ensino. [...]
>
> 2. Ampliação do atendimento nos demais níveis de ensino — a educação infantil, o ensino médio e a educação superior. [...]
>
> 3. Valorização dos profissionais da educação. [...]
>
> 4. Desenvolvimento de sistemas de informação e de avaliação em todos os níveis e modalidades de ensino [...]. (BRASIL, 2001).

Com tais características, Dourado (2010, p. 683) analisa que

> A aprovação do atual PNE [2001-2010] foi resultado, portanto, da hegemonia governamental no Congresso Nacional, que buscou traduzir a lógica das políticas governamentais em curso. O Governo FHC, por meio do Ministério da Educação, efetivou políticas e lógicas de gestão, visando implementar amplo processo de reforma da educação nacional, cujas prioridades se constituíram, hegemonicamente, pela adoção de políticas focalizadas, com forte ênfase no ensino fundamental, e pela efetivação de vários instrumentos e dispositivos, visando à construção de um sistema de avaliação da educação.

Enquanto hegemonia do Governo FHC, foram apostos ao Plano 2001-2010 nove vetos[35] que versam sobre a ampliação do financiamento da Educação, principalmente as poucas metas que foram incorporadas do Projeto da Sociedade Brasileira. Vetou-se, nas palavras de Valente e Romano (2002), o que fazia do plano, um Plano. Logo, a partir dessas análises, evidencia-se que o projeto aprovado e sancionado com vetos também se distanciava da prerrogativa da federação cooperativa preconizada na CF/1988, impondo uma lógica de desconcentração, sem o suprimento financeiro necessário para sua execução. Neste sentido,

> [...] o PNE, como lei, de conjunto não contempla as propostas e reivindicações dos setores democráticos e populares da

[35] Foram vetadas metas para educação infantil (meta 22), para o ensino superior (metas 2, 24, 26 e 29), para formação de professores e valorização do magistério (meta 4) e financiamento e gestão (metas 1, 7 e 13). Didonet (2006) apresenta em sua publicação as metas vetadas e as razões do governo, contrapondo todos os motivos elencados.

> sociedade. Ele é uma espécie de salvo-conduto para que o governo continue implementando a política que já vinha praticando. Vimos, também, que, como foi aprovado no parlamento, este PNE já estava claramente comprometido, em sua validade, pelo traço de carta de intenções. Os vetos que FHC impôs à lei, além de radicalizarem tal característica, retiraram do PNE precisamente alguns dispositivos que a pressão popular havia forçado a que fossem inseridos. (VALENTE; ROMANO, 2002, p. 106).

Para Saviani (2016a) e Valente e Romano (2002), os vetos impuseram ao PNE 2001-2010 a condição de "carta de intenções"[36], pois não indicava as condições objetivas e estruturais para que as demais metas pudessem sair do papel. Cumpre destacar que os vetos foram acertados mediante oitiva dos Ministérios do Planejamento, Orçamento e Gestão e da Fazenda, ou seja, o MEC não foi consultado a respeito. Como principais argumentos para defesa dos vetos, foi alegada a incompatibilidade da Lei n.º 10.172/2001 com o Plano Plurianual e com a Lei de Responsabilidade Fiscal (Lei Complementar n.º 101/2000). Nas palavras de Dourado (2011, p. 29), o PNE 2001-2010 configurou-se, pois, como um "plano formal na medida em que foi marcado pela ausência de mecanismos concretos de financiamento", em virtude dos vetos apostos.

Estruturalmente, o PNE 2001-2010 foi organizado de acordo com níveis, etapas e modalidades da Educação brasileira, sob o tripé: diagnóstico, diretrizes e objetivos e metas. Ao todo, compôs-se de 295 metas.

[36] Martins (2010) se opõe à tese da "carta de intenções" ao argumentar que o PNE 2001-2010 foi aprovado na forma de lei, sendo assim, gera responsabilidade jurídica, "tem de ser cumprida, as ações para o alcance das metas passam a ser exigíveis. [...] O plano aprovado por lei deixa de ser uma mera carta de intenções para ser um rol de obrigações. [...] Uma lei, ainda que falha, está mais próxima de atingir a eficácia que uma mera carta de intenções, porque a lei, ao contrário desta, já rompeu a barreira da validade, já está em vigor. Seu cumprimento pode ser reivindicado judicialmente." (p. 102). Todavia, as avaliações do referido Plano mostraram que nem mesmo como obrigação legal o Poder Público cuidou do cumprimento das metas, reforçando, nesse sentido, a tese de Dourado (2010; 2017) de que não há linearidade entre a proposição e a materialização da política.

Quadro 7 – Estrutura do PNE 2001-2010, Lei n.º 10.172/2001, e número de metas

NÍVEL/ETAPA/MODALIDADE	N.º DE METAS
II – Níveis de ensino	
1. Educação Infantil	26
2. Ensino Fundamental	30
3. Ensino Médio	20
4. Educação Superior	35
III – Modalidades de Ensino	
5. Educação de Jovens e Adultos	26
6. Educação a Distância e Tecnologias Educacionais	22
7. Educação Tecnológica e Formação Profissional	15
8. Educação Especial	28
9. Educação Indígena	21
IV – Magistério da Educação Básica	
10. Formação dos Professores e Valorização do Magistério	28
V – Financiamento e Gestão	
11.3.1. Financiamento	18
11.3.2. Gestão	26
Total de Metas	295

Fonte: elaboração própria a partir da Lei n.º 10.172/2001 — PNE 2001-2010 (BRASIL, 2001)

Como pôde ser constatado a partir do Quadro 7, uma das críticas feitas ao PNE 2001-2010 foi quanto ao elevado número de metas, o que dificultaria o acompanhamento e a operacionalização das mesmas. Além desse volume de dispositivos, segundo Dourado (2010, p. 684), "o conjunto de diretrizes e metas retratam a carência de organicidade interna do Plano, na medida em que várias metas são reiteradas, por vezes superpostas, e, em outros casos, as metas não apresentam a devida articulação interna [...]".

Em síntese, para cumprir o diploma legal, no PNE 2001-2010 definiu-se como características e estratégias:

> • duração de 10 anos;
>
> • elaboração, pelos estados, Distrito Federal e municípios, de planos decenais correspondentes;
>
> • realização de avaliação intermediária do cumprimento das metas no 4º ano de vigência do Plano;
>
> • definição, pela União, de mecanismos de acompanhamento das metas, por meio do sistema nacional de avaliação;
>
> • elaboração, pela União, estados, Distrito Federal e municípios, de planos plurianuais para o cumprimento das metas de seus planos decenais. (BORDIGNON; QUEIROZ; GOMES, 2011, p. 26-27).

Com essa configuração, o PNE 2001-2010 atribuiu ao termo "plurianual" da CF/1988 a vigência decenal, acompanhando a indicação da LDB 9.394/1996. Determinou a avaliação intermediária de cumprimento das metas e a denominação de um "sistema nacional de avaliação" em detrimento da Proposta da Sociedade Brasileira de constituição de um Sistema Nacional de Educação, ideia herdada dos Pioneiros da Educação Nova. Ainda, consignou a elaboração dos planos plurianuais ao cumprimento das metas do PNE. Por fim, mas não menos importante, principalmente para o que se pretende neste trabalho, o Plano 2001-2010 determinou que os entes subnacionais elaborassem seus respectivos planos decenais (artigo 2º, Lei n.º 10.172/2001), o que não foi efetivado pela maioria de estados e municípios como veremos adiante nas Tabelas 1 e 2.

Em linhas gerais, conforme pontua Dourado (2009, 2010), o PNE 2001-2010 apresentou significativos limites estruturais, o que contribuiu para que não fosse alçado à condição de Plano de estado, apesar de trazer em seu histórico de construção e oficialização características que o qualificariam como tal. Dentre esses limites, o autor destaca: os vetos presidenciais, a ausência de visão ampla de sistema nacional de educação, a não regulamentação do regime de colaboração e os grandes desafios para o cumprimento daquele volume de metas. Quanto às avaliações feitas do Plano, Dourado (2009, p. 373) sintetiza que "o conjunto das avaliações indicam, ainda, como limites à implementação do PNE, a superposição de políticas, a defasagem de determinadas metas frente à dinâmica educativa, as concepções restritas, a segmentação entre níveis, etapas e modalidades da educação escolar".

As políticas implementadas no percurso de vigência do PNE 2001-2010, a mudança de concepções ideológicas e de papel do estado, bem como a não derrubada dos vetos tão esperada, que acontecem com o advento do Governo Luiz Inácio Lula da Silva, contribuíram para a secundarização do Plano em detrimento a políticas de governo, ou seja,

> Em outros termos, o PNE aprovado não se constituiu como base e diretriz para políticas, planejamento e gestão da educação nacional nem foi acionado como tal pelos diferentes segmentos da sociedade civil e política brasileira. A esse respeito, as entidades educacionais, por exemplo, não efetivaram uma avaliação sistemática e global do Plano e de sua concretização. Não houve movimento em defesa do atual PNE, por exemplo, pelas entidades educacionais, que, ao contrário, advogaram, como estratégia política, em dado momento, a revogação do Plano aprovado, por entenderem que este dispositivo legal não traduzia o esforço político conduzido pela sociedade civil, em particular pelo Fórum Nacional em Defesa da Escola Pública, e que não se configurava como política de Estado mas era resultante de manobras governamentais no seu processo de tramitação. Paradoxalmente, e tendo em vista a defesa da proposta de PNE da sociedade brasileira, a Carta resultante do IV CONED sinaliza duas ações políticas concretas, como plano de lutas, no sentido de se avançar no contexto do atual PNE: 1) Participar da elaboração dos planos estaduais e municipais referenciados no PNE: Proposta da Sociedade Brasileira, articulados, onde houver, com os respectivos Fóruns Estaduais e Municipais em Defesa da Escola Pública; 2) Lutar pela derrubada dos vetos presidenciais à Lei n. 10.172/2001 (PNE do governo). Ao defender a derrubada dos vetos, a posição indica um reposicionamento com relação à revogação do PNE, sem prejuízo da manutenção do PNE: Proposta da Sociedade Brasileira como a referência para as políticas educacionais. (DOURADO, 2010, p. 685-686).

Não sendo efetivado como o epicentro das políticas públicas educacionais, usando a terminologia de Dourado (2017), o PNE 2001-2010 não se materializou como política de estado, não foi a peça indutora da agenda governamental nem inspirou os anseios da sociedade civil frente ao governo, o que evidencia a análise de Dourado (2017) quanto a não linearidade entre proposição e materialização das políticas. Todavia, o advento de um partido de viés progressista ao Executivo nacional, o Partido dos Trabalhadores, apresentou ao país uma nova agenda redefinindo, até certo ponto, o papel do estado enquanto promotor de políticas sociais inclusivas e reparadoras, em especial no que refere à Educação. Nesse sentido, analisa Amaral (2017) que

> No período 2003-2015, em que o PT assumiu a presidência, houve uma reorientação parcial nas medidas implementadas a partir de 1990, sobretudo aquelas que se relacionam com as privatizações e o estabelecimento de políticas públicas que dirigissem valores financeiros substanciais para a área social, como o Bolsa Família, Minha Casa Minha Vida, Farmácia Popular, Programa de Expansão das Universidades e Institutos Federais etc. (p. 5-6).

2.7 DO PLANEJAMENTO E PLANOS SOB A RACIONALIDADE DEMOCRÁTICA HÍBRIDA COM O ESTADO NEODESENVOLVIMENTISTA À RETOMADA DA RACIONALIDADE FINANCEIRA

Conforme Dourado (2010; 2011), uma das razões de não materialização plena do PNE 2001-2010 foi sua secundarização em detrimento a outras políticas de planejamento governamental que não se basearam no Plano como seu epicentro, tendo importante destaque para o Plano de Desenvolvimento da Educação (PDE) lançado em abril de 2007 pelo então presidente Lula da Silva e seu ministro da Educação, Fernando Haddad.

No contexto do lançamento do Programa de Aceleração do Crescimento (PAC), o PDE foi nominado como o *PAC da Educação*, apresentado em 15 de março de 2007 e lançado oficialmente em 24 de abril daquele ano, tendo como base do Decreto n.º 6.094/2007 que regulamentou o Plano de Metas “Compromisso Todos pela Educação”. O PAC da Educação, ou PDE, enquanto peça plurianual, foi incorporado à Lei n.º 11.653/2008 — Plano Plurianual 2007-2011. Pela centralizada presença dos movimentos empresariais em consultorias ao MEC em detrimento de outras entidades da sociedade civil, esse lançamento foi visto com muitas ressalvas pelo campo educacional/acadêmico ligado aos movimentos sociais progressistas. A esse respeito, Silva e Alves (2009, p. 110) analisam que

> O lançamento do PAC da Educação, em abril de 2007, foi marcado por inúmeras críticas e resistências da sociedade civil, em especial de setores organizados dos profissionais da educação, tanto sindicais quanto acadêmicos. As insatisfações em relação ao PDE decorrem, em grande parte, da expec-

> tativa existente de que o governo Lula da Silva revogaria os vetos apostos ao PNE [2001-2010] pelo governo Cardoso e investiria na efetiva materialização desse plano. Além disso, a crítica de que o PDE não consiste em um plano articulado, mas em um programa de ações isoladas que carecia, portanto, de um diagnóstico da educação nacional, justificativa e fundamentação, fortaleceu resistências ao plano.

O PDE, apresentado como um plano executivo, representou a integração dos diversos programas desenvolvidos pelo Ministério da Educação e procurou estabelecer uma linha coerente de ação a partir de seis pilares: visão sistêmica da educação, territorialidade, desenvolvimento, regime de colaboração, responsabilização e mobilização social. Segundo Haddad (2008), um dos principais objetivos do PDE é dar consequência ao regime de colaboração, ampliando o papel da União no cumprimento de seus desígnios constitucionais de suplementação e redistribuição. Para tanto, estruturou-se em quatro eixos de ação: (1) Educação básica, (2) Alfabetização e educação continuada, (3) Ensino profissional e tecnológico e (3) Educação superior. Conforme Krawczysk (2008, p. 803),

> O PDE apresenta-se como uma política nacional e um arranjo institucional resultante de uma revisão das responsabilidades da União, que passa a assumir o compromisso do combate às desigualdades regionais e da construção de um mínimo de qualidade educacional para o país. Adjudica ao governo federal o papel regulador das desigualdades existentes entre as regiões do Brasil por meio de assistência técnica e financeira, de instrumentos de avaliação e de implementação de políticas que ofereçam condições e possibilidades de equalização das oportunidades de acesso à educação de qualidade. Por sua parte, os estados e, principalmente, os municípios assumirão o compromisso pelo desenvolvimento educacional em seus 'territórios'. (Grifos da autora).

Nesse sentido, a operacionalização do PDE deu-se por meio da celebração de convênios entre os entes federados signatários do Compromisso Todos pela Educação composto por 28 diretrizes de boas práticas de gestão educacional e que instituiu o Plano de Ações Articuladas, instrumento responsável para a definição das políticas a serem implementadas nas localidades sob a tutela da União. Inaugurava-se com o PAR uma nova rede de pactuação interfederativa, em detrimento da regulamentação do artigo 23 da CF/1988 e que subordinava os municípios e estados às disponibilidades e às condicionalidades preconizadas pelo Ministério da Educação.

Na relação entre o PDE e o PNE 2001-2010, aquele se apresentou como um plano executivo que não teve como meta a substituição deste, até porque isso exigiria a tramitação no Congresso Nacional. Nas palavras de Haddad (2008, p. 6),

> O PDE, nesse sentido, pretende ser mais do que a tradução instrumental do Plano Nacional de Educação (PNE), o qual, em certa medida, apresenta um bom diagnóstico dos problemas educacionais, mas deixa em aberto a questão das ações a serem tomadas para a melhoria da qualidade da educação. [...] o PDE também pode ser apresentado como plano executivo como conjunto de programas que visam dar consequência às metas quantitativas estabelecidas naquele diploma legal, mas os enlaces conceituais propostos tornam evidente que não se trata, quanto à qualidade, de uma execução marcada pela neutralidade.

Mas na acepção crítica de Saviani (2007), na prática, o PDE consistia mais como um grande guarda-chuvas de programas do MEC, sem a devida articulação e, muitas vezes, que se sobrepunham, distanciando-se do conceito de plano na perspectiva do artigo 214 da Constituição de 1988. Logo,

> Confrontando-se a estrutura do Plano Nacional de Educação (PNE) com a do Plano de Desenvolvimento da Educação (PDE), constata-se que o segundo não constitui um plano, em sentido próprio. Ele se define, antes, como um conjunto de ações que, teoricamente, se constituíram em estratégias para a realização dos objetivos e metas previstos no PNE. Com efeito, o PDE dá como pressupostos o diagnóstico e o enunciado das diretrizes, concentrando-se na proposta de mecanismo que visam à realização progressiva de metas educacionais. Tive, porém, que introduzir o advérbio "teoricamente" porque, de fato, o PDE não se define como uma estratégia para o cumprimento das metas do PNE. Ele não parte do diagnóstico, das diretrizes e dos objetivos e metas constitutivos do PNE, mas se compõe de ações que não se articulam organicamente com este. (SAVIANI, 2007, p. 1239).

Em síntese, Saviani (2007) assevera que o PDE não se baseou no PNE 2001-2010, sendo este solenemente ignorado pelo Governo Federal. A execução das ações do PDE pôde, de alguma forma, contribuir para o cumprimento de parte das 295 estratégias do PNE, mas não que isso fosse orgânica e subsidiariamente orquestrado.

O PDE cumpriu importante papel de organizar e agrupar os programas federais que multiplicaram-se na gestão Haddad/Lula da Silva, muitos assumindo a configuração de ações de descentralização, mas, segundo Saviani (2007) analisa, sem a vinculação que deveria ter de instrumento de materialização do PNE 2001-2010, perdeu a essência de projeto de estado para a Educação brasileira. Ainda há de se considerar que, mesmo com o aporte orçamentário designado e a relação interfederativa estabelecida, o PDE/PAR não possuía a envergadura para dar nova configuração ao pacto federativo.

Na relação entre os entes federados, o que fica evidente pelas pesquisas[37] que se debruçaram em torno do PAR, é que esse significou a possibilidade concreta de repasses de recursos financeiros da União para estados e municípios, enquanto a elaboração de Planos Estaduais e Municipais de Educação não apontaram para essa direção pragmática. Nesse sentido, em tese, pode-se prever maior empenho dos entes subnacionais em assinar o Compromisso Todos pela Educação do que em elaborar os respectivos planos decenais. Com a secundarização do PNE marcado por seus vetos, o PAR foi fortalecido à medida que, por meio de todo um sistema interligado em rede, os entes federados tinham mais acesso aos programas disponibilizados pelo Ministério da Educação, ou seja, os planos de ação desse mecanismo se sobrepuseram ao planejamento decenal estipulado no PNE 2001-2010.

Assim, segundo Dourado (2010), outra importante razão para a secundarização do PNE 2001-2010 foi o fato de sua determinação legal não ter se corporificado em efetivos planos decenais de educação de estados e municípios. A Lei Ordinária n.º 10.172, de 9 de janeiro de 2001, que aprovou o PNE para o decênio 2001-2010, determinou a responsabilidade dos entes subnacionais quanto à elaboração de planos de educação próprios: "Art. 2º. A partir da vigência desta Lei, os Estados, o Distrito Federal e os Municípios deverão, com base no Plano Nacional de Educação, elaborar planos decenais correspondentes" (BRASIL, 2001). Segundo Cury (2009), esse é o primeiro PNE aprovado na forma de lei e que especificou a necessidade de coordenação entre os entes subnacionais para a elaboração de planos decenais correlatos ao plano nacional. Nessa perspectiva, o PNE 2001-2010 reconheceu a importância da elaboração dos planos de educação pelos entes

[37] Ver Ferreira (2014), Ferreira e Fonseca (2011; 2013) e Guedes e Barbalho (2016).

federados e a necessária articulação entre eles e em consonância com o Plano Nacional, sendo uma das condições para o cumprimento de suas metas:

> Será preciso, de imediato, iniciar a elaboração dos planos estaduais em consonância com este Plano Nacional e, em seguida, dos planos municipais, também coerentes com a plano do respectivo Estado. Os três documentos deverão compor um conjunto integrado e articulado. Integrado quanto aos objetivos, prioridades, diretrizes e metas aqui estabelecidas. E articulado nas ações, de sorte que, na soma dos esforços das três esferas, de todos os Estados e Municípios mais a União, chegue-se às metas aqui estabelecidas. A implantação e o desenvolvimento desse conjunto precisam de uma coordenação em âmbito nacional, de uma coordenação em cada Estado e no Distrito Federal e de uma coordenação na área de cada Município, exercidas pelos respectivos órgãos responsáveis pela Educação. (BRASIL, 2001).

Analisando esses preceitos legais, percebe-se a ação reguladora e indutora da União para que os entes subnacionais acompanhassem a lógica de planejamento educacional decenal tendo como referência o PNE. Um outro aspecto importante na citação anterior refere-se à visão hierarquizada entre os planos: do Plano Nacional produz-se os Planos Estaduais e, só então, a partir desses, se elaboraria os Planos Municipais; resta, pois, aos municípios, muitas vezes, mais uma condição de subordinação do que de exercício de sua autonomia constitucional para a definição das suas metas educacionais, o que vai de encontro ao federalismo cooperativo instituído na Carta Magna.

No entanto, os dados sobre o cumprimento dessa incumbência por estados e municípios apontam para um distanciamento entre a intenção nacional e as políticas locais. Independente de críticas e análises de conteúdo e processos, a União cumpriu sua atribuição de aprovar o PNE em forma de lei em 2001, mas, e os estados e municípios?

Na Tabela 1 consta a situação dos Planos Estaduais de Educação aprovados durante a vigência do PNE 2001-2010.

Tabela 1 – Estados com Planos Estaduais de Educação aprovados em Lei, período de 2001 a 2010

ESTADOS* QUE APROVARAM O PEE	LEI	VIGÊNCIA ATÉ	N.º DE METAS
Pernambuco	Lei 12.252, de 8 de julho de 2002	2012	191
Alagoas	Lei 6.757, de 3 de agosto de 2006	2016	329
Bahia	Lei 10.330, de 15 de setembro de 2006	2016	312
Paraíba	Lei 8.043, de 30 de junho de 2006	2016	292
Tocantins	Lei 1.859, de 6 de dezembro de 2007	2017	102
Amazonas	Lei 3.268, 7 de julho de 2008	2018	306
Goiás	Lei Compl. 62, de 9 de out. de 2008	2018	227
Mato Grosso	Lei 8.806, de 10 de janeiro de 2008	2018	475
Rio de Janeiro	Lei 5.597, de 18 de dezembro de 2009	2019	140
Pará	Lei 7.441, de 2 de julho de 2010	2020	223

Nota: * Não há informações de que os demais estados (16) e o DF aprovaram seus PEEs até nov. de 2010.

Fonte: Alves (2016, p. 85), a partir do Portal Observatório da Educação, atualização em 3 nov. 2010.

Restando apenas um ano de vigência do PNE 2001-2010, de acordo com os dados do portal *Observatório da Educação*, apenas 42% dos estados tinham aprovado seus PEEs, ou seja, mais da metade desses entes federados não haviam cumprido o disposto na Lei n.º 10.172/2001. Chama atenção que 90% desses planos foram aprovados após o quinto ano de vigência do PNE 2001-2010, implicando o atraso considerável quando se pensa na consonância dos PEEs com o Plano Nacional. Segundo Souza e Duarte (2014, p. 216), o cenário "expressa a pouca importância atribuída por esses entes federados aos planos de educação, o que, [...] igualmente afeta o planejamento na esfera municipal".

Quanto aos municípios, corrobora com essa afirmação o grande número desses entes subnacionais que ainda integram os sistemas estaduais de educação e o argumento utilizado por muitos de que primeiro deve-se aprovar o PEE para então construírem seus planos próprios, o que esboça uma visão vertical entre PNE/PEE/PME que, de certa forma, ficou explícita no próprio PNE 2001-2010 conforme discutido anteriormente.

Os dados do IBGE sobre os municípios confirmam essa constatação, em referência à vigência do PNE 2001-2010, conforme pode ser observado na Tabela 2.

Tabela 2 – Educação Municipal: Sistemas e Planos Municipais de Educação aprovados até 2011

LOCALIDADE	TOTAL DE MUNICÍPIOS (2011)	FORMA DE ORGANIZAÇÃO DO SISTEMA				COM PME APROVADO EM LEI	
		SISTEMA INS-TITUÍDO		INTEGRADO AO ESTADO			
		N.º	(%)	N.º	(%)	N.º	(%)
Brasil	5565	2048	36,8	3516	63,2	3384	60,8
Centro-Oeste	466	133	28,5	333	71,5	221	47,4
Goiás	246	79	32,1	167	67,9	115	46,7

Fonte: Alves (2016, p. 87), a partir do IBGE, Diretoria de Pesquisas, Coordenação de População e Indicadores Sociais, Pesquisa de Informações Básicas Municipais 2011. Disponível em: http://ftp.ibge.gov.br/Perfil_Municipios/2011/munic2011.pdf. Acesso em: 20 abr. 2015

Em âmbito nacional, 60,8% dos municípios aprovaram seus PMEs no período de vigência do PNE 2001-2010. Especificamente em relação a Região Centro-Oeste (47,4%) e o estado de Goiás (46,7%), nota-se que mais de 50% dos municípios não cumpriram as determinações da Lei n.º 10.172/2001, ou seja, não aprovaram seus planos decenais próprios. Não houve, pois, a universalização da aprovação de PMEs, assim como ocorreu com os Planos Estaduais. Se levarmos em consideração a verticalização proposta no PNE 2001-2010, a não aprovação dos Planos Estaduais pode ter contribuído para que os municípios também não o fizessem em relação aos PMEs.

O quadro de instituição dos sistemas municipais de ensino ainda é mais crítico, considerando-se que apenas 36,8% dos municípios brasileiros se desvincularam dos Sistemas Estaduais. Em Goiás, segundo Alves (2016), o índice cai para 32,1% dos municípios que regulamentaram o sistema próprio na forma da LDB n.º 9.394/1996.

Mesmo com o ordenamento jurídico municipalista, os dados demonstrados na Tabela 2 indicam que a criação de sistemas municipais e a aprovação de PMEs não se deu de forma abrangente país adentro. Os baixos índices de instituição dos sistemas conduzem a reflexões sobre as dificuldades que os municípios encontram para constituírem a organização e o planejamento local da educação na amplitude possibilitada pela CF/1988, pela LDB/1996 e pelo PNE 2001-2010, visto que

> [...] a opção pela institucionalização do SME não é uma decisão isolada e descolada da realidade local, pelo contrário, é perpassada pelas condições econômicas, culturais, políticas, ideológicas, históricas e sociais dos municípios, além de materializarem as contraditórias disputas entre os diversos interesses dos grupos políticos locais capazes de induzir novas possibilidades de remanejamento e organização do poder. Portanto, não é um processo livre e voluntário destituído de efetivas contradições. Salienta-se que as reais condições dos municípios são muitas vezes mais determinantes nos resultados das políticas educacionais do que as propostas contidas nas leis, nos planos e nos programas elaborados no âmbito da União. (FERREIRA; SILVA, 2014, p. 1179).

Sobre a articulação entre sistema municipal e PME, Saviani (1999, p. 120) analisa que

> Há, efetivamente, uma íntima relação entre esses dois conceitos. Com efeito, o sistema resulta da atividade sistematizada; e a ação sistematizada é aquela que busca intencionalmente realizar determinadas finalidades. É, pois, uma ação planejada. Sistema de ensino significa, assim, uma ordenação articulada dos vários elementos necessários à consecução dos objetivos educacionais preconizados para a população à qual se destina. Supõe, portanto, o planejamento. Ora, se 'sistema é a unidade de vários elementos intencionalmente reunidos, de modo a formar um conjunto coerente e operante' (Saviani 1996a, p. 80), as exigências de intencionalidade e coerência implicam que o sistema se organize e opere segundo um plano.

A Lei n.º 10.172/2001 determinou, sem estipular prazos, que estados e municípios elaborassem os seus planos decenais de educação alinhados ao PNE. No que concerne à aprovação dos PMEs, o processo se consumou em 60,8% dos municípios brasileiros e em apenas 46,7% dos municípios goianos, conforme Alves (2016). Os dados podem indicar, entre outras, as seguintes hipóteses: a falta de iniciativa do Executivo municipal para coordenar essa tarefa; a dificuldade de articulação entre governo e sociedade civil para a elaboração dos PMEs; a falta de um projeto político que contemple o planejamento democrático para a oferta da educação, que extrapole a curta periodicidade dos governos; a dependência e frágil articulação do município com as políticas nacional e estadual; e o vácuo deixado pela não regulamentação do regime de colaboração. Assim,

> Na mesma linha de omissão do Estado, as ações necessárias para exigir dos gestores estaduais e municipais a elaboração dos seus planos de educação à luz do PNE e mesmo aquelas necessárias para apoiá-los nesta tarefa não foram realizadas. Sem os respectivos planos das unidades de federação e dos municípios, a população ficou sem ferramentas para pressionar no nível local em favor da destinação dos recursos nos planos plurianuais para a realização das metas que deveriam ter sido assumidas pelos gestores públicos durante seus governos. (PERONI; FLORES, 2014).

Na avaliação do PNE 2001-2010, Dourado (2010, p. 685) ressalta que:

> [...] aprovação de planos estaduais e municipais, previstos no PNE como base para a sua organicidade, não se efetivou como política concreta na maior parte dos estados e municípios, e, desse modo, tal processo não contribuiu para o avanço na dinâmica de democratização do planejamento e da gestão da educação no país e para a ratificação do Plano como política de Estado.

Ao contrário do PNE 2001-2010, o PDE e o PAR passaram a representar uma possibilidade mais concreta de estados e municípios ampliarem seus recursos financeiros e capacidade técnica, a partir das políticas de descentralização estabelecidas pelo Governo Federal. Avalia Dourado (2013, p. 769) que são "iniciativas definidas pela União, constituindo-se, em sua maioria, em processos com reduzida intervenção dos entes federados, mas que requerem sua adesão por meio de diversos mecanismos de indução financeira". Assim,

> A forma como este paradigma colaborativo foi constituído mantém o município em uma condição de submissão às normas definidas pela União e corrobora a histórica visão restritiva do município como agente político capaz de induzir e formular políticas públicas. A ausência de uma aliança entre os entes federados e as esferas governamentais em torno de um projeto educativo comum, consensuado entre

> os diversos segmentos da sociedade, resulta em um modelo de planejamento educacional distante da realidade dos municípios e com características autoritárias. (SILVA; FERREIRA; OLIVEIRA, 2014, p. 91).

Nessas perspectivas, dentre tantas avalições do PNE 2001-2010, constatou-se

> [...] o protagonismo do governo federal, na relação com os entes federados, na formulação, na implementação e na indução de políticas, programas e ações relacionadas que, em sua maioria, contribuíram para o cumprimento parcial das metas do PNE, ainda que esse plano não tenha sido o eixo das ações desencadeadas. (DOURADO, 2011, p. 50-51).

A partir dessas análises, é possível inferir que a materialização do PNE 2001-2010 e a não universalização da elaboração de planos subnacionais não contribuíram para instituir arranjos interfederativos e cooperativos entre os entes federados, ao passo que o PDE/PAR cumpriu, até certa amplitude, essa lacuna, com preponderância da União na definição da agenda e programas.

Um movimento importante em relação a esse modelo de planejamento educacional e a retomada da racionalidade democrática refere-se à promulgação da EC n.º 59/2009, que deu nova redação ao artigo 214 da CF/1998, definindo como estrutura e objetivo do PNE:

> Art. 214. A lei estabelecerá o plano nacional de educação, de duração decenal, com o objetivo de articular o sistema nacional de educação em regime de colaboração e definir diretrizes, objetivos, metas e estratégias de implementação para assegurar a manutenção e desenvolvimento do ensino em seus diversos níveis, etapas e modalidades por meio de ações integradas dos poderes públicos das diferentes esferas federativas [...]. (BRASIL, 2009).

Destaca-se, pois, a substituição no texto constitucional do termo "plurianual" pelo termo "decenal", que abrange três mandatos governamentais; a definição do PNE como o instrumento articulador do Sistema Nacional de Educação (SNE) que funcionará, em tese, no regime de colaboração e por meio de ações integradas entre os entes federados. Por fim, estipula que o plano estruturar-se-á em diretrizes, objetivos, metas e estratégias. Segundo Bordignon (2014, p. 45), a EC 59/2009 deu nova centralidade ao PNE. Outro avanço importante foi a vinculação de aplicação percentual do PIB em Educação que deve ser estabelecido no Plano Nacional, o que contribui para eliminar a possibilidade de vetos como aconteceu com o PNE 2001-2010.

Durante o Governo Lula da Silva e com continuidade no Governo Dilma Rousseff, optou-se por um processo de democratização da participação social adotando como instrumento de interlocução a realização de conferências. Em 2008 foi realizada a Conferência Nacional de Educação Básica que apontou importantes sinalizações quanto à avaliação do PNE 2001-2010 como para o novo PNE, processo aprofundado na Conae de 2010[38] que teve como tema central *Conae: construindo o Sistema Nacional Articulado: o Plano Nacional de Educação, diretrizes e estratégias de ação*. A proposição da Conferência era de que seu Documento Final fosse a referência para o Governo Lula da Silva elaborar o novo PNE para decênio 2011-2020.

No contexto de término da vigência do PNE 2001-2010, com a concorrência de múltiplos instrumentos de pactuação interfederativa e da mobilização da sociedade civil por meio da Conae 2010, foi elaborado pelo Executivo e encaminhado ao Congresso Nacional o projeto de lei do PNE 2011-2020, PL n.º 8.035/2010, protocolado no final do segundo mandato do presidente Lula da Silva e às vésperas do recesso parlamentar.

Apesar de o Governo Federal/Ministério da Educação ter recebido o Documento Final da Conae 2010, causou certa decepção o conteúdo do PL 8.035/2010, pois esse não contemplou muitos anseios da Conferência, como a destinação do percentual de investimento de 10% do PIB em Educação pública; o projeto do Executivo previu apenas 7%. Além disso, o PL trouxe questões como a legitimação de uma política de governo como o Ideb alçada à política de estado por meio da Meta 7, em detrimento das críticas acadêmicas em torno dessa plataforma de avaliação censitária das unidades escolares. Outro aspecto foi a falta de um diagnóstico da situação educacional que pudesse embasar os indicadores presentes nas metas e estratégias. O descontentamento levou entidades classistas, acadêmicas e movimentos sociais a criticarem abertamente o conteúdo do PL, passando

[38] A Conae 2010, realizada no período de 28 de março a 1º de abril de 2010, em Brasília-DF, teve credenciados 3.889 participantes, sendo 2.416 delegados e 1.473, entre observadores, palestrantes, imprensa, equipe de coordenação, apoio e cultura. As discussões giraram em torno de seis eixos temáticos: I - Papel do Estado na garantia do direito à educação de qualidade: organização e regulação da Educação Nacional; II - Qualidade da educação, gestão democrática e avaliação; III - Democratização do acesso, permanência e sucesso escolar; IV - Formação e valorização dos trabalhadores em educação; V - Financiamento da educação e controle social; VI - Justiça social, educação e trabalho: inclusão, diversidade e igualdade. Considerando-se as etapas municipais, intermunicipais e estaduais, segundo o Documento Final, a Conae mobilizou cerca de 3,5 milhões de pessoas, contando com a participação de 450 mil delegados, envolvendo, em torno de 2% da população do País.

a integrar fontes de mobilização em torno de sua tramitação no Congresso Nacional. Um exemplo foi o documento publicado em 2011 pela Associação Nacional de Pós-Graduação e Pesquisa em Educação (Anped) denominado *Por um Plano Nacional de Educação (2011-2020) como política de Estado* (ANPED, 2011).

Anexado à Mensagem n.º 701 e à Exposição de Motivos n.º 33, o Projeto do Plano Nacional de Educação 2011-2020, sem desconsiderar as críticas coerentes com o momento democrático, apresentava-se como um avanço para o desenvolvimento da política educacional como política de estado e como prioridade nacional. Ao todo, o PL era composto de 12 artigos, 20 metas e 170 estratégias. Por seu número reduzido de metas, propagava por uma efetividade de materialização e acompanhamento que não obteve seu antecessor com suas 295 metas. Mas, na avaliação de Saviani (2016a; 2016b), essa impressão era superficial, pois as estratégias se colocavam, na verdade, como submetas, que exigiam a mesma concentração de esforços para sua materialização e monitoramento. Havia, pois, uma aparente dissociação entre quantidade e qualidade dos dispositivos presentes na proposta governamental.

A tramitação do PL n.º 8.035/2010 na Câmara dos Deputados deu-se em Comissão Especial criada em 22 de março de 2011, que iniciou seus trabalhos em 6 de abril do mesmo ano. A Comissão Especial tornou-se palco de intensos debates por meio de audiências públicas e aprovação de requerimentos de diversas naturezas. Um requerimento importante foi de autoria da Deputada Dorinha Seabra Rezende (DEM- TO) solicitando ao MEC a apresentação de um diagnóstico a fim de que a Casa pudesse compreender a disposição e os percentuais estipulados nas metas e estratégias. O MEC atendeu ao requerimento por meio de Nota Técnica[39].

Segundo Sena (2014), também foi na Comissão Especial que o PL n.º 8.035/2010 bateu recorde em número de emendas apresentadas, um total de 2.916, superando, inclusive, o número de emendas na Constituinte da década de 1980. Esse expressivo número de emendas deu-se, dentre outros fatores, devido à forte articulação de movimentos sociais, corporativos e educacionais em torno da pauta do PNE. Um desses movimentos foi o *PNE pra Valer*, dirigido pela Campanha Nacional pelo Direito à Educação. Outra vertente foi a mobilização dos grupos do ensino privado

[39] Nota Técnica do MEC "O PNE 2011-2020: metas e estratégias", disponível em: http://fne.mec.gov.br/images/pdf/notas_tecnicas_pne_2011_2020.pdf. Acesso em: 18 set. 2019.

que, ausentes na Conae, centraram seu foco de atuação junto a grupos específicos de deputados.

Em 5 de dezembro de 2011, ou seja, com quase um ano de tramitação, o relator Ângelo Vanhoni (PT-RS) apresentou seu Substitutivo que tentava conciliar o projeto do Executivo com algumas demandas da sociedade civil. Ao Substitutivo foram apostas mais 449 emendas. Em 13 de junho de 2012 finalmente o Substitutivo foi aprovado na Comissão Especial, retomando a proposta da Conae de 10% do PIB por meio de destaques votados em 26 de junho do mesmo ano. Após ser aprovado pelo plenário da Câmara em 16 de outubro de 2012, o PL foi remetido ao Senado no dia 25 do mesmo mês.

Por razões regimentais, o PL, que recebeu a numeração de PLC n.º 103/2012, passou a seguir seu trâmite nas Comissões de Assuntos Econômicos (CAE), de Constituição, Justiça e Cidadania (CCJ) e de Educação, Cultura e Esporte (CE). Na CAE o projeto teve como relator do senador José Pimentel (PT-CE) e a ele foram feitas 35 emendas, sendo votado em 28 de maio de 2013. Na CCJ, sob relatoria do senador Vital do Rêgo (PMDB-PB), o projeto recebeu mais 45 emendas e foi votado em 25 de setembro do mesmo ano. Por fim, na Comissão de Educação, com relatoria do senador Álvaro Dias (PSDB-PR), foram apostas outras 97 emendas ao projeto que só foi votado em 27 de novembro. Em 17 de dezembro o PLC n.º 103/2012 foi aprovado no plenário da Casa Revisora e, na avaliação de muitos especialistas, dentre os quais Bodião (2016) em referência às notas publicadas pela Campanha Nacional pelo Direito à Educação[40], esse conseguiu piorar em muitos aspectos o projeto aprovado na Câmara. Por questões constitucionais, por ter havido alterações no PLC, esse voltou à Câmara para apreciação final.

O PL retornou à Câmara em 2 de janeiro de 2014, sendo aprovado em 6 de maio o parecer reformulado na Comissão Especial que retomou muitos pontos do projeto original dessa Casa, antes modificado no Senado. Por manobra regimental, visto o trancamento de pauta por ocasião de votação de Medidas Provisórias, ao PNE foi qualificado o status de plano plurianual e, por isso, com prioridade de votação. Entre 28 de maio e 3 de

[40] "Os documentos 'PNE no Senado Federal: O texto precisa ser aprimorado, não desconstruído' e 'PNE no Senado Federal: A responsabilidade do Estado é retomada no texto da Comissão de Educação', são exemplos dessas iniciativas. Em 18 de dezembro de 2013, logo após a votação no plenário do Senado Federal do PLC 103/2012, a coordenação da Campanha divulgou a Carta à Sociedade Brasileira: PNE pra valer é o da Câmara dos Deputados, onde explicitou os retrocessos incorporados ao texto final aprovado naquela casa" (BODIÃO, 2016, p. 348, grifos no original).

junho de 2014 o Plano Nacional de Educação foi aprovado com a vigência 2014-2024 e materializado na Lei n.º 13.005, sancionada em 25 de junho daquele ano, sem vetos, pela presidenta Dilma Rousseff.

Sena (2014, p. 15), ao relatar sobre a tramitação desse projeto de lei, expressa a dificuldade de discussão e votação das inúmeras emendas apresentadas, promovendo idas e vindas entre Câmara de Deputados e Senado Federal. Outro empecilho, destaca o autor, refere-se à ausência do diagnóstico no documento, parte "fundamental para que a sociedade pudesse compreender as metas e as estratégias, debatê-las e, eventualmente, apontar lacunas no projeto" (SENA, 2014, p. 14). Tal conjuntura esboça as intensas disputas de interesses no campo político e educacional brasileiro, como os embates entre setor público e setor privado, por exemplo, pois

> A história da educação brasileira é marcada por disputas de projetos com concepções distintas do papel do Estado e do planejamento, da relação entre os entes federados e da lógica de gestão e organização. Perpassam por essas concepções os defensores do ensino público e os defensores do ensino privado, distintas visões de planejamento, bem como as discussões sobre proposição e materialização de planos nacionais e/ou setoriais de educação. (DOURADO, 2011, p. 17).

Desse longo percurso de quase quatro anos de tramitação, com elevado número de emendas e as campanhas em defesa do PNE que se sucederam, alguns pontos foram objeto de maior debate: o percentual do investimento do PIB, com a proposta do Governo de 7%, mas sendo aprovada a demanda da sociedade civil de 10%, porém com possibilidades de aplicação do fundo público também para a iniciativa privada (§ 4º do artigo 5º); o ensino especial; e a pauta da diversidade e questões de identidade de gênero. Várias foram as entidades que atuaram nesse processo, tanto da sociedade civil quanto da sociedade política, tanto da rede pública quanto da rede privada, conforme pode ser visto no Quadro 8.

Quadro 8 – Principais entidades presentes no processo de tramitação do PNE 2014-2024

GRUPOS		ENTIDADES*
SOCIEDADE POLÍTICA	Poder Executivo no plano federal	Presidência da República, Casa Civil, Secretaria de Relações Institucionais (SRI), MEC, Ministério da Fazenda
	Poder Legislativo	Câmara dos Deputados e Senado Federal
	Representação de gestores educacionais	Consed, Undime
	Representação dos gestores dos entes federados	CNM, Confaz, Abrasf
SOCIEDADE CIVIL	Conselhos e Fóruns de Educação	CNE, FNCE, Uncme, FNE
	Entidades representativas da comunidade educacional	CNTE, UNE, Ubes, Andes, Fasubra, Andifes, Crub, Proifes e Contee
	Entidades científicas	Anped, Anpae, Anfope, FCC, SBPC, Cedes e Fineduca
	Redes de movimentos	Mieib, Campanha Nacional pelo Direito à Educação, Apaes/Fenapes, Fórum Nacional de Educação Inclusiva, Feneis e Todos pela Educação
	Segmento privado empresarial da educação	Anup, Anaceu, Abmes, Confenen, Fenep, Sistema S e Grupo Positivo
	Segmento privado de capital aberto	Abraes
	Organizações e *think thanks* voltados à formulação de políticas públicas	Cenpec, Instituto Alfa e Beto e Centro de Políticas do Insper

Nota: * Para detalhamento do nome completo das entidades, ver Lista de Siglas e Abreviações.

Fonte: elaboração própria a partir de Sena (2014, p. 18-19)

O texto final aprovado ficou estruturado na Lei n.º 13.005/2014 composta por 14 artigos e o anexo formado pelo Plano propriamente dito com suas 20 metas e 254 estratégias, assim agrupadas:

Quadro 9 - Classificação das metas do PNE 2014-2024 quanto aos seus objetivos

AGRUPAMENTO	METAS
Metas estruturantes	1 (educação infantil), 2 (ensino fundamental), 3 (ensino médio), 5 (alfabetização das crianças), 6 (tempo integral), 7 (qualidade da educação/Ideb), 9 (alfabetização de jovens e adultos), 10 (educação de adultos integrada à educação profissional) e 11 (educação profissional técnica de nível médio)
Metas para redução das desigualdades e à valorização da diversidade	4 (educação especial) e 8 (escolaridade média da população de 18 a 29 anos)
Metas de valorização dos profissionais da educação	15 (formação em licenciatura dos profissionais da educação básica), 16 (formação em nível de pós-graduação dos profissionais da educação básica), 17 (equiparação dos vencimentos dos profissionais do magistério com os demais de nível superior) e 18 (planos de carreira)
Metas do ensino superior	12 (acesso ao ensino superior), 13 (qualidade do ensino superior e titulação docente) e 14 (acesso à pós-graduação stricto sensu)
Metas globais	19 (gestão democrática) e 20 (financiamento: 10% do PIB)

Fonte: elaboração própria a partir de Brasil (2014b) e Sena (2014)

Conforme pôde ser percebido no Quadro 9, o PNE 2014-2024 contemplou toda estrutura e funcionamento da Educação Nacional, em sintonia com a LDB/1996 e, num processo de conciliação possível entre as diversas faces da sociedade civil e da sociedade política que participaram ativamente do processo de produção do texto, representa significativos avanços para a solução de dívidas históricas para com o direito público subjetivo a uma educação com qualidade socialmente referenciada. Porém, o documento não é homogêneo, mas carrega também limites e contradições, como algumas citadas anteriormente.

O PNE 2014-2024, em que pesem seus limites e contradições, no campo da conciliação política, representa, nas palavras de Dourado (2016b, 2017), o instrumento público que mais se aproxima de uma política de estado para a Educação. Pelo agigantamento da mobilização social e parlamentar no processo de reconstrução do texto e aprovação, com sua redação final, envolvendo, conforme expresso no Quadro 8, tanto sociedade civil (em suas múltiplas faces e interesses) quanto sociedade política (também diversa), bem como sua consolidação em texto de lei para uma vigência decenal, conferem ao Plano características de um documento de estado, segundo especificado no Capítulo 1. Todavia, como salienta Dourado (2017), o ambiente da proposição não se apresenta em relação linear com o ambiente da materialização, nesse sentido, faz-se necessário que o PNE seja amplamente divulgado e defendido não só pelas entidades que lutaram para sua aprovação, mas como um instrumento da sociedade como um todo. E um campo que se abriu como importante demanda foi o envolvimento dos entes subnacionais para elaboração dos Planos Estaduais e Municipais de Educação em consonância com o novo PNE.

Diferentemente do PNE 2001-2010, o Plano de 2014, no contexto do planejamento interfederativo, conforme discutido no Capítulo 1, determinou que:

> Art. 8º Os Estados, o Distrito Federal e os Municípios deverão elaborar **seus correspondentes planos de educação**, ou adequar os planos já aprovados em lei, em consonância com as diretrizes, metas e estratégias previstas neste PNE, **no prazo de 1 (um) ano** contado da publicação desta Lei.
>
> § 1º Os entes federados estabelecerão nos respectivos planos de educação estratégias que:
>
> I - assegurem a articulação das políticas educacionais com as demais políticas sociais, particularmente as culturais;
>
> II - considerem as necessidades específicas das populações do campo e das comunidades indígenas e quilombolas, asseguradas a equidade educacional e a diversidade cultural;
>
> III - garantam o atendimento das necessidades específicas na educação especial, assegurado o sistema educacional inclusivo em todos os níveis, etapas e modalidades;
>
> IV - promovam a articulação interfederativa na implementação das políticas educacionais.
>
> § 2º Os processos de elaboração e adequação dos planos de educação dos Estados, do Distrito Federal e dos Municípios, de que trata o *caput* deste artigo, serão realizados com **ampla participação** de representantes da comunidade educacional e da sociedade civil. (BRASIL, 2014a, grifos nossos).

Assim, o PNE 2014-2024 definiu prazos ao estabelecer que estados e municípios teriam um ano, a partir da data de sua aprovação, para (re) elaboração dos respectivos planos decenais, período que expirou em junho de 2015. Ainda, definiu como competência de todos os entes federativos, em regime de colaboração, a adoção de medidas para o cumprimento das metas estabelecidas (artigo 7º, § 1º), em especial a constituição de arranjos interfederativos visando à cooperação e à pactuação de medidas a fim de efetivação das metas previstas no PNE. A ideia é que, sem a elaboração e implementação de planos de educação por estados, Distrito Federal e municípios, não se cumprirá as metas do Plano Nacional, ou seja, a lei compreende o esforço coletivo dos entes federados para os objetivos da Educação Nacional, postos no PNE, como fundamental num regime de colaboração vigente no federalismo cooperativo.

Como ação para efetivar a ação interfederativa, mesmo antes da aprovação do PNE 2014-2024, o Ministério da Educação, por meio do Decreto n.º 7.480, de 16 de maio de 2011, e atendendo à reinvindicação da Conae 2010, criou a Secretaria de Articulação com os Sistemas de Ensino (Sase/MEC), que constituiu-se como importante elo entre o Governo Federal e o demais entes subnacionais. Em seu sítio eletrônico, a Sase/MEC assim se caracterizava e definia seus objetivos e linhas de ação:

> A Secretaria de Articulação com os Sistemas de Ensino (Sase) foi criada em 2011 como uma demanda clara da Conae 2010, que exigia do MEC uma ação mais presente na coordenação do trabalho de instituir o Sistema Nacional de Educação. Tem como função precípua o desenvolvimento de ações para a criação de um Sistema Nacional de Educação — SNE, cujo prazo terminativo se viu consubstanciado no artigo 13 da Lei nº 13.005, de 25 de junho de 2014 (que aprova o Plano Nacional de Educação — PNE e dá outras providências). O SNE, segundo o diploma legal, deverá ser instituído pelo poder público, em lei específica, contados 2 (dois) anos da publicação do PNE.
>
> Neste cenário, a Sase tem contribuído para fortalecer o caminho de construção de consensos ou acordos em torno de temas relativos ao Sistema Nacional de Educação. As iniciativas neste sentido variam desde a inclusão destes temas em fóruns nacionais, regionais e estaduais de diversas organizações que discutem política educacional no Brasil, até o estímulo à produção de estudos acadêmicos sobre o assunto,

> passando também pela ampliação das possibilidades de diálogo e pactuação entre gestores sobre diferentes aspectos e temas importantes para a educação brasileira (cooperação federativa, financiamento, avaliação, planejamento articulado, valorização dos profissionais da educação, fortalecimento das instância colegiadas, gestão democrática, enfim).
>
> Também compete à Sase estimular a colaboração entre os sistemas para que as metas de seus respectivos planos de educação sejam consonantes ao PNE, pela via da constituição de uma Rede de Apoio Técnico Nacional para elaboração ou adequação dos planos de educação (cujo prazo determinado pela lei é de um ano). Trata-se de um passo importante para a construção do Sistema Nacional de Educação, pois ajuda a construir acordos que podem diminuir as lacunas de articulação federativa no campo da política pública. (SASE, s/d, n/p).

Em sua apresentação, na ausência da regulamentação do regime de colaboração e formas de cooperação, observa-se que a Sase/MEC cumpria a função de integrar os entes federados em torno do PNE, atuando com uma política formativa e orientativa a fim de que seus objetivos fossem atingidos. Com essa configuração e objetivos, para orientar e apoiar os entes subnacionais, essa secretaria assumiu um importante papel de interlocução e acompanhamento em rede a fim de que estados, Distrito Federal e municípios cumprissem seus prazos. Tanto o Consed como Undime e a União Nacional dos Conselhos Municipais de Educação (Uncme) se posicionaram como importantes parceiros para a efetivação do artigo 8º da Lei n.º 13.005/2014.

Uma estratégia utilizada pela Sase/MEC foi o lançamento do portal *PNE em Movimento*[41] que disponibilizou cartilhas[42], outros materiais e dados para que os entes subnacionais organizassem suas ações e dessem a fundamentação necessária para o processo. No âmbito dos municípios, as redes de capacitação e monitoramento efetivadas em parceria com a

[41] Além do portal *PNE em Movimento* (http:pne.mec.gov.br), outras iniciativas também se tornaram importantes como os portais *De Olho nos Planos* (http://deolhonosplanos.org.br) e *Observatório do PNE* (http://observatorio-dopne.org.br). O Inep também lançou uma página em seu sítio *Monitoramento do PNE* (http://portal.inep.gov.br/dados/monitoramento-do-pne), em que é possível buscar dados atuais da situação educacional.

[42] Dentre os materiais elaborados pela Sase/MEC, destacam-se os títulos da *Coleção Planejando a Próxima Década: Alinhando os Planos de Educação, Conhecendo as 20 Metas do Plano Nacional de Educação, Construindo indicadores educacionais nos municípios, Caderno de Orientações para Monitoramento e Avaliação dos Planos Municipais de Educação* e *O Plano Municipal de Educação: Caderno de Orientações*. A respeito desse material, ver Oliveira, Nascimento e Militão (2019).

Undime foram fundamentais para que os municípios cumprissem seu papel de elaboração dos PMEs.

A Tabela 3 mostra que a estratégia de interlocução com estados e municípios por meio da Sase/MEC e demais arranjos institucionais cumpriu suas metas, com a universalização da aprovação dos Planos de Educação na forma de lei pela quase totalidade dos estados e municípios brasileiros.

Tabela 3 – Número de Planos de Educação aprovados por região (2019)

REGIÃO	ESTADO		MUNICÍPIO	
	COM LEI PEE	SEM LEI PEE	COM LEI PME	SEM LEI PME
Região Norte	7	-	450	-
Região Nordeste	9	-	1794	-
Região Centro-Oeste*	4	-	466	-
Região Sudeste	3	1	1666	3
Região Sul	3	-	1191	-
TOTAL BRASIL (N.)	**26**	**1**	**5567**	**3**
TOTAL BRASIL (%)	**96,29%**	**3,71%**	**99,95%**	**0,05%**

Nota: * Incluído o Distrito Federal (DF), com seu Plano Distrital de Educação.

Fonte: Alves (2018) [atualizada], a partir de dados disponíveis em: http://pne.mec.gov.br. Acesso em: 4 mar. 2019

Conforme pôde ser constatado nos números do MEC, 96,29% dos estados e 99,95% dos municípios aprovaram seus respectivos planos de educação na forma de lei, ou seja, cumpriram o disposto na Lei n.º 13.005/2014. Quanto ao PEE, segundo essa base de dados, apenas o estado do Rio de Janeiro ainda não aprovou seu plano. Quanto aos municípios, também se confirma o cenário de universalização, pois somente três desses entes não aprovaram seus PMEs, sendo todos do estado de São Paulo: Iaras, Ribeirão Preto e Vargem.

Esses dados da Tabela 3 indicam que o arranjo institucional construído entre os entes federados, por meio da Sase/MEC, Undime, Consed e Uncme, representou em qualitativa evidência de possibilidades para a instituição do regime de colaboração, no sentido de evidenciar característica de um modelo cooperativo de federalismo.

À pesquisa científica compete investigar quais as consequências para as políticas públicas desse processo de universalização: os planos aprovados serão instrumentos de orientação da política educacional ou se configurarão como mais uma carta burocrática de intenções, produzida a mando do MEC? De toda forma, o cenário de universalização de aprovação dos planos de educação contribui para a construção do Sistema Nacional de Educação, demanda estipulada pelas Conaes em 2010 e 2014 e expresso no PNE 2014-2024.

Em toda circunstância, ter um plano de educação é melhor do que não tê-lo, pois representa um movimento, uma definição em relação a prioridades e caminhos para as redes de ensino, em consonância com o Plano Nacional de Educação. Todo um processo educativo e formativo foi instaurado nos municípios, mesmo em que pesem seus limites e contradições. Nesse sentido,

> [...] cabe destacar também que o Brasil viveu um grande movimento com as discussões e proposições dos temas relevantes para as políticas educacionais para longo prazo, sendo estabelecidas em leis, no âmbito de cada território, corroborando a manifestação das necessidades e especificidades locais e, consequentemente, a efetividade do PNE — que é o maior projeto de educação para a nação brasileira. (DOURADO; GROSSI JR; FURTADO, 2016, p. 545).

Logo, é possível inferir que o processo de elaboração dos planos de educação por quase totalidade dos entes federados provocou movimentos, embates e consensos entre sociedade política e sociedade civil no sentido de construir planos, seja como documentos de governo ou, conforme ordenou a Lei n.º 13.005/2014, como documentos de estado. Tais movimentos caminham no sentido de se pensar a educação local e de materializar em lei os anseios sociais para sua melhoria com qualidade socialmente referenciada.

Dar capilaridade aos planos e incorporá-los como epicentros das políticas públicas (DOURADO, 2016b, 2017) constituem desafios para os gestores, dimensionando os planos de governo às metas e às estratégias ora aprovadas em lei e construídas, espera-se, com a participação da sociedade civil e da sociedade política, devendo ser cumprido no contexto da política orçamentária, o disposto no artigo 10 da Lei n.º 13.005/2014:

> Art. 10. O plano plurianual, as diretrizes orçamentárias e os orçamentos anuais da União, dos Estados, do Distrito Federal e dos Municípios serão formulados de maneira a assegurar a consignação de dotações orçamentárias compatíveis com as diretrizes, metas e estratégias deste PNE e com os respectivos planos de educação, a fim de viabilizar sua plena execução. (BRASIL, 2014).

Assim como ao ente nacional, compete aos entes estaduais, distrital e municipais garantirem a implementação dos respectivos planos, compreendendo demandas de monitoramento e avaliação constantes, numa perspectiva ampliada de envolvimento de instâncias da gestão democrática como os Fóruns e Conselhos de Educação, bem como de organismos da sociedade civil nesse processo (estratégia 19.3, PNE 2014-2024). Nesse sentido, um desafio que se impõe é a articulação dos órgãos dos sistemas de ensino que, em tese, agregam representações da sociedade política e da sociedade civil, para transformar metas e estratégias em programas, projetos e ações, voltados a atingir os objetivos educacionais previstos em lei.

Para que o planejamento articulado entre União, estados, DF e municípios ganhe organicidade e êxito, é necessário o cumprimento de duas demandas urgentes que recuperam, de certa forma, o sentido do federalismo desenhado na Constituição de 1988: a instituição do Sistema Nacional de Educação e a regulamentação do regime de colaboração preceituado na CF/1988 e na LDB/1996. Tais demandas devem estar devidamente associadas à ampliação do investimento público em Educação (Meta 20[43]) com a adoção do Custo Aluno-Qualidade Inicial (CAQi) (estratégia 20.6) seguido pelo Custo Aluno-Qualidade (CAQ) (estratégia 20.7), com os devidos aportes financeiros da União a estados e municípios que não conseguirem atingir os valores correspondentes (estratégia 20.10) (BRASIL, 2014).

Acompanhando o movimento de não materialização do PNE 2014-2024 nos prazos estipulados em suas estratégias, é possível inferir que esse plano levou um duro golpe, pois poderá ter inviabilizado a materialização da Meta 20, de atingir 10% de investimento do PIB em Educação. Com a promulgação da Emenda Constitucional n.º 95/2016 (PEC 241/55 — *PEC da Morte*) que estipula o Novo Regime Fiscal, pesquisas como as realizadas por Amaral (2016) apontam para a "morte do PNE". Com a conhecida PEC

[43] "Meta 20 - Ampliar o investimento público em educação pública de forma a atingir, no mínimo, o patamar de 7% (sete por cento) do Produto Interno Bruto - PIB do País no 5o (quinto) ano de vigência desta Lei e, no mínimo, o equivalente a 10% (dez por cento) do PIB ao final do decênio" (BRASIL, 2014a).

do Teto dos Gastos, o autor demonstra por meio de projeções a diminuição vertiginosa dos investimentos públicos em educação nos próximos 20 anos de forma a não atingir as metas constantes sobre financiamento, o que impactará nas demais metas do Plano. Dessa forma, assim como aconteceu com o primeiro plano nacional aprovado em lei, o PNE 2014-2024 sem o devido financiamento pode tornar-se outra "carta de intenções", parafraseando Valente e Romano (2002).

Abre-se, assim, uma importante agenda para as pesquisas relacionadas aos planos de educação, buscando identificar e analisar como o Novo Regime Fiscal/EC 95/2019 poderá impactar no cumprimento das metas dos Planos Nacional, Estaduais e Municipais de Educação, ou seja, como o congelamento das despesas primárias a nível federal poderá implicar o cumprimento das metas e estratégias definidas também em nível estadual e municipal, à medida que restringe os aportes financeiros da União, postas suas atribuições supletivas e redistributivas no contexto do federalismo brasileiro.

Essa estratégia de ajuste fiscal também chegou aos estados por meio de pressão exercida pelo Governo Federal ao exigir, como uma das condicionalidades para o programa de renegociação de suas dívidas, que esses entes subnacionais replicassem a PEC de Teto dos Gastos congelando as despesas primárias por 10 anos, modificando para isso as Constituições estaduais (Lei Complementar n.º 159/2017). Por exemplo, em maio de 2017 a Assembleia Legislativa do Estado de Goiás aprovou a Proposta de Emenda Constitucional do Teto de Gastos Públicos no estado por 10 anos (EC n.º 54/2017)[44].

Com a promulgação da Emenda Constitucional n.º 95/2016, faz-se necessário um olhar mais atento em relação aos planos, pois o controle via congelamento das despesas primárias do Executivo Federal poderá significar a inviabilização do projeto de educação brasileira defendido nas Conferências de Educação e convalidado pelo Congresso Nacional, Assembleias Estaduais e Câmaras Municipais. Sem a ampliação do investimento da União, estados e municípios, de forma a cumprir a Meta 20 e respectivas estratégias, o PNE corre sérios riscos de tornar-se impraticável, por isso, torna-se imperativo a mobilização social pela revogação da EC n.º 95/2016 e das emendas correlatas aprovadas pelos estados.

---

[44] Ver: "PEC que congela gastos do governo de Goiás é aprovada em segunda votação", de 17 de maio de 2017. Disponível em: https://g1.globo.com/goias/noticia/pec-que-congela-gastos-do-governo-de-goias-e-aprovada--em-segunda-votacao.ghtml. Acesso em: 28 maio 2017.

3

A ELABORAÇÃO DOS PLANOS MUNICIPAIS DE EDUCAÇÃO: O CAMPO[45], SUJEITOS, GESTÃO, PARTICIPAÇÃO E PERCEPÇÕES

O conteúdo abordado até então visa contribuir para reforçar a ideia de que os Planos Municipais de Educação se situam num contexto mais amplo, principalmente se considerarmos a adoção do planejamento como ação do estado brasileiro ao passo que recebeu nova configuração após a Constituição Federal de 1988, incluindo os municípios no arranjo federativo como entes autônomos. Nesse sentido, o percurso traçado permite compreender a situação do município planejador em Educação integrado à indução da União, mais especificamente do Ministério da Educação, a fim de se estabelecer linhas consonantes de ação e de descentralização de processos, programas e recursos. Todavia, pesquisas[46] realizadas sobre a política de planejamento, que têm como referência o Plano Nacional de Educação em suas diferentes épocas, evidenciam que essa enquanto ação do estado não tem se dado com a efetividade, eficácia e relevância social prefixadas no texto constitucional.

A partir dessas considerações iniciais, o presente Capítulo tem como objetivo apresentar os resultados da pesquisa empírica realizada nos cinco municípios-campo, mediante os procedimentos investigativos apresentados na Introdução, com o fim de responder à questão-problema que deu origem a este trabalho: como se deu o processo de elaboração dos Planos Municipais de Educação no Estado de Goiás, tomando por referência o artigo 8º da Lei n.º 13.005/2014, na perspectiva do envolvimento de sociedade política e sociedade civil nessa ação?

Os dados coletados via documentos, entrevistas e questionários foram organizados em três eixos temáticos dada a sua diversidade, abrangência e possibilidades de aproximação, que também foram utilizados como

[45] *Campo*, neste trabalho, tem a conotação de espaço físico-geográfico, local onde se realizou a pesquisa. Não abrange, nesse sentido, o conceito atribuído por Bourdieu.

[46] A esse respeito, ver Ferreira e Fonseca (2013) e Souza e Martins (2014).

subtítulos do presente capítulo: a) a estrutura, organização e funcionamento das comissões de elaboração dos PMEs; b) a gestão das comissões e o processo participativo; e c) as percepções dos sujeitos sobre os planos aprovados. Importante salientar que essa divisão não é rígida, pois alguns elementos correspondem a itens que se articulam a esses três temas de forma inter-relacionadas. Antes de adentrar nos dados agrupados nos eixos temáticas, é apresentada a caracterização do campo da pesquisa e o perfil dos sujeitos participantes.

Nessa fase da pesquisa, que assumiu a perspectiva dos métodos mistos por meio de um estudo de caso desenvolvido com um projeto paralelo convergente, os dados qualitativos e quantitativos se encontram para que o objeto seja constituído em sua totalidade. Isso posto, considerando a metodologia adotada de realização de um estudo de caso, cumpre-se o objetivo de descrever e analisar de forma profunda e ampliada esse importante processo de definição de uma agenda para as políticas educacionais nos contextos locais, tomando como ponto de partida o PNE 2014-2024.

3.1 CARACTERIZAÇÃO DO CAMPO E PERFIL DOS SUJEITOS-PARTICIPANTES

De acordo com o exposto na Introdução, foram selecionados cinco municípios para a realização da pesquisa empírica enquanto um estudo de caso desenvolvido na perspectiva de um projeto paralelo convergente de método misto. Para tanto, recorreu-se a vários instrumentos de coleta de dados como a pesquisa documental, a realização de entrevistas semiestruturadas com os coordenadores das comissões de elaboração dos PMEs e de aplicação de questionários mistos aos demais membros participantes desse processo.

Os municípios estão dispostos no estado de Goiás conforme localização identificada na Figura 2.

Figura 2 - Localização dos municípios-campo da pesquisa no estado de Goiás e respectivas mesorregiões

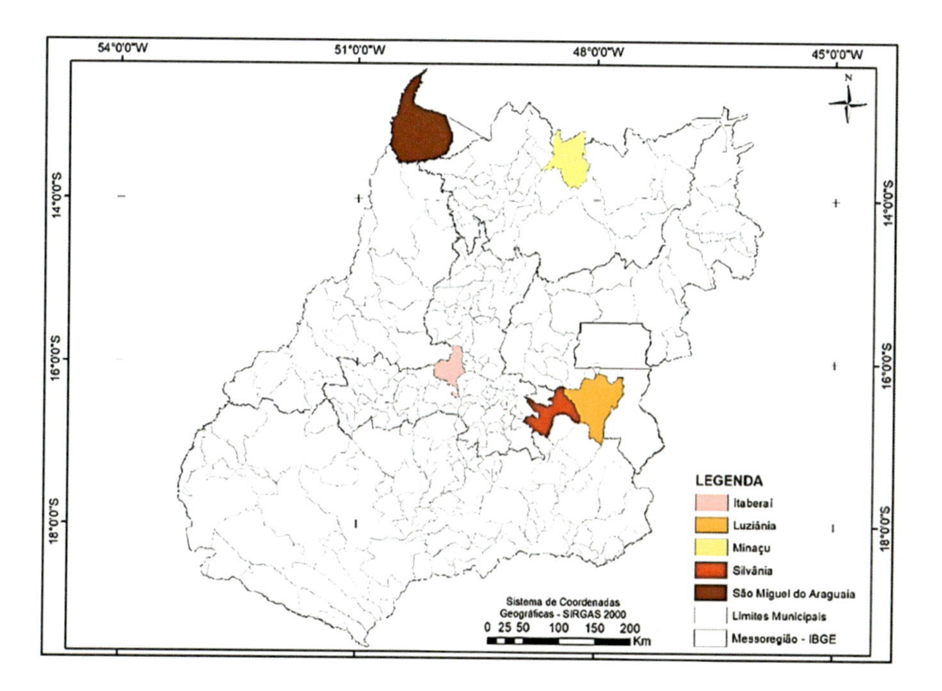

Fonte: elaboração própria

Foram selecionados, de acordo com os critérios apresentados, os seguintes municípios:

a) Minaçu: Mesorregião Norte Goiano;

b) São Miguel do Araguaia: Mesorregião Noroeste Goiano;

c) Itaberaí: Mesorregião Centro Goiano;

d) Luziânia: Mesorregião Leste Goiano;

e) Silvânia: Mesorregião Sul Goiano.

Visando situar o contexto da pesquisa, segue uma síntese da história dos municípios-campo que guardam como similaridades a mineração, a agropecuária e a devoção católica em suas origens, características que se confundem com a própria história do estado de Goiás.

Minaçu teve seus primórdios datados em 1965 a partir de um povoado que tinha relação direta com surgimento do comércio, tendo como primeiro comerciante Benjamin Tavares da Silva, conhecido como Seu Beja. Por causa dele, naquela época o povoado ficou conhecido como Patrimônio do Beja. A ideia de chamar o povoado de Minaçu foi de Carolino Fernandes de Carvalho com base no tupi-guarani que significa "mina grande". Mas o fato é que a palavra "mina" não deriva do tupi-guarani. Assim, é possível que o nome do povoado seja uma composição da palavra "mina", em função da sua principal atividade econômica que é a mineração, e "açu", que é derivado do tupi. A localidade foi elevada à categoria de município com a denominação de Minaçu por meio da Lei Estadual n.º 8.025, de 14 de maio de 1976 (IBGE, 2017; MINAÇU, 2015b).

O Município de São Miguel do Araguaia recebeu essa denominação em homenagem ao rio que banha suas terras e ao santo de devoção. Foi elevado à categoria de município com essa nomenclatura por meio da Lei Estadual n.º 2.137, de 14 de novembro de 1958, desmembrando-o da região do Município de Porangatu. A região teve sua primeira exploração em 1952 com a chegada dos colonizadores José Pereira do Nascimento, Lozorik Belém e Ovídio Martins de Souza, que ali adquiriram uma extensa área de terras dedicando-se à lavoura e à criação de gado. Um dos fatores que despertou a formação do povoado foi o "curandeirismo" implantado por um dos pioneiros, que atraiu numerosas pessoas vindas em busca de cura para seus males físicos e espirituais. Construíram-se as primeiras casas de adobe e pau-a-pique, em lugar dos ranchos primitivos, nas margens do ribeirão São Miguel, denominando-se o povoado Nascente de São Miguel. Tempos depois, o governo estadual determinou a medição e divisão das terras adjacentes ao povoado, que, em lotes iguais, foram adquiridos por fazendeiros do sul do estado de Minas Gerais. O maior impulso ao município foi dado no período de 1960 a 1963, quando milhares de colonos, das mais distantes regiões do país, chegaram para desbravar as matas, formando extensas lavouras e pastagens, incrementando, sobretudo, a pecuária, suporte econômico do município. Atualmente, além do agronegócio como maior fonte de riquezas, o município possui forte fluxo turístico motivado pelas praias do Rio Araguaia formadas no período de estiagem, principalmente no distrito de Luiz Alves (IBGE, 2017; SÃO MIGUEL DO ARAGUAIA, 2015).

A cidade de Itaberaí surgiu no século XVIII, por volta do ano de 1770, nas proximidades da fazenda Palmital. O princípio do arraial foi motivado pela devoção dos roceiros da região que se juntaram e edificaram uma capela em adoração à Nossa Senhora da Abadia. Aos poucos, com a chegada de mais moradores, o arraial, então conhecido por Curralinho, foi se firmando. Por Curralinho a povoação ficou conhecida por mais de século, até que, em 5 de agosto de 1924, por iniciativa do deputado coronel Benedito Pinheiro de Abreu, foi aprovado o projeto de mudança do nome de Curralinho para Itaberahy que significa na língua guarani "Rio das Pedras Brilhantes". Atualmente, o agronegócio é o principal propulsor econômico do município (IBGE, 2017; ITABERAÍ, 2015b).

Deve-se ao paulista Antônio Bueno de Azevedo a primeira penetração no território que constitui hoje o município de Luziânia. Antônio Bueno, em fins de 1746, acompanhado de amigos e inúmeros escravos, partiu da localidade de Paracatu-MG rumo ao noroeste, até alcançar as margens de um rio a que denominou São Bartolomeu, em homenagem ao santo do dia. Ali construiu roças e alguns ranchos. A fundação do povoado se deve à mineração de ouro. Tão intensa foi a mineração, que o arraial recém-fundado contava, em pouco tempo, com uma população de dez mil pessoas, incluindo os escravos. Em fins de 1800, a mineração começou a declinar; assim, muitas famílias foram abandonando o arraial e se fixaram na zona rural, passando a dedicar-se à lavoura e à criação de gado. O arraial foi elevado à vila em 1833, tendo sido instalado solenemente no ano seguinte. Em 1867, a vila passou à categoria de cidade. Por força do Decreto-lei estadual n.º 8.305, de 31 de dezembro de 1943, Santa Luzia passou a denominar-se Luziânia. Por meio da Lei Estadual n.º 4.797, de 7 de dezembro de 1963, Luziânia foi elevado à categoria de município (IBGE, 2017; LUZIÂNIA, 2015b).

A origem do Município de Silvânia, arraial de Bonfim, teve início por volta do ano de 1774, com a descoberta de lavras de ouro na região. Isso atraiu aventureiros de diversas localidades, inclusive da Bahia, os quais trouxeram consigo uma imagem de Nosso Senhor do Bonfim, que deu nome ao arraial que ali surgira. Somente no ano de 1833 o arraial recebeu o título de vila. A vila obteve o foro de cidade em 5 de outubro de 1857. O nome Bonfim foi alterado para Silvânia em 1943, em homenagem à família de Vicente Miguel da Silva que ocupava cargos de grande prestígio na cidade. O nome foi escolhido por meio de um concurso com a comunidade. O município, que faz parte da rota da antiga estrada de ferro, tem como potencial econômico o agronegócio (IBGE, 2017; SILVÂNIA, 2015).

3.1.1 Perfil socioeconômico e educacional dos municípios-campo

Objetivando caracterizar o contexto socioeconômico e educacional dos cinco municípios-campo da pesquisa, seguem tabelas com os indicadores dessas localidades, não tendo a intenção de promover comparações entre eles, mas sim de apresentar o perfil de onde foram coletados os dados da pesquisa.

Na Tabela 4, apresenta-se os dados físicos, demográficos e principais indicadores socioeconômicos.

Tabela 4 - Indicadores físicos, demográficos e socioeconômicos — municípios-CAMPO

MUNICÍPIO	ÁREA (KM2) (2016)	POPULAÇÃO (2016)	PIB (2015) (R$ MIL)	PIB *PER CAPITA* (2015)	IDHM (2010)	IDHM-E (2010)	ÍNDICE DE ALFABETIZAÇÃO (2010)/%
Itaberaí	1.457,28	40.259	1.018.700	25.706	0.719	0.610	90,54
Luziânia	3.961,10	196.864	3.353.547	17.283	0.701	0.602	92,83
Minaçu	2.860,74	30.862	1.552.807	50.041	0.707	0.637	87,76
SMAraguaia	6.148,78	22.706	439.962	19.358	0.664	0.536	88,87
Silvânia	2.345,94	20.357	531.511	26.270	0.709	0.606	92,33

Notas: PIB: Produto Interno Bruto

PIB per capita: considera a distribuição do PIB por número de habitantes.

IDHM: Índice de Desenvolvimento Humano/Munícipio.

IDHM-E: indicador Educação que compõe o IDHM.

Fonte: Instituto Mauro Borges. Perfil Socioeconômico dos Municípios Goianos. Disponível em: http://www.imb.go.gov.br/. Acesso em: 1 maio 2018

Se levarmos em consideração que os municípios goianos são, em sua maioria, de pequeno porte, o campo da pesquisa contempla essa classificação do IBGE, com exceção de Luziânia que é considerado de médio porte. Pelos dados expostos na Tabela 4, pode-se afirmar que não há homogeneidade quanto à caracterização socioeconômica dos municípios-campo, visto os indicadores de área, população e do Produto Interno Bruto (PIB). Quanto ao Índice de Desenvolvimento Humano, há mais proximidade sendo classificados na escala de Alto IDH, com exceção de um município que se localiza na escala Médio IDH, São Miguel do Araguaia. Os dados de alfabetização da população expõem o grande desafio ainda presente na agenda dos municípios, com um índice médio de 9,53% de analfabetismo, o que representa uma forte demanda a ser contemplada nos Planos Municipais de Educação.

Os dados de atendimento educacional, concentrando as matrículas na educação básica pública estadual, pública municipal e privada, por etapa e modalidades estão totalizados na Tabela 5.

Tabela 5 - Quantitativo de matrículas na Educação Básica, municípios-campo (2017)

MUNICÍPIO	N.º DE MATRÍCULAS NA EDUCAÇÃO BÁSICA/GERAL						
	EI	EF 1	EF 2	EM	EJA	E.ESP.	TOTAL
Itaberaí	1.685	2.805	2.466	1.365	249	368	8.938
Luziânia	6.444	17.803	13.300	6.860	2.646	961	48.014
Minaçu	1.104	2.004	1.998	1.187	507	308	7.108
S.M.Araguaia	783	1.592	1.398	772	222	312	5.079
Silvânia	720	1.276	1.277	770	97	175	4.315

Nota: EI — educação infantil (creche e pré-escola); EF 1 — ensino fundamental anos iniciais; EF 2 — ensino fundamental anos finais; EM — ensino médio; EJA — educação de jovens e adultos; E.Esp. — educação especial.

Fonte: Censo Escolar/INEP, 2017. Elaborado a partir de dados gerados no portal QEdu[47]. Disponível em: http://www.qedu.org.br/. Acesso em: 1 maio 2018

Na Tabela 5 consta as matrículas por município e identifica-se contextos distintos, principalmente se tomarmos como referência o atendimento educacional em Luziânia dos demais municípios, dado que está vinculado

[47] A plataforma QEdu, uma *start up* da Fundação Lemann, concentra e disponibiliza, por meio de ferramentas de busca de dados simples e cruzados, estatísticas educacionais para pesquisadores, gestores e educadores, como o Ideb, Prova Brasil, Enem e Censo Escolar. Ao fazer o cadastro no portal, é possível acompanhar os indicadores de estados, municípios ou mesmo de escolas individualizadas.

à própria demografia de cada localidade (Tabela 4). Destaca-se, proporcionalmente, o baixo número de matrículas na Educação de Jovens e Adultos (EJA) se observados os índices demográficos e de analfabetismo.

Outros dados de caracterização do atendimento educacional nos municípios-campo referem-se ao quantitativo de unidades escolares, números de salas e de docentes da Educação Básica.

Tabela 6 - Quantitativo de unidades escolares, número de salas de aula e de docentes da Educação Básica, municípios-campo (2017)

MUNICÍPIO	N.º DE UNIDADES ESCOLARES[1]					N.º SALAS[2]	N.º DOCENTES[2]
	M	E	F	PR	TOTAL		
Itaberaí	13	7	-	3	23	239	352
Luziânia	57	33	1	24	115	1.338	1.720
Minaçu	15	5	-	5	25	270	308
S.M.Araguaia	12	5	-	2	19	161	206
Silvânia	10	3	-	5	18	186	178

Nota: M — Municipal; E — Estadual; F — Federal; Pr — Privado.

Fonte: Censo Escolar/Inep, 2017. (1) Elaborado a partir de dados gerados no portal QEdu. Disponível em: http://www.qedu.org.br/. Acesso em: 1 maio 2018. (2) Instituto Mauro Borges. Perfil Socioeconômico dos Municípios Goianos. Disponível em: http://www.imb.go.gov.br/. Acesso em: 1 maio 2018

Segundo os dados da Tabela 6, os municípios concentram o maior número de unidades escolares em comparação às redes estadual, privada e federal, esta presente apenas em Luziânia. Um dos fatores de expansão das redes municipais deve-se ao processo de municipalização iniciado no final da década de 1990 motivado principalmente pela disputa de recursos do Fundo de Manutenção e Desenvolvimento do Ensino Fundamental e de Valorização do Magistério (Fundef). Com isso, as redes municipais se concentraram no atendimento da educação infantil e anos iniciais do ensino fundamental e a rede estadual com os anos finais dessa etapa mais o ensino médio.

No que se refere à suposta "qualidade" dos serviços educacionais prestados pela rede pública (estadual e municipal) de ensino fundamental verificada por meio do Ideb, os municípios têm superado as metas para os anos iniciais com índices melhores, mas pelos dados dos anos finais, há um aceno para certas dificuldades em cumprir o estabelecido pelos Planos Municipais de Educação, em geral, na Meta 7. Reiteramos que o conceito de qualidade buscado no Ideb não é o conceito defendido neste trabalho, sendo a presença do índice como uma meta do PNE e dos respectivos PMEs um ponto de crítica ao caráter mercadológico incorporado nos documentos.

Tabela 7 - Ideb projetado e observado — Rede Pública, municípios-campo (2015)

MUNICÍPIO	ANOS INICIAIS EF		ANOS FINAIS EF	
	META	OBSERVADO	META	OBSERVADO
Itaberaí	5,6	6,5	5,2	5,1
Luziânia	5,0	5,5	4,2	4,7
Minaçu	5,3	6,0	4,6	4,9
S.M.Araguaia	5,3	6,2	4,4	4,9
Silvânia	5,5	5,8	4,9	4,8

Fonte: Ideb/Inep (2015). Elaborado a partir de dados gerados no portal QEdu. Disponível em: http://www.qedu.org.br/. Acesso em: 1 maio 2018

Os dados socioeconômicos e educacionais das Tabelas 4, 5, 6 e 7 proporcionam uma visão panorâmica do perfil dos municípios-campo, visando localizar o contexto de onde se coletaram os dados que compõem o corpus deste trabalho. Não são municípios com indicadores homogêneos, expressando a diversidade que corresponde ao estado de Goiás e que vem enriquecer a perspectiva enquanto um estudo de caso, considerando que os dados serão apresentados e discutidos, conforme as especificidades de cada item dos questionários, de forma individualizada por munícipio ou totalizada e não comparativa, pois o objetivo é ter uma visão geral e ao mesmo tempo pormenorizada do processo de elaboração dos PMEs no contexto do estado de Goiás e não focalizar em um munícipio em específico.

Embora sejam municípios de características distintas quanto aos indicadores socioeconômicos, físicos e educacionais, trabalhar com eles em bloco ou mesmo de forma individualizada é possível pois, de acordo com o objeto desta pesquisa, há confluência no *modus operandi* quanto aos processos de elaboração dos Planos Municipais de Educação, em virtude dos modelos quase padronizados constituídos institucionalmente entre a Sase/MEC, Undime e municípios, conforme poderá ser identificado nas falas dos sujeitos, documentos e respostas dos questionários explorados mais adiante.

3.1.2 O levantamento de documentos

O primeiro movimento de realização do levantamento documental foi o de localizar e baixar do portal *PNE em Movimento* (http://www.pne.mec.gov.br), mantido pelo Ministério da Educação, os Planos Municipais de Educação dos municípios-campo. Por meio da leitura das leis de aprovação e dos anexos (metas e estratégias) foi possível ter uma primeira dimensão dos movimentos realizados na construção do documento, bem como uma prévia comparação com o PNE 2014-2024, ou seja, de identificar até que ponto a orientação de consonância entre os planos fora levada em sentido estrito.

Em campo, foi estabelecido como objetivo localizar as portarias ou decretos de nomeação das comissões de elaboração do PME, as atas de reuniões, relatórios e qualquer outro documento correlato ao processo, que traga alguma outra informação pertinente ao problema da pesquisa. O contato para localização e disponibilidade dos documentos se deu com os coordenadores das comissões de monitoramento e avaliação do PME, que se tornaram, por razões práticas, os porta-vozes desse processo nos municípios-campo. Nos cinco municípios pesquisados, esses coordenadores trabalham nas Secretarias Municipais de Educação e acumulam outras funções. Em quatro municípios, os coordenadores das comissões de elaboração dos PMEs assumiram, logo após encerrado este trabalho, a direção das comissões de monitoramento e avaliação.

O Quadro 10 sumariza os documentos levantados nos municípios-campo, incorporados ao *corpus* de dados deste trabalho.

Quadro 10 - Documentos levantados na pesquisa de campo

DOCUMENTO	MUNICÍPIO				
	ITABERAÍ	LUZIÂNIA	MINAÇU	SMARAGUAIA	SILVÂNIA
Decreto/Portaria de nomeação	X	X	X		X

DOCUMENTO	MUNICÍPIO				
	ITABERAÍ	LUZIÂNIA	MINAÇU	SMARAGUAIA	SILVÂNIA
Atas das reuniões	X	X	X		
Relatórios					
Lista de presença de audiência pública	X		X	X	
PME – Lei aprovada	X	X	X	X	X
PME – Anexo (metas e estratégias)	X	X	X	X	X

Fonte: quadro elaborado para este estudo a partir de levantamento documental em campo

Para coleta dos documentos algumas dificuldades afetaram as intenções do pesquisador, como o não registro das reuniões em atas, dessa forma apagando significativa memória das discussões e deliberações, como ocorrido em Silvânia. Também foi empecilho a não localização de alguns documentos que se perderam nos processos de substituição de equipes das SMEs em decorrência da mudança dos gestores municipais. Quanto aos documentos disponíveis, não tivemos dificuldades para obter as cópias, ou seja, não foi negado ao pesquisador o acesso a nenhum arquivo ainda existente.

3.1.3 A realização das entrevistas e o perfil dos sujeitos respondentes

Como já mencionado, foram realizadas entrevistas semiestruturadas com os cinco coordenadores das comissões de elaboração dos PMEs. Esses sujeitos foram abordados inicialmente por meio de contato telefônico ou pessoalmente, no caso dos que ainda estavam lotados nas Secretarias Municipais de Educação. Desse contato foi feita a agenda para concessão da entrevista; em alguns casos os sujeitos se disponibilizaram a conceder a entrevista no mesmo momento, sem ressalvas. Não encontramos nenhum tipo de resistência para realização das entrevistas, sendo os sujeitos muito solícitos e atenciosos com o pesquisador. Seguindo os princípios da ética em pesquisa e as normas a que o projeto foi submetido, aos sujeitos foram garantidos o anonimato e o direito de deixar qualquer questão sem resposta ou mesmo de interromper a conversação a qualquer momento. Antes do início das entrevistas, eles assinaram o Termo de Consentimento Livre e Esclarecido (TCLE) e o Termo de Autorização de Gravação de Voz. As entrevistas foram gravadas e transcritas num momento posterior.

Na Tabela 8 apresenta-se o perfil dos sujeitos entrevistados, sendo um total de cinco, um em cada município-campo.

Tabela 8 - Perfil dos coordenadores das comissões de elaboração do PME, municípios--campo (2018)

VARIÁVEIS	TOTAL POPULAÇÃO N = 5	
	N.º	%
Sexo		
Feminino	3	60,0
Masculino	2	40,0
Idade		
De 25 a 35 anos	1	20,0
De 35 a 45 anos	1	20,0
Acima de 45 anos	3	60,0
Profissão		
Professor(a)	4	80,0
Funcionário(a) Público	1	20,0
Função		
Técnico(a) da Secretaria Municipal de Educação	2	40,0
Coordenador(a) de Programas	2	40,0
Professor(a)	1	20,0
Tempo de serviço		
De 1 a 10 anos	1	20,0
De 11 a 20 anos	2	40,0
De 21 a 30 anos	2	40,0
Escolaridade		
Especialização	4	80,0
Mestrado	1	20,0
Segmento que representou na Comissão de Elaboração do PME		
Secretaria Municipal de Educação	4	80,0
Servidores Administrativos da SME	1	20,0

VARIÁVEIS	TOTAL POPULAÇÃO N = 5	
	N.º	%
Tempo de vínculo com o segmento		
Menos de 2 anos	1	20,0
Mais de 6 anos	4	80,0
Outras experiências de planejamento*		
Projeto Político-Pedagógico (PPP)	3	27,3
Plano de Desenvolvimento da Escola (PDE-Escola)	2	18,2
PME na vigência do PNE 2001-2010	2	18,2
Planejamento Estratégico da SME (PES)	1	9,0
Plano de Ações Articuladas (PAR)	3	27,3
Forma de convite para participação na Comissão		
Indicação direta do dirigente municipal de educação	2	40,0
Indicação feita pela chefia imediata	3	60,0
Motivos para participação na Comissão*		
Por atribuição da chefia imediata	4	40,0
Devido à experiência em planejamento e gestão	2	20,0
Por querer contribuir com a educação do município	1	10,0
Para aprender mais sobre gestão e planejamento	1	10,0
Por ser trabalhador da educação	2	20,0

Nota: * Nesta questão o respondente poderia marcar mais de uma opção, motivo pelo qual o valor total supera 5.

Fonte: tabela elaborada para este estudo

As direções das comissões foram ocupadas por três mulheres e dois homens, sendo a maioria (três sujeitos) acima dos 45 anos de idade e com mais de 10 anos de serviço. Quatro se classificaram na profissão de *professor* e um como *funcionário público*, quatro estando vinculados à Secretaria Municipal de Educação enquanto técnicos ou coordenadores de programas. Um dos coordenadores retornou à sala de aula para atividades de docência. Quatro sujeitos possuem escolaridade em nível de especialização e um sujeito possui título de mestre.

Quanto ao segmento que representou na comissão de elaboração do PME, quatro disseram terem sido designados pela SME e um afirmou ser representante dos servidores administrativos, mas também vinculado à Secretaria. Ou seja, todos os coordenadores das comissões estavam vinculados à sociedade política, e esse dado pode indicar muito sobre o processo de condução dos trabalhos, bem como os vieses possíveis nas falas concedidas nas entrevistas. Na análise das entrevistas é preciso atenção a esse fator, pois, "nem tudo o que o informante diz deve ser tomado como 'verdade'; trata-se da verdade dele, do ponto de vista dele, que precisa ser confrontado com outros olhares e com a prática observada no campo pelo pesquisador" (DUARTE, 2004, p. 223).

Os sujeitos possuem em seus currículos considerável experiência quanto aos instrumentos de planejamento que convencionalmente são pautados nos Sistemas Municipais de Ensino, como o PPP e o PAR, ambos com 27,3% de menções. A experiência anterior de elaboração do PME na vigência do PNE 2001-2010 foi mencionada em 18,2% dos casos. Levando-se em consideração esses índices e tempo de serviço e de vínculo com o segmento e a formação dos sujeitos, pode-se afirmar que a condução dos trabalhos das comissões foi entregue a profissionais experientes.

Dois sujeitos foram designados pela chefia imediata (diretor de departamento) para fazer parte da comissão e os outros três assumiram a função por indicação direta do dirigente municipal de educação. Há de se questionar os princípios democráticos no que se refere aos motivos para participação nas comissões, pois houve uma incidência de 40% para a variável "por atribuição da chefia imediata", ou seja, sendo essa a principal razão. A experiência com planejamento e gestão e por ser trabalhador da educação pontuaram em 20% cada como motivos importantes que levaram os sujeitos a assumirem a atribuição de coordenação das comissões de elaboração dos PMEs.

Conforme os parâmetros da ética em pesquisa, os sujeitos que concederam as entrevistas tiveram sua identidade preservada, sendo nomeados aleatoriamente de Coordenador 1, Coordenador 2, Coordenador 3, Coordenador 4 e Coordenador 5. Esta ordem numérica não guarda relação com a sequência em que os municípios são listados nos quadros, tabelas e gráficos.

3.1.4 O perfil dos sujeitos respondentes dos questionários

Os sujeitos que responderam aos questionários foram selecionados a partir da identificação de sua participação nas comissões de elaboração do

PME nos municípios-campo, tomando como ponto de partida os decretos/portarias de nomeação para esses órgãos. Como critérios de inclusão de sujeitos na amostra, considerou-se ser indivíduo nomeado via decreto/portaria que tenha participado de pelo menos três reuniões da comissão e o indivíduo não nomeado, mas que participou ativamente do processo de elaboração dos planos. Como critério de exclusão, considerou-se o indivíduo nomeado via decreto/portaria, mas que não participou ativamente do processo, não foi a nenhuma reunião ou foi infrequente. Para confirmação da identificação desses sujeitos, procedeu-se também à análise das frequências das atas das reuniões (quando localizadas) e da indicação ou menção feita pelos coordenadores das comissões de elaboração. Na Tabela 9 constam as informações do número de questionários entregues e recolhidos.

Tabela 9 - Quantificação de participantes na comissão de elaboração do PME nomeados e efetivos e alcance da pesquisa com questionários — número da amostra da pesquisa

MUNICÍPIO	N.º SUJEITOS NOMEADOS NO DECRETO1	N.º SUJEITOS EFETIVOS NA COMISSÃO2	N.º QUESTIONÁRIOS ENTREGUES	N.º QUESTIONÁRIOS RECOLHIDOS	% N.º QUESTIONÁRIOS RECOLHIDOS / N.º SUJEITOS EFETIVOS
Itaberaí	37	15 (14 + 1)[3]	12	12	80,0
Luziânia	18	9 (6 + 3)[3]	8	8	88,8
Minaçu	10	8 (7 + 1)[3]	8	6	75,0
São Miguel do Araguaia	6	6	6	6	100,0
Silvânia	22	10	10	10	100,0
TOTAL	**93**	**48**	**44**	**42**	**87,5**

Fontes: (1) Itaberaí (2015a); Luziânia (2015a); Minaçu (2015a); São Miguel do Araguaia (2014); Silvânia (2014). (2) Atas e frequências das reuniões das comissões de elaboração do PME; registros e indicações dos coordenadores das comissões de elaboração do PME. (3) Número formado por (sujeitos nomeados via decreto + sujeitos não nomeados, mas que participaram ativamente dos trabalhos da comissão de elaboração do PME)

Conforme dados da Tabela 9, a pesquisa por meio dos questionários atingiu uma amostra de 42 sujeitos (n = 42) do universo de 48 indivíduos com participação efetiva nas comissões de elaboração do PME, um percentual geral de 87,5%. Dos 44 questionários entregues, apenas dois não foram devolvidos ao pesquisador. Quatro sujeitos não foram localizados, ou mudaram ou não estavam na cidade durante o período de coleta dos dados. Considerou-se para composição dessa amostra o número de sujeitos realmente ativos nas comissões e não o número de sujeitos nomeados via decreto ou portaria (N = 93). Os dados iniciais indicam uma pluralidade numérica quanto à composição das comissões, havendo município com um total de 37 membros indicados e outro com um reduzido número de seis integrantes. Se levarmos em consideração apenas os sujeitos que participaram ativamente do processo de produção dos PMEs (n = 48) em relação ao número total de sujeitos nomeados (N = 93), o índice de participação foi de 51,6%.

O contato com os sujeitos deu-se por meio de telefone, aplicativo de mensagem instantânea e visita ao local de trabalho. O questionário foi entregue e recolhido com o prazo de um ou dois dias, dependendo da solicitação do participante e sua disponibilidade de tempo para responder ao instrumento. Também foi solicitada a assinatura do TCLE, indicando os direitos do participante principalmente quanto ao anonimato e de deixar sem resposta qualquer questão que porventura gerasse constrangimento. Utilizando-se critério semelhante ao das entrevistas, os sujeitos que responderam ao questionário não foram identificados por nomes, sendo todos numerados em ordem sequencial.

Na Tabela 10, a seguir, apresenta-se o perfil dos sujeitos que participaram desta fase quantitativa.

Tabela 10 - Perfil dos membros das comissões de elaboração do PME, municípios--campo (2018)

VARIÁVEIS	TOTAL POPULAÇÃO (N = 42)	
	N.º	%
Sexo		
Feminino	37	88,1
Masculino	5	11,9
Idade		
De 25 a 35 anos	3	7,1
De 35 a 45 anos	18	42,9
Acima de 45 anos	21	50,0
Profissão		
Professor(a)	39	92,8
Funcionário(a) Público	2	4,8
Não respondeu	1	2,4
Escolaridade		
Graduação	2	4,8
Especialização	36	85,7
Mestrado	4	9,5
Função*		
Laboratorista	1	2,3
Gestor(a)/diretor(a) de unidade escolar	9	20,9
Coordenador(a) pedagógico(a) de unidade escolar	7	16,3
Professor(a) regente	13	30,2
Diretor(a) de programas da SME	8	18,6
Presidente de CME	1	2,3
Presidente de sindicato	1	2,3
Secretário(a) municipal de educação	1	2,3
Vereador(a)	1	2,3
Não respondeu	1	2,3
Tempo de serviço		
1 a 5 anos	1	2,4
6 a 10 anos	3	7,1

VARIÁVEIS	TOTAL POPULAÇÃO (N = 42)	
	N.º	%
11 a 15 anos	6	14,3
16 a 20 anos	13	31,0
21 a 25 anos	13	31,0
Acima de 26 anos	3	7,1
Não respondeu	3	7,1
Segmento que representou na Comissão de Elaboração do PME*		
Sindicato	3	6,7
Conselho Municipal de Educação	7	15,6
Professores da RME	5	11,1
Servidores Administrativos	2	4,4
Universidade/ensino superior	1	2,2
Organizações sociais	2	4,4
Diretores de escolas	7	15,6
Coordenação Regional de Educação	3	6,7
Secretaria Municipal de Educação	14	31,1
Outro: CMACS/Fundeb	1	2,2
Tempo de vínculo com o segmento		
Menos de dois anos	7	16,7
De dois a quatro anos	10	23,8
De quatro a seis anos	10	23,8
Mais de seis anos	15	35,7
Outras experiências de planejamento*		
Elaboração do projeto político-pedagógico (PPP)	36	33,0
Elaboração do plano de desenvolvimento institucional (PDI)	3	2,8
PDE-Escola (Plano de Desenvolvimento da Escola)	28	25,7
Plano Municipal de Educação na vigência do PNE 2001-2010	14	12,8
PES-SME (Planejamento Estratégico da Secr. Mul. de Educação)	7	6,4
PAR (Plano de Ações Articuladas)	17	15,6
Outro: Estatuto e Plano de Carreira do Magistério	2	1,8

VARIÁVEIS	TOTAL POPULAÇÃO (N = 42)	
	N.º	%
Forma de convite para participação na Comissão		
Convite por meio de contato direto feito pela SME	12	28,6
Indicação do segmento, feita pela chefia imediata	15	35,7
Indicação do segmento, feita por eleição entre os pares	13	31,0
Indicação de outro segmento	1	2,4
Outro	1	2,4
Motivos para participação na Comissão*		
Por atribuição delegada pela chefia imediata	12	21,4
Devido minha experiência com planejamento educacional e gestão	6	10,7
Por querer contribuir com a Educação no município	21	37,5
Para aprender mais sobre gestão e planejamento educacional	7	12,5
Por ser trabalhador(a) da educação	10	17,9

Nota: * Nesta questão o respondente poderia marcar mais de uma opção, motivo pelo qual o valor total supera 42.

Fonte: tabela elaborada para este estudo

No que se refere ao perfil dos sujeitos respondentes dos questionários, constata-se que foi um público majoritariamente feminino, com 88,1% dos casos, o que coincide com a realidade da educação infantil e anos iniciais do ensino fundamental, em que as mulheres são maioria e se concentra a maior parte do atendimento das RMEs. Também pode ser considerado como um público experiente, visto que 92,9% têm acima de 35 anos de idade e 69,1% têm acima de 16 anos de serviço.

Quanto à profissão, 92,8% são professores, o que pode ser problematizado quando é colocada a questão da pluralidade na composição das comissões de elaboração do PME. Os participantes exercem a função de professor regente (30,2%), gestor/diretor de unidade escolar (20,9%), diretor/coordenador de programas da SME (18,6%), coordenador pedagógico de unidade escolar (16,3%); também abrangeu um sujeito na função de laboratorista, de secretário municipal de educação, de presidente do Conselho Municipal de Educação e de presidente do sindicato docente. No que se refere à escolaridade máxima concluída, 85,7% possuem curso de especialização, 9,5% curso de mestrado e 4,8% apenas curso de graduação.

Vários segmentos foram representados nas comissões de elaboração dos PMEs, com um considerável peso para a sociedade política, sendo está composta por 31,1% de representantes das Secretarias Municipais de Educação mais 6,7% de indicados pelas Coordenações Regionais Estaduais de Educação (Crece). A sociedade civil se fez representar na amostra por meio dos conselhos (17,8%), diretores de escolas (15,6%), professores da rede municipal de ensino (11,1%), membros dos sindicatos (6,7%), servidores administrativos (4,4%), organizações sociais (4,4) e ensino superior (2,2%). Considerando os dados anteriores, mesmo havendo uma variedade de segmentos, pode-se constatar que grande parte dos indicados era da profissão de professor. A maioria dos representantes possuía mais de 6 anos de vínculo com o segmento representado (35,7%), com 2 a 4 anos e de 4 a 6 anos foram 23,8% de membros, respectivamente, e 16,7% possuíam menos de 2 anos de vinculação com o segmento. Tal dado reforça a tese de escolha de pessoas experientes para participação nos trabalhos de elaboração dos Planos Municipais de Educação.

Esse dado vai ao encontro das experiências de planejamento educacional que os sujeitos possuíam à época, sendo a elaboração do PPP destacado em 33,0% seguido pelo PDE-Escola com 25,7% de incidência. Tais índices coincidem com os dados sobre profissão e função visto que os sujeitos professores e gestores escolares são um número muito representativo nessa amostra. O PAR foi destacado em 15,6% seguido pela experiência de 14 sujeitos (12,8%) na elaboração do primeiro PME do município, durante a vigência do PNE 2001-2010. Para dois sujeitos (2,8%), a experiência de elaboração do PME 2015 foi a primeira no campo do planejamento educacional. Salienta-se que os cinco municípios-campo elaboraram o primeiro PME na vigência do PNE 2001-2010. Apenas dois sujeitos (2,8%) tiveram a elaboração do PME como a primeira experiência no campo do planejamento educacional.

Quase um terço dos membros foi indicado pelos segmentos com eleição entre os pares para integrarem às comissões de elaboração dos PMES (31,0%). Todavia, 64,3% receberam a incumbência feita de forma verticalizada, sendo 28,6% por meio de contato direto realizado pela SME e

35,7% por delegação da chefia imediata do departamento onde trabalhavam. Essa configuração das formas de indicação pode revelar traços patrimonialistas presentes na administração desses setores, preponderando a vontade dos dirigentes a despeito de processos democráticos de indicação. Esses dados apresentam certa consonância ao levarmos em evidência o número expressivo de sujeitos que representam a sociedade política, sendo 37,8% dos sujeitos-participantes, e, ainda, levando-se em consideração que entre os motivos para participação na comissão, 21,4% destacaram ser por atribuição da chefia imediata. Mas, entre os motivos apresentados no questionário, o fator de querer contribuir com a Educação no município foi mencionado em 37,5% dos casos, por ser trabalhador da educação com 17,9% de incidência, para aprender mais sobre gestão e planejamento educacional em 12,5% e devido à experiência acumulada com planejamento educacional em 10,7% dos casos.

Em síntese, no que tange ao perfil dos participantes que responderam ao questionário, pode-se destacar a concentração dos trabalhos nas mãos dos trabalhadores em educação, mais especificamente dos professores exercendo diversas funções ligadas diretamente à profissão, seja nas unidades escolares, seja nos órgãos de governo como a SME e coordenações estaduais regionais e em outras entidades como sindicatos e conselhos.

3.2 TRABALHO TÉCNICO: FORMAÇÃO DAS COMISSÕES, ORGANIZAÇÃO E EFETIVAÇÃO DO TRABALHO

Este primeiro eixo temático cumpre a função de abarcar os movimentos e ações antes e durante o processo de elaboração dos PMEs, como a designação e composição das comissões, a formação dos sujeitos, as influências externas, a organização do trabalho e dinâmicas adotadas para tomada de decisões e outros, dialogando, inclusive, com conteúdos também presentes nos próximos eixos, sobre participação e gestão e a percepção dos sujeitos sobre o produto final de seu trabalho: o PME aprovado.

3.2.1 A composição das comissões de elaboração dos PMEs: ocupação dos espaços por representantes da sociedade política e da sociedade civil

O PNE 2014-2024 foi mais específico quanto à competência dos municípios na elaboração dos seus respectivos PMEs do que o Plano anterior, determinando, primeiro, que os entes subnacionais teriam o prazo de um ano para realização dessa demanda e, segundo, que o processo contasse com ampla participação da comunidade educacional e da sociedade civil(artigo 8º, § 2º). É importante destacar a diferença de compreensão do conceito de sociedade civil adotado na Lei n.º 13.005/2014 e na concepção teórica deste trabalho. Enquanto na Lei é feita a distinção entre sociedade civil e comunidade educacional (gestores escolares, servidores administrativos e docentes das escolas, pais, alunos), no presente livro entende-se que a comunidade escolar não está dissociada da sociedade civil, mas faz parte dessa. Essa separação também está presente na fala dos sujeitos entrevistados e dos respondentes dos questionários, compreensão que é senso comum ao se identificar a sociedade civil como algo externo à escola. Nesse sentido, convém retomar o conceito de sociedade civil em Gramsci (2007), entendendo-a como um todo formado por plurais grupos de interesse que, por meio da construção de consensos, tentam impor para todo estado sua hegemonia. Logo, a escola se situa como um dos aparelhos de hegemonia, fazendo parte da sociedade civil. Percebê-la como algo externo à sociedade civil pode trazer implicações na postura dos agentes dessa instituição, no caso, envolvidos no processo de elaboração dos PMEs, principalmente se colocarmos esses sujeitos nos contextos patrimonialistas que ainda regem muitos municípios.

Para cumprimento do dispositivo legal, os materiais produzidos pelo Ministério da Educação, como a Coleção *Planejando* a Próxima Década, se propunham a orientar os municípios desde a apresentação do Plano Nacional, conhecer suas diretrizes, metas e estratégias, até propostas para a organização interna para execução da tarefa dentro do prazo estipulado. Para tanto, em parceria entre Sase/MEC, Undime e Secretarias de Estado da Educação, foi desenvolvida uma rede de assistência técnica para dar suporte aos municípios, com a delegação regional entre consultores que tinham como principal atribuição assessorar as equipes técnicas municipais.

Umas das primeiras medidas desse arranjo institucional foi orientar sobre a formação das comissões locais que assumiriam a incumbência de elaboração dos Planos Municipais, observando o disposto no artigo 8º da Lei n.º 13.005/2014. Apesar de o PNE ter sido aprovado em junho de 2014, a rede de assistência técnica iniciou efetivamente seus trabalhos no final daquele ano, sendo que muitos municípios só realizaram as primeiras ações a partir do ano de 2015, a exemplo de três municípios que compõem a amostra desta pesquisa.

A portaria e os decretos de designação das comissões coletados nos municípios-campo cumprem o papel de delegar a um grupo seleto o trabalho de coordenar e sistematizar os trabalhos de produção dos PMEs, estipulando os diversos segmentos para sua composição. De acordo com tais documentos, as comissões deveriam ter a configuração apresentada na Tabela 11.

Tabela 11 - Composição das comissões de elaboração do PME nos munícipios-campo, conforme atos formais de nomeação: portaria e decretos[48]

	SEGMENTOS	ITABERAÍ	MINAÇU	LUZIÂNIA	SILVÂNIA	SÃO MIGUEL DO ARAGUAIA	TOTAL POR SEGMENTO
Sociedade Política	SME	*	4	6	4	4	18
	Executivo	-	1	-	-	-	1
	Legislativo	1	1	1	3	-	6
	Judiciário	-	-	-	-	-	-
	Ministério Público	1	-	-	-	-	1
	Outras secretarias	3	-	-	1	-	4
	Crece	1	-	1	1	-	3
	Subtotal 1	**6**	**6**	**8**	**9**	**4**	**33**

[48] Em São Miguel do Araguaia, os membros da comissão foram oficializados por meio de Portaria baixada pela secretária municipal de educação. Nos outros quatro municípios, utilizou-se como documento de designação um Decreto assinado pelo prefeito.

	SEGMENTOS	ITABERAÍ	MINAÇU	LUZIÂNIA	SILVÂNIA	SÃO MIGUEL DO ARAGUAIA	TOTAL POR SEGMENTO
Sociedade Civil	CME	1	1	1	1	2	6
	Outros conselhos	5	-	-	1	-	6
	FME	1	-	-	-	-	1
	Esc. Municipais	11	2	2	3	-	18
	Esc. Estaduais	-	-	-	1	-	1
	Esc. Privadas	2	-	2	-	-	4
	Ens. Superior	3	-	1	1	-	5
	Organ. sociais	3	-	1	1	-	5
	Entid. Comerciais	1	-	-	-	-	1
	Entid. religiosas	3	-	-	-	-	3
	Sindicato	2	1	1	2	-	6
	Pais	-	-	1	2	-	3
	Subtotal 2	**31**	**4**	**10**	**13**	**2**	**60**

Nota: * Não consta no decreto de Itaberaí representação da SME na comissão. Foi formada uma equipe técnica de membros da SME que coordenava os trabalhos da comissão, sendo essa de caráter mais ampliado.

Fonte: elaboração própria a partir de Itaberaí (2015a), Luziânia (2015a), Minaçu (2015a), São Miguel do Araguaia (2014) e Silvânia (2014)

A Tabela 11 nos permite visualizar a intenção dos Executivos ao estipular a composição das comissões de elaboração dos PMEs. Para fins metodológicos, de acordo com a compreensão teórica adotada quanto à dimensão do estado em sentido integral, optou-se por seccionar os segmentos entre as instituições que, em tese, representam a sociedade política e a sociedade civil, objetivando-se ter uma melhor visualização da ocupação dos espaços por ambas e compatibilizar com o que prevê o § 2º do artigo 8º da Lei n.º 13.005/2014. É pertinente citar novamente Gramsci (2007) para salientar que a distinção entre sociedade civil e sociedade política trata-se de um recurso metodológico para análise dos estados, pois, na realidade concreta, o estado corresponde a um todo orgânico, em que sociedade política e sociedade civil estão dialeticamente integradas.

No que se refere aos segmentos vinculados à sociedade política, cumpre destacar importantes ausências, como a representação delegada pelo Executivo (Administração Central) e de outros poderes, bem como de outras secretarias. Tais ausências foram sentidas no decorrer do trabalho, conforme poderá ser visto mais adiante nas falas de alguns coordenadores. A Tabela 11 expõe que a Secretaria Municipal de Educação foi o segmento com maior representação proporcional na maioria dos municípios. Esse órgão executivo indicava diversos sujeitos para composição das comissões, ocupando destacada posição hegemônica. Com exceção de Itaberaí, cujos representantes compuseram uma equipe técnica diretiva que não contou com designação formal, nos demais casos da amostra há preponderância dos membros das SMEs nas comissões em comparação aos outros segmentos listados, inclusive, sendo seus respectivos coordenadores vinculados a esse segmento, logo, à sociedade política.

Quanto às instituições que se integram à sociedade civil, a presença de destaque refere-se a representantes das escolas municipais, sendo que 30% das vagas disponíveis foram destinadas a professores, diretores e servidores administrativos. Adotando-se a máxima de que o PME é um plano para o município e não exclusivo à RME, abrangendo todos os níveis, etapas e modalidades, os documentos de designação em questão indicam ausências ou pouca representatividade de segmentos significativos como das escolas de educação básica das redes estadual e privada, do ensino superior e, principalmente, de pais e alunos e de outros segmentos sociais não vinculados diretamente à Educação.

Quanto ao número total de membros nos municípios, temos um quadro muito diversificado, contando com uma comissão muito ampla, no caso de Itaberaí com 37 membros, em detrimento a uma comissão muito restrita, como no caso de São Miguel do Araguaia, com apenas seis membros, abrangendo apenas dois segmentos: SME e CME.

Considerando a composição das comissões estabelecidas nos documentos legais, a dissociação metodológica entre sociedade política e sociedade civil pode ser melhor visualizada no Gráfico 1.

Gráfico 1 - Composição das comissões de elaboração dos PMEs, segundo os atos formais: representação da sociedade política e da sociedade civil (%)

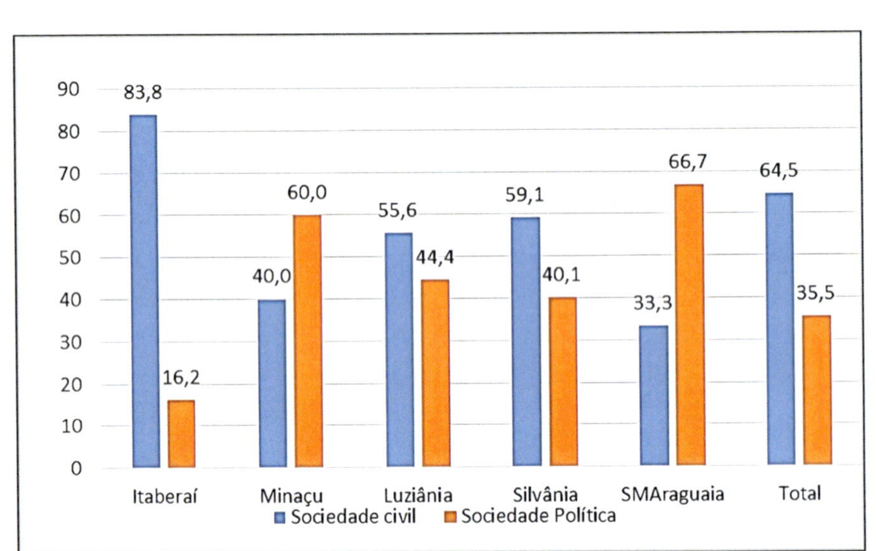

Fonte: elaboração própria a partir de Itaberaí (2015a), Luziânia (2015a), Minaçu (2015a), São Miguel do Araguaia (2014) e Silvânia (2014)

A leitura do Gráfico 1 permite visualizar de forma mais ilustrativa a heterogeneidade das comissões quanto à sua composição prevista nos documentos legais. Enquanto se previu forte predomínio da sociedade civil como no caso de Itaberaí, que pode-se indicar uma maior consonância com o disposto no artigo 8º da Lei n.º 13.005/2014, em Minaçu e em São Miguel do Araguaia essa tendência se inverte, havendo, pois, prevalência da sociedade política na composição das comissões, segundo os decretos e portaria de designação.

Em termos totais, considerando os cinco municípios-campo, os atos formais incluíram mais segmentos vinculados à sociedade civil (64,5%), o que é um indicador relevante ao se pensar o processo de elaboração de um plano que venha a se configurar como uma política de estado, e não simplesmente a uma política de governo, trazendo, assim, o espírito de formulação participativa que arraigou-se tanto nos processos das conferências de educação, quanto da própria tramitação do PNE no Congresso Nacional. Política de estado que se torne perene em relação aos governos, como produto das disputas, consensos possíveis, pactuações e contradições presentes nos grupos que compõem as sociedades contemporâneas (CUETO; GUARDAMAGNA, 2012). Estado em sentido ampliado, como junção dialética entre sociedade civil e sociedade política, na concepção de Gramsci (2007), que se configura em uma concepção de mundo que se sustenta tanto na coerção quanto na hegemonia de grupos dirigentes e dominantes sobre grupos subalternos.

Todavia, conforme sinalizado, os decretos e a portaria que cuidaram da composição exposta na Tabela 11 e no Gráfico 1 ficaram no campo das intenções, pois na dinâmica prática do desenvolvimento dos trabalhos as comissões foram sendo reconfiguradas, seja devido ao não comparecimento de muitos atores, seja pela inclusão de outros, ou mesmo das dinâmicas escolhidas para realização dos trabalhos. Nesse sentido, a partir dos questionários respondidos, das atas das reuniões e das entrevistas realizadas, foi possível delinear a composição que de fato se deu no âmbito das comissões, consolidada na Tabela 12.

Tabela 12 - Composição das comissões de elaboração do PME nos munícipios-campo, conforme participação efetiva dos sujeitos*

	SEGMENTOS	ITA-BERAÍ	MI-NAÇU	LUZIÂ-NIA	SILVÂ-NIA	SÃO MI-GUEL DO ARA-GUAIA	TOTAL POR SEG-MEN-TO
Sociedade Política	SME	3	4	4	3	4	18
	Executivo	-	-	-	-	-	-
	Legislativo	-	-	-	-	-	-
	Judiciário	-	-	-	-	-	-
	Ministério Público	-	-	-	-	-	-
	Outras secretarias	-	-	-	-	-	-
	Crece	1	-	1	1	-	3
	Subtotal 1	**4**	**4**	**5**	**4**	**4**	**21**
Sociedade Civil	CME	1	1	2	1	2	7
	Outros conselhos	1	-	-	-	-	1
	FME	-	-	-	-	-	-
	Esc. Municipais	7	2	2	2	-	13
	Esc. Estaduais	-	-	-	-	-	-
	Esc. Privadas	-	-	-	-	-	-
	Ens. Superior	-	1	-	-	-	1
	Organ. sociais	2	-	-	-	-	2
	Entid. comerciais	-	-	-	-	-	-
	Entid. religiosas	-	-	-	-	-	-
	Sindicato	-	-	-	3	-	3
	Pais	-	-	-	-	-	-
	Subtotal 2	**11**	**4**	**4**	**6**	**2**	**27**
Total por Município		**15**	**8**	**9**	**10**	**6**	**48**

Nota: * Incluídos todos os sujeitos, inclusive aqueles que não participaram da pesquisa, cujos segmentos foram identificados via atas e com a ajuda dos coordenadores das comissões.

Fonte: elaboração própria, de acordo com as atas das reuniões, dos questionários e entrevistas

Os dados que compõem a Tabela 12, em comparação com a Tabela 11, representam um exemplo claro quanto a não linearidade entre o campo da proposição e o campo da materialização, para usarmos as palavras de Dourado (2011; 2017), ou seja, as comissões que foram pensadas nos decretos e portaria não se efetivaram enquanto tal, mas, no decorrer dos trabalhos, foram assumindo uma nova composição, exceto o caso de São Miguel do Araguaia. O caso de Itaberaí é emblemático ao observarmos a intenção de uma comissão com 37 membros, mas que nos trâmites dos trabalhos se consolidou em 15 sujeitos, podendo refletir num contexto de dificuldades de mobilização. Em Luziânia percebe-se a diminuição de 50% entre o pretendido com o decreto e a composição que de fato executou a elaboração do PME. Em Silvânia, da comissão formada por 22 membros, apenas dez efetivamente participaram para cumprir a atribuição designada. São Miguel do Araguaia destoou dos demais municípios, pois a enxuta comissão com seis membros designados foi a mesma que permaneceu para a elaboração do PME.

Os dados das Tabelas 12 vão ao encontro da constatação das dificuldades em mobilizar os sujeitos e seus diversos segmentos para o processo de elaboração dos PMEs, haja vista que muitos se ausentaram, provocando nas comissões prejuízos quanto à representatividade e à pluralidade. Essas ausências foram mais marcantes em relação aos segmentos vinculados à sociedade civil, conforme será discutido posteriormente. Logo, é possível constatar uma baixa adesão da sociedade civil, o que é mais evidente ao se analisar a representação de outros grupos não vinculados à RME. Essa não participação pode guardar uma relação com o patrimonialismo que se faz presente nos municípios, como um fator que desestimula e desencoraja o envolvimento de diversos segmentos, principalmente daqueles que compõem o todo da sociedade civil.

Há de se destacar, conforme foi evidenciado nas entrevistas com os coordenadores, que não havia um rigor regimental em que só se atribuía direito à fala e voto aos membros legalmente designados, mas sim a todos os presentes participantes nos diversos momentos de discussão e definições. Muitos indivíduos oficialmente designados não compareceram no decorrer dos trabalhos, o que levou à necessidade e tentativas de substituições não oficiais. Outro aspecto é que as comissões se ocupavam muito das ações de proposição a partir de um documento-base e sistematização, ficando as discussões abertas aos demais sujeitos participantes, de acordo com a dinâmica de trabalho adotada em cada localidade.

Os dados da Tabela 12 confirmam uma forte presença de representantes das SMEs, enquanto sociedade política, que ocuparam 37,5% de todas as vagas efetivas. À exceção da Crece, os outros segmentos da sociedade política não se consolidaram com participações efetivas, o que pode trazer implicações substantivas nos momentos de implementação dos PMEs, na perspectiva assumida desses documentos enquanto política de estado, ou seja, em muitos encaminhamentos para que sejam materializados, entende-se como fundamental a ação dos Poderes Executivo e Legislativo, ao passo que a ausência desses segmentos no processo de produção do texto pode contribuir para seu descumprimento.

No que se refere à participação da sociedade civil, há o apagamento da efetiva participação de diversos segmentos que foram formalmente indicados, como dos pais, das escolas estaduais e privadas, das organizações sociais, comerciais e religiosas[49]. Quanto à participação de instituições de ensino superior e do sindicato, essa se efetivou apenas em um município distinto, cada, respectivamente, Minaçu e Silvânia. Nesse município, os representantes dos sindicatos ocuparam 30% das vagas efetivas.

Retomando o exercício metodológico de análise da presença da sociedade civil e da sociedade política nas comissões, no Gráfico 2 há essa consolidação a partir dos dados de participação efetiva nas comissões, conforme as atas, os questionários respondidos e as entrevistas concedidas.

[49] Informação relevante, mas que foge ao foco deste trabalho, foi a influência dos grupos religiosos (católicos e protestantes) com o objetivo de pressionarem as SMEs para retirar dos PMEs itens alusivos à identidade de gênero e diversidade. Nos municípios onde as Secretarias não cederam, a pressão se deu nas Câmaras de Vereadores ou junto ao Chefe do Executivo. No caso de Silvânia, por exemplo, todas as estratégias que continham a palavra "diversidade" foram vetadas, independentemente do contexto aplicado.

Gráfico 2 - Composição das comissões de elaboração do PME nos munícipios-campo, conforme participação efetivada dos sujeitos

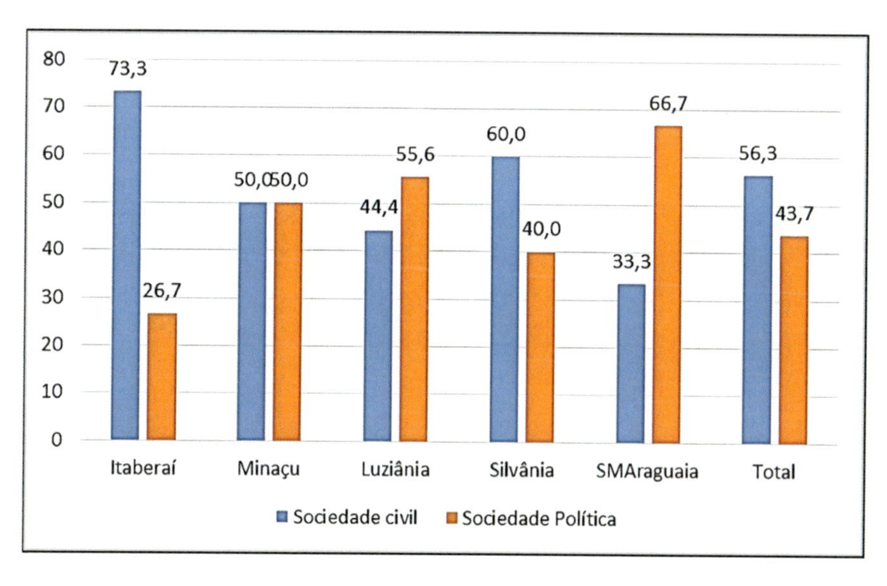

Fonte: elaboração própria, de acordo com as atas, questionários respondidos e entrevistas concedidas

Os dados da efetiva participação por segmento mostram uma movimentação entre aqueles vinculados à sociedade política e à sociedade civil. Na efetivação do trabalho nas comissões, observa-se um crescimento no número de representantes das Secretarias Municipais de Educação e o apagamento de outros segmentos; logo, ampliou-se a presença da sociedade política em detrimento da sociedade civil, apesar de essa ainda ocupar um maior espaço percentual. Em comparações com o Gráfico 1, analisando-se o Gráfico 2, é possível identificar queda percentual na composição da sociedade civil nos municípios de Itaberaí e Silvânia, uma equiparação em Minaçu e manutenção dos dados em São Miguel do Araguaia. Em Luziânia há a inversão com a sociedade política se tornando majoritária em relação à sociedade civil.

Em termos de estabilidade entre a composição proposta e a efetiva, é possível destacar o caso de São Miguel do Araguaia como a comissão com menor número de integrantes e de segmentos (apenas SME e CME) que se manteve desde a sua nomeação em 2014 até a conclusão dos trabalhos em junho de 2015. Comissões nas quais se tentou dar uma ampla participação e pluralidade de segmentos foram as que mais apresentaram alterações comparando-se com a atuação efetiva dos membros, elemento que será mais explorado na sequência da exposição dos dados.

Os dados da Tabela 12, ao expor as Secretarias Municipais de Educação com maior representatividade numérica, designando, inclusive, as coordenações das comissões, indicam que esse segmento se tornou, para utilizar os termos de Gramsci (2007), dirigente do processo. Os dados e as análises seguintes contribuirão para desvelar se também se tornou dominante, ou seja, que se constituíram como estamento hegemônico no percurso dos trabalhos de elaboração dos PMEs.

A relevância de se apresentar e analisar a composição das comissões que foram responsáveis pela elaboração/produção dos Planos Municipais de Educação compreende num exercício de se pensar o papel que a sociedade política e a sociedade civil ocuparam no sentido de construir um documento que realmente contemple as característica básicas de um documento de estado, conforme discutido no Capítulo 1, que convém retomar: a dimensão legal, a dimensão temporal e a dimensão participativa (BORDIGNON, 2014). Pode-se levantar a hipótese de que um documento da dimensão do PME construído a poucas mãos ou por segmentos restritos alcança maior probabilidade de se tornar um documento pró-forma, um documento de gaveta. É o que parece tentar evitar que se aconteça quando a Lei n.º 13.005/2014 especifica como uma das condições para elaboração dos planos subnacionais a exigência de ampla participação da sociedade civil, em sentido restrito, e da comunidade educacional, a fim de que possam construir pactuações com a sociedade política na definição de uma agenda que, ao menos no campo da proposição, perpassará por três gestões governamentais.

O instituto da legitimidade do documento se sustenta, em tese, no indicador da equiparação participativa qualificada entre sociedade política e sociedade civil. A partir de Bordignon (2014), é possível inferir que quanto mais segmentos e sujeitos envolvidos ativamente nos processos de proposição, discussão e deliberação, em tese, mais legítimo se torna o seu produto final, o que se relaciona com a corresponsabilidade para com sua materialização. Um plano em que houve pouca ou nenhuma participação dos segmentos políticos pode não ser colocado em pauta quando nos momentos de planejamento e execução das políticas públicas, principalmente na transição de gestões governamentais. Por outro lado, a ausência ou a diminuta participação da sociedade civil pode contribuir para que essa, em seus múltiplos segmentos e interesses, não reivindique a implementação do plano como política de estado, independentemente do governo que esteja em exercício (BORDIGNON, 2014; MARTINS, 2010).

3.2.2 A preparação para o trabalho das comissões

Como dito anteriormente, o PNE 2014-2024 inovou em relação ao plano anterior ao delimitar o prazo de um ano para que os entes subnacionais aprovassem seus planos decenais em consonância com o documento-lei nacional, mas para efetivação dessa demanda legal constituiu-se como necessidade a articulação do Ministério da Educação junto às entidades representativas dos sistemas de ensino (Consed, Undime, Uncme) a fim de que, em um primeiro momento, tornasse o Plano Nacional conhecido. As ferramentas de comunicação e o material produzido e disponibilizado no portal *PNE em Movimento* teve grande relevância nessa empreitada, assim como a interlocução dos consultores da Sase/MEC com as Secretarias Municipais de Educação, o que pôde ser confirmado na fala dos sujeitos entrevistados.

Levando-se em consideração as datas de publicação dos decretos e portaria de designação das comissões de elaboração dos PMEs nos municípios-campo, o trabalho teve início em dois deles no final de 2014, mas, de fato, segundo as atas disponibilizadas, foi a partir de março de 2015 que realmente a elaboração dos planos foi incorporada na agenda das Secretarias de Educação, coincidente com o momento em que representantes do MEC começam a ventilar a possibilidade de vinculação entre o repasse de recursos financeiros aos municípios condicionado à aprovação do PME, principalmente via PAR[50]. Porém, se o PNE 2014-2024 não tivesse estipulado prazos, da mesma forma que o PNE 2001-2010, possivelmente os municípios não cumpririam a meta de elaboração dos PMEs. Por outro lado, condicionar ou mesmo obrigar os municípios a fazê-lo sob condicionante de recebimento de recursos via PAR coloca esses entes federados em condição de inferioridade dentro do regime federativo constitucionalmente estatuído. Configura-se, pois, como uma desconsideração em relação à autonomia dos municípios instituída pela Carta Magna. A não regulamentação do regime de colaboração contribui para essa condição dos municípios, visto o centralismo presente nas ações da União que age mais em movimentos de desconcentração do que de descentralização qualificada.

---

[50] Entrevista de Binho Marques, titular da Sase/MEC concedida ao portal Todos pela Educação, em 2 de fevereiro de 2015. Disponível em: http://www.todospelaeducacao.org.br. Acesso em: 8 fev. 2015.

Os coordenadores das comissões foram questionados sobre como o município teve conhecimento do PNE 2014-2024, que se tornou, como veremos, o documento-base para a elaboração dos PMEs. Em síntese, foram apontadas as instituições como a Undime e a Uncme, assim como a Secretaria de Estado da Educação, mas a ênfase maior foi a comunicação com o próprio MEC, seja por meio do Fundo Nacional de Desenvolvimento da Educação (FNDE), seja pela Sase, e também por outros organismos, como o movimento Todos pela Educação, que apresentaram o PNE 2014-2024 para as SMEs:

> *A gente já vinha acompanhando o trabalho que eles estavam fazendo através do Todos pela Educação e a gente já sabia que o primeiro plano era decenal e que ele já estava vencendo, e a gente sabia que estava sendo feito, sendo elaborado outro plano, só que foi muito rápido. Depois que o Plano Nacional ficou pronto não deu tempo de ler e de assimilar o que estava no Plano Nacional, as poucas leituras que eu tinha feito sobre o Plano Nacional foi com o [consultor] que era formador da Sase/MEC que veio e mostrou para nós algumas partes do Plano Nacional. Deu muito trabalho, mas foi assim que nós ficamos sabendo do Plano Nacional* (Coordenador 4).

Essa fala traz elementos que foram recorrentes em muitos momentos nas entrevistas com os coordenadores e aparecem também, de certa forma, nos questionários. O primeiro a destacar é que o PNE 2014-2024 foi incorporado não só na agenda governamental, mas, inclusive, na agenda de organismos da sociedade civil, como o movimento Todos pela Educação, e que influenciaram os municípios por meio da Undime. Mas ressalta-se a centralidade que a Sase/MEC teve como agente mobilizador, formador e articulador para a formação do arranjo institucional entre essa, a Undime e os municípios. É possível inferir que a Sase assumiu para si a responsabilidade da condução de orientação e produção de materiais de apoio destinados aos municípios no que tange à elaboração dos PMEs. A rede institucional foi essencial, a nosso ver, para que praticamente todos os municípios cumprissem a obrigação de elaboração dos Planos, conforme apontado no Capítulo 2.

Outro ponto importante refere-se à queixa presente nas cinco entrevistas referentes ao curto tempo para elaboração dos PMEs, o que comprometeu o entendimento em relação à forma, ao conteúdo e à propagada necessidade de conformidade entre os documentos nacional e locais. Impõe-se, então, o questionamento: se o novo PNE 2014-2024 não tivesse estipulado prazo para a aprovação dos planos subnacionais, que garantias haveria para que essa demanda fosse cumprida a contento, se na história do planejamento, em relação ao PNE 2001-2010, considerável parte dos estados e municípios não elaboraram seus respectivos Planos? E talvez possa ser feita outra questão: até que ponto a não aprovação de Planos de Educação pelos entes federados pode, de fato, comprometer a implementação do Plano Nacional? Convém mencionar que a não elaboração dos planos subnacionais foi apontada por Dourado (2011; 2017) como um dos fatores para não efetivação do PNE 2001-2010 como uma política de estado e sua consequente secundarização em detrimento a outros instrumentos de pactuação interfederativa.

Na fala do Coordenador 4 anteriormente citada aparecem, ainda, elementos sobre a importância do arranjo institucional para o cumprimento o artigo 8º da Lei n.º 13.005/2014, ou seja, a relação construída entre Sase/MEC, munícipios e outros interlocutores para elaboração dos novos PMEs, mas é preciso mencionar que os cinco municípios-campo já possuíam Plano Municipal aprovado sob a vigência do PNE 2001-2010 e que, conforme perfil dos coordenadores das comissões apresentado, a maioria desses sujeitos havia participado da elaboração desses planos àquela época. Logo, a relação entre o PME anterior e a obrigação do município em elaborar ou adequar o plano existente em consonância com o PNE 2014-2024 pode ser identificada nas seguintes falas:

> *Na verdade, nós já tínhamos o plano elaborado [2004], nós estávamos apenas reformulando. Até 2015 nós tínhamos o plano já elaborado e estava inclusive vencendo, então, o nosso era só reestruturar de acordo com as novas diretrizes do PNE.* (Coordenador 1).

> *Como um desafio, porque, aí, nós fomos pesquisar e localizar o plano anterior, de 2002, e vimos que o plano havia sido feito, eu mesmo já havia participado dele e não me lembrava que havia participado, mas não teve durante todo esse período de 10 anos não teve nenhuma aplicação prática, não serviu para nada, realmente. Então, a gente se viu diante do desafio de fazer algo que não fosse simplesmente para atender a uma exigência legal, mas algo que viesse de alguma forma impactar na Educação do município. E aí a gente foi ler o plano anterior e ver quais eram os problemas e quais eram as metas e vimos coisas que haviam sido alcançadas, coisas que ainda estavam por ser alcançadas. Então, veio assim como um desafio.* (Coordenador 5).

> *Pela Secretaria nós tínhamos que fazer o plano, mas nós já tínhamos o plano, o plano anterior você sabe que foram poucos os municípios que fizeram, e o primeiro pensamento foi 'será que agora todos vão fazer? Será que o Brasil inteiro, será que todos os municípios vão ter um Plano Municipal de Educação?'. E foi o que aconteceu, parece que todos os municípios, são pouquíssimos que não têm. Por algumas poucas pessoas o plano era visto como uma questão de organizar, sistematizar, direcionar a educação nos níveis, nos segmentos, estruturar a educação. Para os dirigentes, para o secretário e para o prefeito, para o Legislativo, 'tem que fazer o plano porque a gente não pode perder verba', é nesse sentido, nesse aspecto.* (Coordenador 4).

Pode-se extrair desses relatos que o PME elaborado sob a vigência do PNE 2001-2010 foi retomado no momento de produção do novo plano, porém sem a centralidade devida cujo espaço foi ocupado pelo PNE 2014-2024, como será discutido mais à frente. Se tomarmos como referência o depoimento do Coordenador 5, que vai ao encontro de algumas pesquisas (SOUZA; MARTINS, 2014), é flagrante que aquele plano não se efetivou como uma política de estado nos municípios, ou seja, assim como aconteceu com o PNE correspondente, não ocupou a agenda da política educacional. Caracterizaram-se, pois, como planos de gaveta, construídos mais como satisfação a dar ao MEC do que uma medida para instituir, nas palavras do Coordenador 4, organização, sistematização e direção para as ações educacionais municipais, ao ponto de o Coordenador 5 radicalizar sua fala ao dizer que aquele documento, mesmo tendo força de lei, "não serviu para nada" e, novamente, assim como aconteceu com o PNE 2001-2010, algumas metas foram alcançadas não porque o plano teve centralidade, mas por coincidência com programas que foram implementados principalmente via Ministério da Educação/PDE/PAR.

Por essa relação entre o PME anterior e a "obrigação" do município em elaborar um novo plano, ou adequar o existente, apesar de afirmações como a do Coordenador 1, o que se viu na prática foi a produção de um novo plano, pois o PME vigente à época não foi sequer alvo de avaliação sistemática.

Merece ainda atenção a conclusão da fala do Coordenador 4 sobre a percepção que os sujeitos vinculados à sociedade política, entre os quais o prefeito, legisladores e o próprio secretário de educação, tiveram em relação à incumbência de se fazer o PME: ter o plano para não perder verbas. Deduz-se dessa crítica a visão puramente burocrática de cumprir o ordenamento legal, sem levar em consideração a organicidade entre os planos de educação num esperado regime de colaboração. Nesses casos, o município ocupa-se do "fazer por fazer", distante das concepções de planejamento como no caso do Planejamento Estratégico Situacional (MATUS, 1993) ou do Planejamento Participativo (GANDIN, 2011), numa visão ampliada de estado (GRAMSCI, 2007), mas reduzindo o plano ao expediente da possibilidade de liberação de recursos, trazendo artificialidade aos objetivos da política.

Em síntese, depreende-se da fala dos sujeitos que (re)elaborar os Planos Municipais de Educação se configurou mais como uma obrigação a ser cumprida a mando do MEC, e menos como uma possibilidade para o município congregar sociedade política e sociedade civil no exercício de se pensar a Educação municipal e planejá-la para além das limitações governamentais. Utilizando-se de categorias gramscianas, evidencia-se um movimento realizado nos municípios mais voltado para o momento meramente econômico e burocrático, do que um movimento ético-político para definição de uma agenda de estado para a Educação municipal. Porém, conforme demonstrado nas falas dos sujeitos, na dinâmica da contradição o processo de elaboração dos PMEs foi também encarado como relevante oportunidade no campo da Educação municipal e tentativa de construção de uma cultura de planificação a longo prazo.

Quanto ao quesito da capacitação dos coordenadores para fazerem frente à tarefa, reforça-se a centralidade que a rede de assessoria técnica Sase/MEC/Undime teve no processo, no entanto, essa não teve a profundidade e a abrangência que os municípios necessitavam à época, tomando como referência os relatos dos sujeitos beneficiários desse processo instrutivo/formativo. Sobre as formações:

> *Como eu te disse, eu não participei, eu não fui em nenhum evento que antecedesse esse processo de elaboração do plano com o objetivo de discutir como é que seria feito e quais seriam as orientações, mas o secretário foi, não em muitos, mas ele foi, e para falar a verdade, mesmo eu tendo dito a ele várias vezes que a gente precisava fazer, que eu estava vendo o que o MEC estava propondo, ele só se convenceu quando a Secretaria de Estado da Educação disse que tinha que fazer. Outras poucas pessoas participaram, mas não considero que isso foi muito significativo não, porque uma pessoa foi, outra pessoa foi, mas não trouxe, não acrescentou muito para o município. A gente fez mesmo do jeito que achava que poderia ser feito.* (Coordenador 3).

Confirmando as análises feitas, a fala anterior expressa o que motivou o secretário de educação a dar início aos trabalhos: a pressão de um agente externo, no caso a Secretaria de Estado da Educação. Essa pressão que foi mais sentida no ano de 2015 pode explicar, de certa forma, por que somente naquele ano de fato os municípios iniciaram os trabalhos de elaboração dos planos. O prazo legal estava vencendo e, apesar da rede de assessoria técnica ser enaltecida em alguns momentos e em alguns aspectos, os coordenadores deixam escapar que o processo formativo foi insipiente e não contemplou a todos. Nesse sentido, continua o Coordenador 3:

> *Eu não participei de nenhuma formação durante o processo de elaboração, só depois quando começou a fase de monitoramento [...]. Mas a nossa preparação foi a partir dos documentos que chegaram, do que tinha publicado, das orientações do próprio MEC, mas, assim, não teve... o que que acontece, a gente teve acesso à proposta inicial do FNDE, a gente conseguiu cruzar como que a gente já tinha em vigência no município, o Plano Municipal que já tinha (que é uma cópia do estado, foi feito a partir daquele do estado), então, a gente fez um cronograma de trabalho e foi executando, então não teve muita formação, para falar a verdade, fomos fazendo com a pouca experiência que tínhamos.*

Nos depoimentos de outros sujeitos:

> *O pouco de formação que a gente teve, eu tive uma formação com o [consultor] que era formador da Sase/MEC, ele veio aqui duas vezes, uma vez foi muito rápido e foi ele que orientou 'olha, você pega o material no site', direcionou o caminho e foi isso que foi feito, depois do estudo que eu fiz a partir da orientação do [consultor], eu fiz um estudo rápido com a equipe e foi assim.* (Coordenador 4).

> *Nós tivemos algumas reuniões. O MEC tem alguns consultores que acompanham nas regiões, nós aqui somos ligados a [município-polo]. Tinha um consultor, depois trocou, e fazia algumas reuniões periódicas com a gente, mas assim, foram reuniões muito esparsas. Então, a gente sentiu falta sim de uma capacitação mesmo, por exemplo, pegasse aí dois, três dias, vamos reunir os municípios e falasse 'o plano é assim e tal, tal'. Então muitas coisas a gente foi descobrindo depois que o processo já estava desenvolvendo... 'não, gente, não é assim não, tem que ser daquele jeito e tal'... então tínhamos que voltar e refazer.* (Coordenador 5).

Ao mesmo tempo que as falas demonstram a importância do arranjo interinstitucional de assistência técnica, evidenciam, por outro lado, uma dependência em relação ao Ministério da Educação, ou seja, num arraigado *habitus*[51], para utilizar a expressão bourdieusiana, dos municípios esperarem sempre os encaminhamentos do MEC para iniciarem seus trabalhos, numa perspectiva mais de desconcentração do que descentralização qualificada, que marca o histórico do planejamento educacional brasileiro (HORTA, 1997; MENDES, 2000; SAVIANI, 2016a). Esse contexto coloca em evidência uma relação federativa centrípeta, de centralização das ações por meio da União e de considerável subalternidade dos demais entes federados.

Se levarmos em consideração a concepção de Plano de estado como produto dialético da ação entre sociedade política e sociedade civil, associada à relevância e à centralidade que o Plano de Educação deve ocupar na agenda pública, sem perder de vista a cooperação e a coesão necessárias entre os sistemas e entre os entes federados, não haveria, em tese, esse peso do papel do MEC para que de fato fosse deflagrado os processos de elaboração dos planos nos municípios ou mesmo nos estados. Todavia, é oportuno também pontuar sobre as dificuldades seja no aspecto formativo ou mesmo de materialização do campo das políticas públicas nas equipes de muitas SMEs, constantemente alvos de relevante rotatividade de profissionais de viés técnico em consequência das mudanças de gestão, que fragilizam o planejamento e a execução das políticas de longo prazo e fortalece a dependência em relação ao MEC, na medida em que o órgão federal se torna cada vez o mais o protagonista na definição da agenda educacional.

Entre outros aspectos, o que as falas dos coordenadores ainda permitem constatar é que a ausência de um acompanhamento mais efetivo e mais presente dos consultores da Sase/MEC foi, de certa forma, suprida pelos cadernos das coleções disponibilizadas no portal *PNE em Movimento*. Segundo os depoimentos, foi a partir desse material orientativo/formativo que os municípios-campo estruturaram seus trabalhos. Todavia, esses recursos não foram plenamente utilizados por toda comissão, como pode ser observado no Gráfico 3, que traz a percepção dos membros.

[51] Para Bourdieu e Passeron (1975), habitus refere-se ao sistema de disposições duráveis inculcados historicamente no indivíduo, como produto da interiorização dos princípios de um arbitrário cultural, que orienta as práticas individuais e coletivas enquanto esquemas de pensamento, de percepção, de apreciação e de ação.

Gráfico 3 - Utilização do material produzido pelo MEC para elaboração do PME (%)

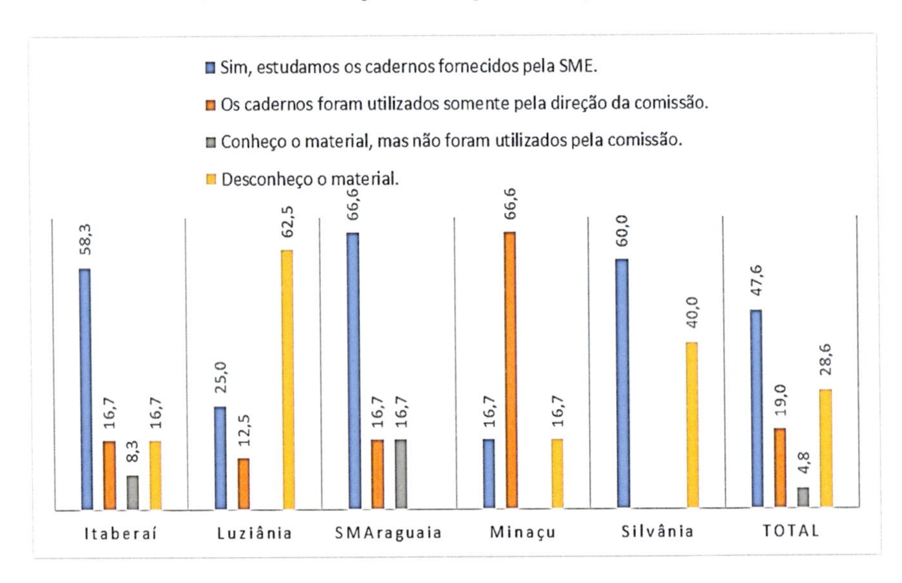

Fonte: elaboração própria a partir dos questionários

O Gráfico 3 traz informações específicas dos municípios quanto à utilização dos materiais disponibilizados pelo MEC, principalmente aqueles da *Coleção Planejando* a Próxima Década. Percebe-se que, exceto Silvânia e Minaçu, os membros das comissões tiveram acesso aos cadernos e estudaram os materiais, informação confirmada por 58,3% dos sujeitos de Itaberaí, 66,6% de São Miguel do Araguaia e 60,0% de Silvânia. No caso de Luziânia, 62,5% dos sujeitos afirmaram desconhecer o material produzido pelo MEC, ao passo que em Minaçu, para 66,6% dos respondentes, o acervo foi mais utilizado pela direção da comissão. Especificamente o caso de Silvânia, o dado é relativamente contraditório: enquanto 60,0% afirmaram que o material foi utilizado por toda comissão, outros 40,0% disseram desconhecê-lo.

Em percentuais totais, levando-se em consideração a importância do material destacada pelos coordenadores, de acordo com os questionários respondidos, o acesso a eles não chegou a atingir todos os membros efetivos das comissões, sendo que 28,6% desconhecem esse material. Para 19,0%, o seu uso ficou restrito à direção da comissão, mas para 47,6% os materiais foram fornecidos pela SME. Logo, apesar da relevância do material não só no aspecto orientativo, mas também formativo, sua utilização não se deu de forma ampliada a toda comissão, a despeito de seu acesso ser livre e disponibilizado no portal *PNE em Movimento*.

Essas informações têm correlação com os dados do Gráfico 4, que apontam que o documento-referência para elaboração dos PMEs foi o próprio PNE 2014-2024.

Gráfico 4 - Material utilizado como documento-referência para elaboração do PME (%)

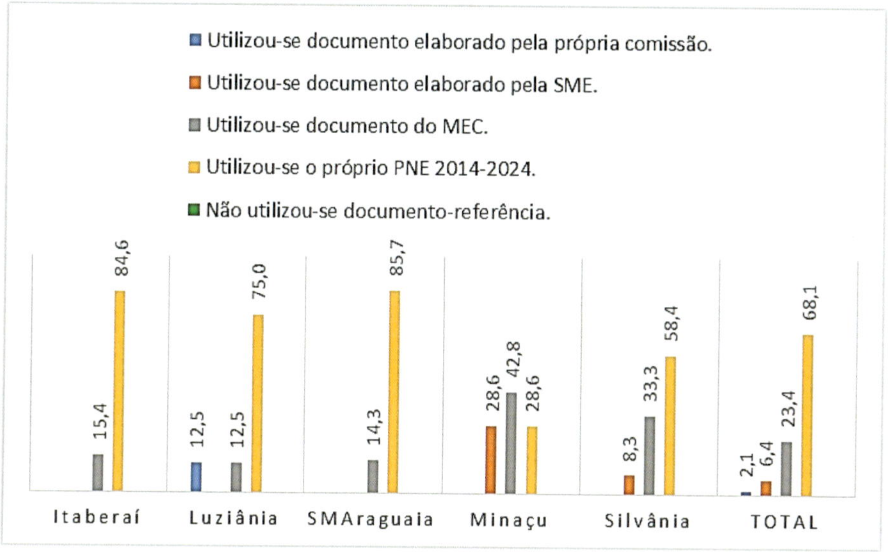

Fonte: elaboração própria a partir dos questionários

Os dados do Gráfico 4 evidenciam o peso do PNE 2014-2024 como principal documento-referência utilizado pelos municípios, como nos casos de Itaberaí (84,6%), Luziânia (75,0%), São Miguel do Araguaia (85,7%) e Silvânia (58,4%). A exceção foi o caso de Minaçu em que 42,8% dos sujeitos responderam que foi utilizado um documento do MEC como referência para elaboração do PME.

Por essas informações, deduz-se que o caminho utilizado pelas localidades foi apoiar-se no Plano Nacional para a redação do Plano Municipal, a fim de garantir o alinhamento entre esses documentos. Nesse sentido, observando-se os dados totalizados, o PNE 2014-2024 constituiu-se como o documento-referência para elaboração dos PMEs na percepção de 68,1% dos sujeitos questionados. Essa posição ocupada pelo PNE 2014-2024 no processo de elaboração dos PMEs contribuiu para se guardar coerência entre as metas dos documentos, todavia, ao se analisar o conteúdo das metas, observa-se quase uma reprodução literal do texto nacional nos textos municipais (ver Apêndice 4). Essa relação entre consonância e reprodução será discutida mais adiante. O Coordenador 1 faz o seguinte relato sobre a utilização de documento-referência:

> *Na verdade, nós fizemos uma avaliação do plano de 2004 e logicamente até pela dinâmica do trabalho, algumas metas que já haviam sido alcançadas elas foram suprimidas nesse novo plano e nós fizemos assim, a base principal foi justamente o PNE e na leitura do PNE a gente sabendo que algumas coisas já haviam sido alcançadas, e não precisava necessariamente estar no nosso plano porque já havia sido superadas, elas foram suprimidas e nós continuamos com aquilo que não alcançamos na totalidade ou que ainda precisava ser melhorada ou não tinha sido incluída ainda.* (Coordenador 1).

No que se refere à elaboração de diagnósticos para servirem de bases quantitativas para as metas, diferentemente do que aconteceu com o PL n.º 8.035/2010, que recebeu muitas críticas por não trazer um diagnóstico como referência, conforme apontou Sena (2014), nos municípios essa parte foi produzida e utilizada durante a elaboração dos textos; é o que indica os dados do Gráfico 5.

Gráfico 5 - Utilização de diagnóstico para discussão e elaboração do PME (%)

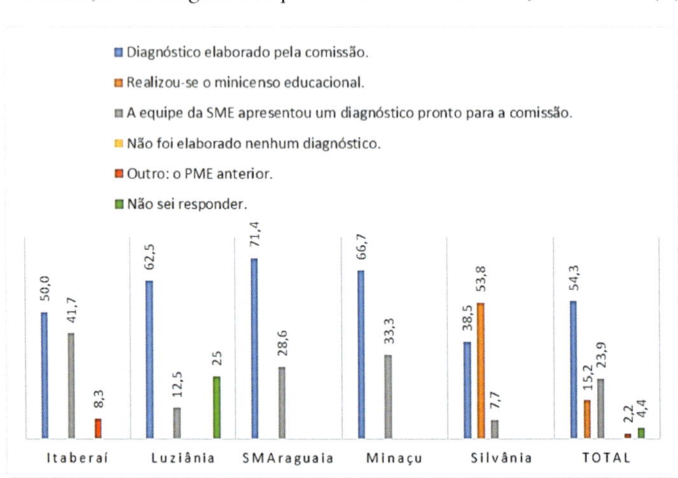

Fonte: elaboração própria a partir dos questionários

Gandin (2011) defende que o diagnóstico é uma parte fundamental para a elaboração de qualquer modelo de planejamento, pois aproxima o texto da realidade servindo de ponto de partida para a visão de futuro. Quanto a essa parte do plano, os resultados dos questionários consolidados no Gráfico 5 apontam que na maioria dos municípios, a própria comissão elaborou essa parte do documento, como em Itaberaí (50,0%), Luziânia (62,5%), São Miguel do Araguaia (71,4%) e Minaçu (66,7%). No caso específico de Silvânia, enquanto 38,5% dos respondentes disseram que a própria comissão elaborou o diagnóstico, outros 53,8% afirmaram que foi realizado o minicenso educacional. Também é destacável do Gráfico 5 a percepção de significativa parte do sujeito que identificou o diagnóstico como um documento elaborado pela SME e encaminhado à comissão, como em Itaberaí (41,7%), São Miguel do Araguaia (28,6%) e Minaçu (33,3%). Nota-se que apenas no caso de Itaberaí foi citado o PME produzido na vigência do PNE 2001-2010, para 8,3% dos sujeitos.

Ao se analisar os dados totais do Gráfico 5, a primeira constatação, ratificando o que foi dito anteriormente, é de que os cinco municípios tiveram o cuidado de partir de um diagnóstico para definição de suas metas e estratégias, procedimento confirmado por 95,7% dos respondentes da questão acima, sendo que 54,3% indicaram que o diagnóstico fora elaborado pela própria comissão e para 23,9% os dados da realidade educacional foram fornecidos pela SME. Apesar de 15,2% indicarem a realização do minicenso educacional, estratégia difundida na ocasião do PNE 2001-2010, essa dinâmica não apareceu, seja nos documentos, seja nas falas dos coordenadores. Reafirma-se a importância do diagnóstico, salientada por Sena (2014), como parte integrante do plano a fim de que esse possa ter uma base de referência e uma base de projeção dos anseios fixados para o decênio, no sentido de dar mais clareza e concretude aos indicadores estabelecidos. O diagnóstico da Educação local foi, inclusive, incorporado no texto dos PMEs aprovados pelos cinco municípios-campo.

Outro aspecto relevante em que se identifica alguma contradição em relação às falas dos coordenadores é que apenas 2,2% dos respondentes dos questionários, em percentuais totais, identificaram o PME vigente à época como uma referência de diagnóstico para o novo plano. Sobre esse documento e destoando da fala dos demais coordenadores, temos:

> *O município possuía sim, mas esse plano ficava engavetado, assim como outros planos que a gente tem conhecimento. O Plano Municipal de Educação ele veio a ser exigido a ter sua execução agora, depois dessa nova lei do PNE. Até o momento eu não me*

> *recordo, eu não tenho conhecimento de que esse plano tenha sido utilizado para estruturar qualquer coisa, ele era como se fosse um PPP de Secretaria de Educação e ele não era municipal, ele era da Secretaria de Educação, ele não tinha o âmbito que esse tem.* (Coordenador 2).

O Coordenador 2 evidencia a relação de "cobrança" ausente na vigência do PME anterior e que com a Lei n.º 13.005/2014 esse cenário foi redesenhado, pois passou a ser exigido o monitoramento do PME. Também expõe a crítica em relação à percepção de abrangência do PME, como um documento para toda Educação do município, e não apenas para a Rede Municipal de Ensino. Essa fala indica o que já foi apontado de que os planos da década de 2000 foram "documentos de gaveta" e nem foram nos casos em estudo, em sua totalidade, retomados nos processos de elaboração do novo plano, ou seja, não cumpriram sua função de documento de estado, seja na dimensão técnica, seja na dimensão política. No entanto, a experiência produzida constituiu-se, segundo as falas dos coordenadores das comissões, como uma condição diferencial para que pudessem conduzir os trabalhos nessa nova empreitada.

Uma percepção que tem sido utilizada como crítica a muitos planos dessa nova geração refere-se à autenticidade e à autoria dos municípios. Não raro, é possível identificar que os documentos locais são quase cópias totais do PNE 2014-2024. Na Lei n.º 13.005/2014 determinou-se que os documentos subnacionais fossem elaborados em "consonância[52]" com o marco nacional, a partir dessa orientação julgou-se significativo para esta pesquisa investigar a forma como esse termo foi posto para os municípios e como foi, de fato, assimilado nas comissões. Isto é, os municípios tinham clareza do que poderia ou não alterar em seu documento local, de forma que não prejudicasse a coesão e a coerência entre os planos em âmbito nacional, estadual e municipal? Na fala de alguns coordenadores, é possível retirar dados desta compreensão:

> *Essa foi uma grande questão que nos inquietou, porque nós entendemos que as 20 metas do Plano Nacional deveriam estar presentes no Plano Municipal. Nós não tínhamos autonomia nem para acrescentar metas, nem para retirar. Nós tínhamos que trabalhar em cima dessas 20 metas e o nosso trabalho foi assim, nós víamos as metas, depois víamos as diretrizes do governo, do*

[52] "Art. 8º Os Estados, o Distrito Federal e os Municípios deverão elaborar seus correspondentes planos de educação, ou adequar os planos já aprovados em lei, **em consonância com as diretrizes, metas e estratégias previstas neste PNE**, no prazo de 1 (um) ano contado da publicação desta Lei" (BRASIL, 2014a, grifos nossos).

> *Plano Nacional, quais que a gente poderia incluir no nosso plano e depois íamos para outras ampliações. Mas foi uma dificuldade que a gente teve. Depois a gente até ficou sabendo de municípios que tiraram metas, não colocaram as 20, o que teria de alguma forma facilitado em alguns aspectos.* (Coordenador 5).

Outro coordenador é ainda mais enfático:

> *[...] esse foi um dos aspectos que a gente mais teve dificuldade, porque como não tinha formação, por exemplo, como eu estava coordenando e eu não tinha ido em lugar nenhum, em nenhuma formação que tivesse dito para mim que pode suprimir metas ou que não pode, ou que estratégias pudessem ser acrescidas ou retiradas. Então, o maior desafio foi esse, para ser bem honesta, porque a gente tinha o documento-base e a gente não tinha clareza de como e até que ponto aquele documento poderia ser alterado ou não, e havia o medo de alterar aquele documento. Durante todo o processo houve cuidado quanto a isso, às vezes tinha uma meta lá para o ensino superior, a gente tem no município duas faculdades, uma pública e uma privada e alguns cursos à distância, era um desafio pensar o ensino superior no município a partir de uma proposta que vinha do MEC [...], a gente tinha ciência de que não tinha domínio nenhum sobre isso, que a gente jamais conseguiria alcançar metas como essas, mas a gente não tinha clareza que a gente poderia alterar a estratégia. Para ser bem honesta com você, até hoje eu não tenho essa clareza se a gente poderia na época ter alterado, acrescido, retirado, modificado, tanto que é que nosso plano ele ficou com problemas que hoje precisa de notas técnicas [...]. Alguém disse num certo momento assim, a gente pode mudar a estratégia, mas não pode alterar a meta. Até não sei, alguém disse isso, não sei bem quem nem quando. Então a gente ficou com isso na cabeça de não poder alterar meta de jeito nenhum. [...] Ficou assim como o documento do MEC, ficou assim, quase, a gente teve medo de alterar o documento, sabe, eu não sei explicar isso, mas foi um desafio, um dos problemas que a gente teve ao longo do processo.* (Coordenador 3).

Essas duas falas que, em síntese de conteúdo, foram comuns aos demais coordenadores, expõem o entendimento de que não se poderia modificar as metas previstas no PNE 2014-2024, mas nos remete à conjectura de que, se no conteúdo de metas os planos subnacionais apresentam-se como cópias do Plano Nacional, são nas estratégias que os entes federados expressaram sua autonomia e colocaram seus anseios e perspectivas. Ao ler os cinco PMEs dos municípios-campo, apesar de não ser o foco desta pesquisa, essa constatação se torna evidente; todos mantém as 20 metas em redação quase idêntica ao PNE 2014-2024, mas as estratégias trazem uma pluralidade extremamente significativa de conteúdos.

A percepção de que não se poderia alterar as metas em nome da compatibilidade entre os documentos prevaleceu, pois deduz-se que o Plano Nacional também será cumprido na dinâmica de materialização dos planos subnacionais, e guarda correlação por esse ter sido o documento-referência identificado pela maioria dos sujeitos participantes da pesquisa (68,1%, Gráfico 4). Nesse sentido, e com base nos depoimentos, é possível deduzir que os municípios não tiveram uma compreensão ampliada quanto à sua autonomia para autoria dos PMEs, sendo que essa configurou-se de forma restrita e tutelada para elaboração dos seus PMEs, o que distancia a realidade da concepção de autonomia atribuída a esses entes federados na Constituição Federal de 1988. Tal constatação reforça, mais uma vez, a dependência para com o Ministério da Educação, mesmo para a definição da agenda própria de desenvolvimento da área, principalmente nos movimentos em que esse centraliza diretrizes, recursos, propostas e distribui responsabilidades.

Nesse sentido, o MEC acaba assumindo o domínio e a direção da pauta educacional inclusive em âmbito local. Questiona-se, pois, o papel dos municípios no regime federativo inaugurado com a Constituição de 1988 e sua posição frente a União, enquanto coordenadora da política nacional de Educação. Retomando as análises de Abrúcio (2010), o que os 30 anos da CF/1988 têm demonstrado é que os municípios ainda não conseguiram romper com as marcas patrimonialistas constitutivas de sua história, deixando de assumir as prerrogativas de autonomia que lhes foram atribuídas.

Outro fator que pode ter colaborado para a reprodução do conteúdo da Lei nacional nos textos locais pode estar associado às ausências de importantes segmentos nas comissões de elaboração, a exemplo das instituições de ensino superior, escolas privadas, organizações sociais e sindicatos. Deduz-se que, como os sujeitos mais interessados não se fizeram presentes para expressarem seus anseios na formulação das metas vinculadas a seu específico segmento, foi mais pragmático a reprodução do texto nacional, ainda mais quando se associa à ideia da autonomia restrita e tutelada, nos casos de metas e estratégias referentes a níveis e modalidades que não estão diretamente sob a responsabilidade das Secretarias Municipais de Educação, como o ensino médio, a educação profissional e superior, por exemplo.

3.2.3 O funcionamento das comissões

A partir das compreensões discutidas até então, é possível construir algumas sínteses sobre o processo de elaboração dos PMEs nos municípios-campos, como, por exemplo, as comissões propostas nos atos legais não foram, em sua maioria, as que se efetivaram; a identificação de que houve curto período para cumprimento do dispositivo legal; que a rede de assistência técnica interfederativa, apesar de sua relevância, não atendeu plenamente as necessidades formativas locais; o PNE 2014-2024 ocupou espaço central como documento-referência; e, que não ficou claro os limites e possibilidades dos municípios quanto à liberdade de autoria do texto dos próprios planos, o que poderia ou não ser alterado.

A partir das condições objetivas, de envolvimento dos sujeitos e gestão para desenvolvimento dos trabalhos, três dinâmicas foram utilizadas pelas comissões, a saber:

Quadro 11 - Dinâmicas de organização dos trabalhos das comissões

DINÂMICA	ITABERAÍ	SM ARAGUAIA	LUZIÂNIA	SILVÂNIA	MINAÇU
Reuniões de estudo e definição analisando e elaborando meta por meta		X	X	X	
Reuniões em grupos temáticos distintos, conforme nível/modalidade	X		X		X
Realização de audiência pública para finalização do documento	X	X		X	X

Fonte: elaboração própria, a partir das entrevistas e atas disponíveis

Como pode ser constatado no Quadro 11, nos municípios de São Miguel do Araguaia e de Silvânia a estratégia utilizada foi a de leitura do documento-base, nos casos o PNE 2014-2024, percorrendo e discutindo meta por meta em sequência, da Meta 1 até a Meta 20. Em Itaberaí e em Minaçu optou-se por reuniões setorizadas por grupos de interesse, obedecendo aos temas dos níveis, etapas e modalidades, de forma que os sujeitos envolvidos dessem as contribuições a partir de suas realidades e vínculos. Em Luziânia, até dado momento realizaram-se reuniões temáticas, mas devido ao esgotamento do prazo para conclusão do trabalho, delimitado até junho de 2015, optou-se por dar prosseguimento estudando e redigindo meta por meta, principalmente aquelas não vinculadas a níveis, etapas e modalidades, como as relacionadas aos profissionais da educação, gestão democrática e financiamento.

No caso da primeira opção, que foi a de estudo e elaboração de meta por meta, a comissão teve, em tese, conhecimento do documento como um todo, mas a dinâmica poderia contribuir para o não envolvimento de outros atores e centralização dos trabalhos e tomadas de decisão nas mãos dos poucos que tiveram a representação delegada. Quanto à segunda dinâmica, que se refere à formação de grupos temáticos, em detrimento do conhecimento do projeto do PME em sua totalidade, foi possível trazer outros atores que não os membros fixos das comissões. Por exemplo, há caso em que o município liberou as aulas dos Centros de Educação Infantil para discussão da Meta 1[53]. Nessa metodologia, oportunizou-se que os sujeitos interessados tivessem mais possibilidade de contribuição com o texto, todavia, a própria comissão teve que assumir o ônus da elaboração a poucas mãos nos casos de segmentos que não se fizeram presentes, como o ensino superior e, com exceção do caso de Silvânia, o próprio sindicato.

Para consolidação e finalização do documento a ser transformado em projeto de lei, com exceção de Luziânia, os outros quatro municípios-campo realizaram audiências públicas com a comunidade escolar para apresentar o texto produzido pela comissão e ainda agregar novas contribuições. O motivo para a não realização desse evento em Luziânia, apesar da orientação feita pelos consultores da Sase/MEC, foi novamente a alegação do pouco tempo. Nota-se que os municípios ficaram presos à questão do prazo de um ano estipulado no artigo 8º da Lei n.º 13.005/2014, que, associado ao fato de que somente a partir do início de 2015 que concretamente os trabalhos iniciaram-se, esse curto período pode ter comprometido, em alguns momentos, a qualidade do debate, das proposições e, por fim, na consolidação do documento final.

De acordo com os sujeitos participantes, as reuniões das comissões se davam com a periodicidade apontada no Gráfico 6.

---

[53] "Meta 1 - Universalizar, até 2016, a educação infantil na pré-escola para as crianças de 4 (quatro) a 5 (cinco) anos de idade e ampliar a oferta de educação infantil em creches de forma a atender, no mínimo, 50% (cinquenta por cento) das crianças de até 3 (três) anos até o final da vigência deste PNE" (BRASIL, 2014a).

Gráfico 6 - Periodicidade das reuniões da Comissão de Elaboração do PME (%)

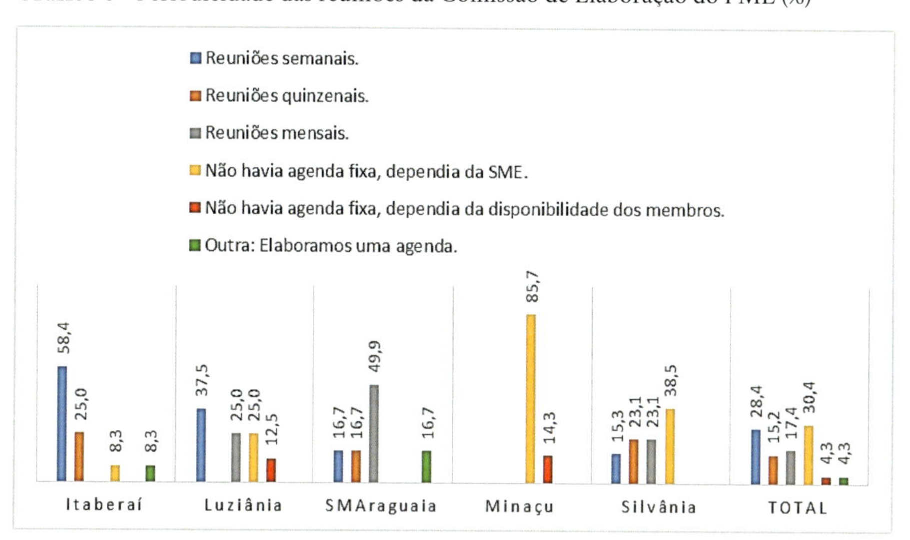

Fonte: elaboração própria a partir dos questionários

Comparando-se os dados do Gráfico 6 com as assinaturas das atas das reuniões das comissões nas quais se identifica a infrequência de muitos sujeitos, ou mesmo a utilização da estratégia de realização de grupos temáticos para estudos e elaboração das metas por etapa/modalidade educacional, tem-se uma possível justificativa para a não homogeneidade das respostas quanto à periodicidade das reuniões das comissões. Nota-se que, exceto Minaçu, onde a grande maioria (85,7%) afirmou não haver uma agenda fixa, nos demais municípios houve uma certa fragmentação das respostas em relação às opções postas na questão. Enquanto para a maioria dos respondentes de Minaçu a realização das reuniões dependia da agenda da SME, em Itaberaí, por exemplo, para 58,4% dos sujeitos dependia da disponibilidade dos membros da própria comissão. Em Luziânia prevaleciam reuniões semanais, segundo 37,5% dos respondentes, enquanto que em São Miguel do Araguaia a periodicidade era mensal (49,9%).

Com ênfase no argumento do pouco tempo para realização da tarefa, os membros das comissões, em dados totais, identificaram as reuniões com concentração em períodos semanais (28,3%) ou quinzenais (15,2%), o que tem certa relação com a dinâmica de trabalho escolhida. Ou seja, em virtude dos prazos, intensificaram-se os estudos. Um dado relevante é o de que para 30,4% dos respondentes, era a vinculação com os encaminhamentos realizados pela SME que ditava a periodicidade das reuniões, o que pode estar correlacionado com o fato de ser grande o número de membros das SMEs nessas comissões, principalmente ao ocuparem as coordenações e em comparação a outros segmentos. Reafirma-se, nesse sentido, a hegemonia da sociedade política na direção dos trabalhos.

A visualização do funcionamento das atividades das comissões contribui para compreendermos como as dinâmicas e organização internas se davam, sendo destacados os indicadores que constam do Gráfico 7.

Gráfico 7 - Desenvolvimento dos trabalhos nas comissões de elaboração dos PMEs (%)

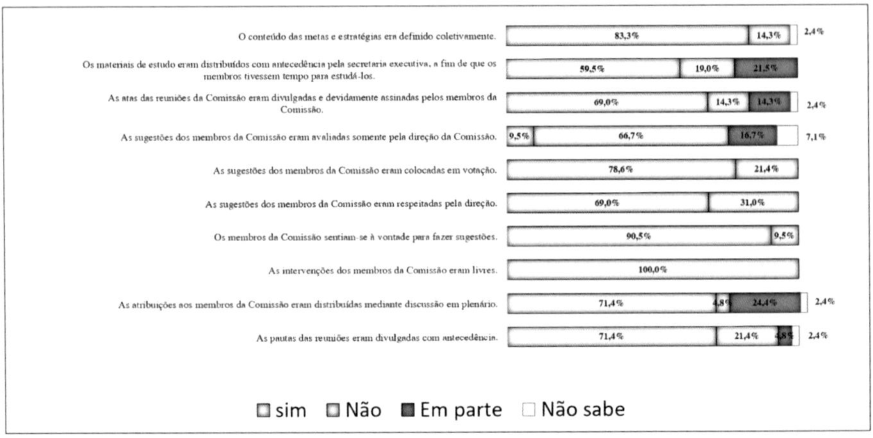

Fonte: elaboração própria a partir dos questionários

Os descritores que compõem o Gráfico 7 dão dimensão do desenvolvimento dos trabalhos das comissões e se relacionam com aspectos como ações administrativas, procedimentos e encaminhamentos, autonomia dos membros e, inclusive, com princípios do tipo de gestão efetivada.

Quanto ao funcionamento administrativo das comissões, identifica-se que para 59,5% dos respondentes os materiais de estudo eram repassados com antecedência pela secretaria executiva, todavia, para 21,4% isso acontecia somente em parte. Um total de 71,4% dos sujeitos afirmou que as pautas das reuniões eram divulgadas com antecedência o que guarda relação com a metodologia e periodicidade das reuniões discutidas anteriormente, no sentido de que os trabalhos tiveram uma sequência lógica, seja por reuniões gerais ou por grupos temáticos. No que se refere ao registro das memórias feitas nas atas, segundo 69,0% dos respondentes essas eram divulgadas e devidamente assinadas, mas é significativo retomar que não se localizou esses documentos referentes a todas as comissões, como nos casos de Silvânia e São Miguel do Araguaia. As atas de Luziânia que foram disponibilizadas referiam-se às reuniões da comissão de monitoramento e avaliação do PME, logo, não pertinentes a esta pesquisa.

De acordo com 71,4% dos sujeitos, as atribuições eram distribuídas aos membros das comissões obedecendo a deliberação do plenário, sendo que 21,4% afirmaram que se deu em parte essa forma participativa. Tal indicador tem relação direta com os demais expostos no Gráfico 7, pois, para 83,3%, o conteúdo das metas e estratégias era definido coletivamente, índice que pode ser confirmado quando 66,7% negaram a afirmativa de somente a direção das comissões era quem avaliava as sugestões dos demais membros, o que é ainda ratificado por 69,0% que reconhecerem que as sugestões dos membros das comissões eram respeitadas pela direção. Porém, o índice de 31,0% que afirma que esse respeito se dava em parte não pode ser ignorado na medida em que 100% dos respondentes sentiam-se livres no desenvolvimento dos trabalhos, mas 90,5% sentiam-se de fato à vontade para fazer sugestões.

A partir da discussão desses dados, é possível inferir que o desenvolvimento dos trabalhos nas comissões se deu de forma organizada, com conteúdos definidos, pautas estabelecidas e o devido registro realizado, guardando considerável respeito com a participação dos sujeitos na medida em que esses se sentiram livres para opinar e perceberam que suas contribuições foram consideradas pelas coordenações das comissões. Outro indicador que se relaciona com princípios de uma gestão democrática refere-se ao poder dado ao plenário de dar a palavra final, tanto em relação à distribuição de responsabilidades quanto em relação à centralização na direção para a apreciação das sugestões dadas pelos demais membros. No eixo temático seguinte, a questão da participação e da gestão será aprofundada.

Esses dados de desenvolvimento dos trabalhos das comissões podem, ainda, ser relacionados com as seguintes falas, quando indagados os coordenadores sobre o exercício de direito de voz e voto:

> *Olha, isso era muito tranquilo, a gente pegava um determinado ponto e a gente ia discutindo até haver um consenso, não chegou nenhum momento assim, acho que não teve nenhum caso em que a gente precisasse dizer 'então vamos votar... então ficou sete a*

> *cinco, aprovado'... não, sempre se discutia e conseguia chegar num consenso.* (Coordenador 5).

Em outro contexto:

> *No princípio nós começamos fornecendo as informações, então qualquer pessoa podia falar e dar a sua opinião. A opinião dela era feita no destaque, projetado, e os restantes faziam a análise, se aquela opinião dela era válida ou se melhorava o texto, ou se suprimia aquilo, ou se deixava como estava. E depois foi afunilando, foi afunilando da seguinte forma, já tinha um sistema de votação, uma checagem, se eu tinha uma informação para dar e alguém já tinha dado mais ou menos a mesma informação, essa informação já era trabalhada mais a parte, antes de levar para a plenária, e aí depois de trabalhada era apresentada e levada à votação 'cara-crachá' mesmo.* (Coordenador 1).

Essa dinâmica pode ser ratificada quando se observa os registros em questões abertas feitos pelos sujeitos ao descreverem, sucintamente, o desenvolvimento dos trabalhos das comissões. Os relatos a seguir apresentam algumas dessas contribuições, a partir das quais é possível identificar certas críticas aos andamentos dos trabalhos:

> Eram fixadas pautas divulgadas com antecedência para estudo da comissão. No dia marcado faziam-se leitura dos pontos relevantes e iniciava-se as discussões. Em algumas reuniões fazia-se a divisão de grupos por temas, onde estes levantavam as metas que depois eram discutidas em plenária para redação final. (Quest. 4)

> A 'equipe técnica' da SME sentava junto com a 'comissão de elaboração' para elaborar as pautas das reuniões, cronograma das reuniões, agenda de trabalho, etc. Os encontros eram organizados, tinham uma boa participação dos membros presentes nos momentos de estudos, discussões de propostas e nos processos de votação e deliberação das questões relacionadas ao PME. (Quest. 11)

> Juntos apresentávamos ponto a ponto do PNE, analisávamos os dados de cada segmento e depois apresentávamos a redação da nossa realidade e conforme os anseios da Educação do Município. (Quest. 18)

> As reuniões eram feitas na SME, todos participavam ativamente lendo e discutindo as metas e dando sugestões. Vale

> ressaltar que os demais segmentos não tiveram participação no Plano, embora fossem convidados não compareciam às reuniões, se restringindo ao pessoal da Educação. (Quest. 22)
>
> Nós fizemos várias reuniões, mas não foram registradas atas. Houve reuniões de estudo e de discussão e apresentação de propostas. Faltou uma melhor organização do trabalho para que as reuniões fossem mais produtivas e menos cansativas. (Quest. 26)
>
> Havia reuniões quinzenais com a presença dos segmentos que nem sempre participavam ativamente. Nunca era apresentado uma pauta pois o coordenador centralizava as ações em poucas pessoas, sendo que era limitada a participação de todos uma vez que os representantes da SME eram em maioria, os demais segmentos eram votos vencidos. A discussão foi frágil. (Quest. 30)

A pesquisa, ao abrir condições para os sujeitos expressarem-se além dos itens quantificáveis do questionário, possibilita identificar convergências e contradições em relação aos dados consolidados em percentuais. É perceptível a instauração de uma rotina de trabalho na qual nem todos os segmentos se inseriram totalmente, mas que mantém a lógica de uso do documento nacional como base para o Plano local, adequando-se, no que tinha a ideia do que era "permitido", às necessidades e aos anseios municipais.

Nessas vozes destacadas, há tanto a indicação de movimentos democráticos de desenvolvimento dos trabalhos nas comissões como também há crítica à centralização dos trabalhos nas mãos dos representantes das Secretarias de Educação. Como estamento hegemônico, os delegados das SMEs em algumas reuniões de determinadas localidades se faziam maioria e "venciam" os encaminhamentos, o que pode contribuir para o questionamento sobre a legitimidade do documento final principalmente junto à sociedade civil, mesmo quando esse foi produzido por indivíduos vinculados quase que exclusivamente ao grupo da Educação municipal.

3.2.4 Dificuldades identificadas no funcionamento das comissões

Do cenário exposto e analisado até então, é possível identificar avaliações positivas por parte dos sujeitos da pesquisa no desenvolvimento dos trabalhos, bem como distinguir dificuldades e contradições que se sobressaem em relação ao todo. Em suas falas, os coordenadores pontuaram, dentre outras, dificuldades relacionadas ao envolvimento da sociedade civil, de mobilização, de acesso e disponibilidade de dados, de sistematização, de formação e tempo adequados para realização do trabalho. Dentre os depoimentos que relatam sobre as dificuldades para realização das atividades das comissões, assim se expressa o Coordenador 3:

> *O envolvimento da sociedade civil. [...] A nossa comissão de elaboração era bem ampla, porém, só no papel, na prática a gente só conseguiu envolver a universidade pública, a universidade privada não participou, as escolas privadas não participaram, a rede estadual participou mais timidamente, então o plano foi feito, o público maior envolvido foram os servidores da rede municipal e os conselhos que são atuantes no município.*

Nessa lógica de dificuldades no campo participativo, foi citada as complicações para mobilização pelo Coordenador 5:

> *A primeira dificuldade, a maior delas, foi a de mobilização de pessoal, de fazer com que as pessoas participassem, porque... é uma coisa complicada assim, que essa questão do planejamento, principalmente o planejamento a longo prazo nem sempre seduz as pessoas porque não se vê muito resultado, assim, efetivo. [...] E depois, há essa questão prática mesmo, de como elaborar o plano, o que que pode, o que que não pode, o que que entra, o que que não entra. A gente bateu cabeça muito com isso, sabe, e perdeu muito tempo com isso.*

Essas duas falas apontam em semelhante direção das críticas feitas pelos sujeitos nas questões abertas dos questionários citadas anteriormente, quando elegem como uma das principais dificuldades o instituto da participação, principalmente dos segmentos que não estão vinculadas às Redes Municipais de Ensino. A ausência desses corrobora com a crítica feita de predomínio das vozes dos representantes das SMEs nas reuniões. Tais afirmações induzem ao aprofundamento da questão: como um documento que se propõe ser de estado, para toda Educação no munícipio, terá legitimidade e será instrumento de controle social sendo sua produção realizada por poucas vozes?

Os membros das comissões também foram questionados sobre as dificuldades de desenvolvimento dos trabalhos, segundo suas percepções, que foram consolidadas no Gráfico 8.

Gráfico 8 - Principais dificuldades para desenvolvimento do trabalho das comissões de elaboração dos PMEs

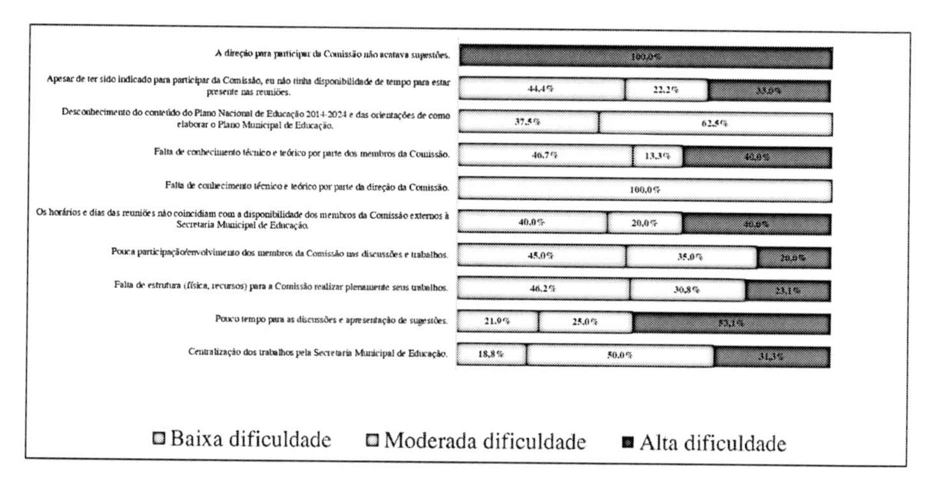

Fonte: elaboração própria a partir dos questionários

Foram apresentados na questão alguns quesitos sobre as possíveis dificuldades para o desenvolvimento dos trabalhos das comissões a fim de que sujeitos pudessem qualificá-las seguindo a escala de "baixa", "moderada" ou "alta dificuldade", aplicando às suas vivências no percurso realizado até a conclusão dos PMEs. Tais questões se vinculam a categorias como capacitação, gestão, disponibilidade do sujeito, participação e estrutura. Estão, pois, intencionalmente relacionados à percepção de funcionamento das comissões.

Quanto ao item sobre a disponibilidade do sujeito, 33,3% atestaram que sua participação acarretava alta dificuldade devido à falta de tempo, para 22,2% isso representava uma moderada dificuldade. Por ser um trabalho centralizado na SME, supõe-se que os sujeitos designados por essa tenham mais facilidade em participar, o que pode não ocorrer em relação aos outros segmentos, principalmente aqueles poucos não vinculados às escolas. Tal indicador se relaciona com a questão da agenda, pois para 40,0% os horários e dias das reuniões representaram moderada dificuldade e para 20,0% uma alta dificuldade.

No aspecto formativo, o desconhecimento do conteúdo do PNE 2014-2024 foi indicado como uma moderada dificuldade por 62,5% dos sujeitos. Interessante que o desconhecimento não foi classificado como alta dificuldade por nenhum participante. Por outro lado, a falta de conhecimento técnico e teórico dos demais membros foi visto como alta dificuldade por 13,3% e como moderada dificuldade por 46,7% dos respondentes. Isso não se aplica à direção das comissões, pois para 100% a falta de conhecimento técnico e teórico dessas foi qualificada como baixa dificuldade. Os dados desses indicadores estão interligados com as discussões feitas sobre as formações que não atingiram sequer todos os coordenadores das comissões e, consequentemente, não contemplou os demais membros. Todavia, é possível deduzir que percentual significativo desses já possuíam alguma informação ou conhecimento a respeito do Plano Nacional de Educação. Outro aspecto relevante se refere à credibilidade atribuída aos coordenadores quanto à sua capacidade técnica e teórica, que pode ser ratificada ao analisar os perfis desses sujeitos e suas vivências profissionais principalmente pelas funções ocupadas nas Secretarias Municipais de Educação.

Essa capacidade técnica e teórica dos representantes das SMEs pode, em tese, ter contribuído com a gestão dos trabalhos, pois no quesito da direção não acatar sugestões foi qualificada como baixa dificuldade por 100% dos sujeitos, o que contradiz um pouco dos percentuais expostos no Gráfico 8, em que 31,0% responderam que apenas "em parte" as sugestões dos membros da comissão eram respeitadas pela direção. Logo, a experiência prática e teórica dos membros das SMEs, enquanto intelectuais que agiam na direção das comissões, promovendo a organização e as conexões entre sociedade política e sociedade civil, contribuíram para que se desenhasse por meio dos Planos uma concepção de mundo comum a todos os sujeitos.

Ao se retomar também à problemática da concentração das coordenações das comissões nos atores vinculados à SME, é oportuno afirmar que o domínio do conhecimento contribui para gerar concentração de poder nas mãos dos sujeitos que o possui; nesse sentido, ao mesmo tempo que os membros reconhecem o capital técnico e teórico dos coordenadores das comissões, deixam em alguns indicadores extravasar essas contradições. Há uma relação de hegemonia, mas ela não está isenta de contradições e resistências, mesmo quando, utilizando de análises gramscianas, se evidencia o domínio e a direção intelectual e moral de determinado grupo sobre toda a sociedade.

Um exemplo é o indicador que trata da pouca participação/envolvimento dos membros nas discussões e estudos a que foi atribuída alta dificuldade por 35,0% dos respondentes e para 20,0% como moderada dificuldade, ou seja, ultrapassando os 50,0% num indicador essencial para a qualidade dos trabalhos. Tal constatação se ratifica ao observarmos que para os respondentes a centralização dos trabalhos pela SME fora qualificada como alta dificuldade por 31,3% e como moderada dificuldade por 50,0%. Mais uma vez a problemática da hegemonia por parte desse segmento da sociedade política é apontada como determinante, ao mesmo tempo que se coloca como igual problema a baixa participação de outros segmentos, principalmente aqueles vinculados à sociedade civil.

Esse indicador está diretamente relacionado à questão da disponibilidade e da agenda mencionadas anteriormente, sendo reforçado que o pouco tempo para as discussões e a apresentação de sugestões foram qualificados como alta dificuldade por 53,1% dos sujeitos. Os dados apontados até então que reforçam muito o fator do pouco tempo para as comissões entregarem seus produtos finais suscita à indagação: até que ponto esse perceptível aligeiramento pode ter contribuído para com a qualidade substantiva dos documentos municipais considerando-se as expectativas geradas?

Quanto à estrutura (física, recursos, condições objetivas) para as comissões realizarem plenamente seus trabalhos, é interessante destacar que, mesmo num cenário de presença majoritária da SME ocupando, inclusive, todas as coordenações nos municípios-campo, tal indicador foi qualificado como alta dificuldade por 23,1% e moderada por 30,8% dos sujeitos participantes, o que se apresenta como elemento contraditório uma vez que os próprios coordenadores assumiram que as comissões tiveram plena autonomia para desempenho de suas funções:

> *Nesse sentido, a gente não teve problema não, a nossa autonomia foi total, inclusive a gente colocou no Plano coisas que a própria gestão não via como interesse. Então, só para citar um exemplo, a gente colocou lá que a prefeitura deve criar um programa de descentralização de recursos, de repassar para as escolas recursos mais ou menos no modelo do PDDE que o Governo Federal faz. Então isso é uma coisa que a Administração vê com ressalvas, mas que não foi implantado ainda, mas está no Plano.* (Coordenador 5).

> *Sim [tivemos autonomia], eu montei todas as reuniões de acordo com meu cronograma, a secretária não interviu em nada, sabe, foi muito tranquilo. O que veio foi mesmo depois, depois do que tinha que ser realmente executado, porque aí foi outro momento do Plano. Então até quando não tinha que fazer nada, era só o documento, só o processo de construção, foi tranquilo... é aquela*

> *coisa, vamos fazer uma casa, mas ninguém sabe quanto custa nem que profissional vai precisar, então tinha ali o que era ideal dentro do Plano e depois que foi partido para a realidade, mas na época dentro da construção do Plano não tivemos problema nenhum, foi supertranquilo.* (Coordenador 2).

Pelo indicador descrito, não foi essa a percepção do total dos sujeitos participantes, mas pela fala dos coordenadores, cujos demais seguem a mesma linha, os dirigentes municipais de educação delegaram toda responsabilidade para aqueles sujeitos a fim de que conduzissem os trabalhos. Todavia, entende-se que o pleno exercício da autonomia compreende tanto o poder decisório quanto as condições objetivas para que possa ser exercido, nesse sentido, a disponibilidade de recursos que não foi percebida pela maioria dos sujeitos é um contraponto relevante quando se coloca em discussão o pleno funcionamento das comissões.

Ao se analisar o desenvolvimento do trabalho das comissões, tomando como ponto de partida a relação entre a composição proposta nos termos legais e aquela que de fato executou as funções, passando por sua organização interna, aspectos formativos, relacionais, participativos e gestionários, fez se o esforço de construir uma visão ampla desses movimentos nos municípios-campo, a fim de que possa se compreender como os trabalhos foram desenvolvidos e já apontando para algumas implicações que serão aprofundadas nos dois eixos temáticos seguintes ao se tratar da participação e da gestão e depois da percepção dos sujeitos a respeito dos Planos Municipais de Educação concluídos.

3.3 PROCESSO PARTICIPATIVO E GESTÃO

Como adiantado em alguns dados já apresentados e discutidos anteriormente, a composição das comissões decretada não foi a que de fato, em sua totalidade, realizou os processos de elaboração dos Planos Municipais de Educação. Retomando os dados da Tabela 12, 43,7% dos membros eram vinculados à sociedade política, dos quais, 85,7% à SME. Dos 56,3% vinculados à sociedade civil, 48,1% correspondiam às escolas municipais e 25,9% aos Conselhos Municipais de Educação.

A composição efetiva com essa configuração traz implicações significativas para o desenvolvimento dos trabalhos, ao passo que, conforme já apontado principalmente na percepção exposta nos questionários, evidenciou-se uma hegemonia das SMEs tanto em relação à organização quanto ao desenvolvimento das ações das comissões, por mais que também se evidenciassem vertentes democráticas na gestão. Essa constatação vai de encontro ao proposto na Lei n.º 13.005/2014 e, de certa forma, ao que preconizava o MEC por meio da Sase, ao se determinar a necessidade de ampla participação da sociedade civil no processo de elaboração dos PMEs.

A partir da identificação de centralização da coordenação em um único segmento, alguns elementos são basilares para identificarmos e aprofundarmos as análises de como as relações de poder se deram e se estabeleceram por meio do envolvimento dos sujeitos no processo de elaboração dos PMEs.

Analisando os dados expostos até então e num exercício de síntese, é possível inferir que a ampla participação com representação da sociedade civil e comunidade escolar, nos termos da Lei n.º 13.005/2014, não se deu em sua plenitude. Feitas essas considerações iniciais, de acordo com os objetivos específicos da pesquisa, o movimento que se segue é de apresentar e analisar os dados a respeito do processo participativo e das características da gestão dos trabalhos nas comissões.

Um primeiro indicador refere-se à forma de comunicação entre as coordenações e os segmentos que se deu, em sua maioria, por meio de representação delegada e indicações: 35,7% foram indicados pelo próprio segmento, mas pela chefia imediata; 31,0% foram indicados pelos pares; 28,6% por meio de convite feito pela própria SME, conforme apresentado na Tabela 10. Os meios para essa comunicação mais utilizados foram os ofícios, correspondência eletrônica e, principalmente, por telefone. Em vários momentos, em suas falas os coordenadores revelam as dificuldades em mobilizar os indicados, sendo, em muitos casos, um verdadeiro exercício de insistência para que a participação desses sujeitos de fato se efetivasse. Em muitos casos, optou-se pela substituição dos membros quando se constatava que determinados indivíduos de fato não iriam compor as comissões. Logo, a participação, principalmente dos sujeitos não vinculados às RME não foi uma prática muito espontânea o que nos remete a indagar sobre qual a importância atribuída ao Plano Municipal de Educação, se esses indivíduos tinham clareza de seu valor para as políticas educacionais locais, ou, outro fator, se a descrença no planejamento a longo prazo se fez mais evidente.

Tais constatações evidenciam a importância de que os sujeitos atribuíram ao trabalho de elaboração dos Planos vigentes para a década seguinte, no sentido de constituírem uma nova concepção de mundo, ou simplesmente delegarem essa tarefa a frações de segmentos. Assim, nos casos dos ausentes, abriram mão de atuarem como sujeitos-coletivos frente ao desafio histórico que lhes foi posto. Essa análise encontra foro nas relações patrimonialistas que ainda se estabelecem nos estamentos municipais, processo que inibe ou mesmo desencoraja a atuação participativa qualificada e submete a ação pública a interesses privados, marcas, como já dito anteriormente, ainda fortes principalmente em pequenos municípios como nos casos estudados (SILVA, 2009).

O Coordenador 5 analisa da seguinte forma a relação entre composição e participação:

> *O fato de estarem sempre as mesmas pessoas e serem pessoas ligadas à Educação, ameaça, entre aspas, o Plano porque fica uma visão, vamos dizer assim, setorizada, uma visão estreita, não é nem uma questão assim de má vontade ou de uma coisa intencional nesse sentido, mas eu, como educador, eu vou ter uma perspectiva, uma visão do educador, e às vezes tem questões do pai ou do indivíduo, do empresário, da pessoa lá de fora, que me passam despercebidas. Então o plano ele acaba ficando meio capenga nesse sentido, porque falta visão ampla da sociedade.*

Com essa concepção, é possível inferir que se amplia o risco de o Plano não ser assumido com a devida relevância pela sociedade e não ser exigido como, nas palavras de Dourado (2017), o epicentro das políticas educacionais no decorrer do decênio de sua vigência. Outra avaliação feita pelo Coordenador 5 que coaduna com essa análise refere-se ao fato de o plano não contemplar a necessária visão de totalidade, para o município, mas caracterizar-se como um documento restrito conforme a nuclearização em segmentos vinculados à RME que mais atuaram no processo de sua concepção. O próprio Coordenador 5 analisa essa dificuldade com a seguinte compreensão:

> *A nossa sociedade não está muito acostumada com esse modelo de participação. A gente vê, por exemplo, os conselhos que na teoria são um instrumento muito importante para acompanhar a gestão, para fiscalizar, para contribuir, mas, o que acontece, ninguém quer participar de conselho. Os conselhos que a gente tem aqui, Conselho do Fundeb, de Alimentação Escolar, eles acabam que reunindo sempre, quase, as mesmas pessoas que em geral são funcionários públicos que participam das reuniões no momento do seu trabalho. Então, ainda não há essa consciência de que eu posso contribuir, de que eu preciso acompanhar e fiscalizar, e também talvez não*

> *haja essa perspectiva assim, aquela ideia de que 'isso não dá em nada', 'não vai resultar em nada', 'é só blá, blá, blá'.*

O depoimento do Coordenador 5 deixa evidente a dificuldade em se construir no município uma cultura participativa que de fato saia do formalismo burocrático e contribua para a descentralização qualificada e democratização da ação pública. Os resultados efetivos da participação não são tão rápidos, palpáveis e pragmáticos frente às demandas sociais, gerando certa descrença quanto aos reais benefícios que esse processo pode trazer para o cotidiano das pessoas e melhoria da qualidade de vida com diminuição das desigualdades (TEIXEIRA, 2001).

É possível supor que boa parte dessa descrença encontra raízes em políticas que se configuraram como ações de governo em detrimento de ações do estado, que, nas palavras de Dourado (2017), instituem-se com uma lógica de descontinuidade, sem a devida materialização em prol do desenvolvimento do bem público. Nesse sentido, não se observa resultados práticos ou produtos dos movimentos participativos, desestimulando o envolvimento dos sujeitos na gestão pública.

Quanto ao envolvimento da sociedade civil, é relevante considerar que essa ainda carrega marcas da repressão advindas em duas décadas de ditadura militar, época em que os movimentos participativos, em especial os progressistas, eram duramente cerceados, além de traços marcantes de uma cultura patrimonialista. Após reabertura democrática, é salutar colocar em discussão a forma como o conceito de participação passou a ser utilizado pelo viés neoliberal, tipificando-o como puro instrumento legitimador das ações pensadas e decididas por instâncias superiores em detrimento dos reais beneficiários pelos serviços públicos (TEIXEIRA, 2001).

Nas palavras de Dourado (2006), percebe-se uma participação que se manifesta de forma tutelada, restrita e/ou funcional, configurada como desconcentração que ignora ou relativiza os anseios por descentralização qualificada. *Participação tutelada* porque se configura como uma concessão do Poder Público, em que os sujeitos respondem com uma postura de obediência e subordinação; *restrita*, ora compreendida como atuação reduzida, ora limitada, num contexto de autonomia regulada e com parâmetros rígidos de atuação; e *funcional* no sentido de que se vincula às funções exercidas pelas carreiras profissionais dos sujeitos, aproximando-se de um modelo corporativista, tanto criticado por Gramsci (2004b, 2007).

Uma das ausências muito sentidas foi do ensino superior, principalmente do setor público, como pode ser identificado na fala do Coordenador 3:

> *A gente esperava muito da Universidade Estadual de Goiás, a UEG, por quê? Porque, por exemplo, aqui tem o curso de Pedagogia e os nossos professores vêm de lá, então, quando a gente foi discutir, por exemplo, o ensino superior, nós precisaríamos que a universidade estivesse mais presente até para que eles também pudessem entender qual a necessidade que a gente tem no município com relação a formação de professores. A universidade poderia ter sido mais presente.*

Além da queixa em relação à universidade, são citados pelos coordenadores as ausências de outros segmentos como de pais, alunos e até do sindicato, que podem ser confirmadas observando aqueles que de fato participaram com maior número de representantes, como a Secretaria Municipal de Educação, o Conselho Municipal de Educação e as escolas municipais. Outra reclamação recorrente por parte dos coordenadores refere-se a não presença dos representantes dos Poderes Executivo e Legislativo. Essas são informações que podem ser vistas como complicadoras no sentido de que a sociedade política tem um papel essencial na implementação de políticas públicas visto o modelo de administração adotado no Brasil, inclusive com o pacto federativo estatuído, considerando ainda a perspectiva do estado integral (sociedade política + sociedade civil).

A SME faz parte do Poder Executivo, todavia, segundo os coordenadores, nem sempre os dirigentes municipais de educação se fizeram presentes legitimando, no que lhes cabe, o processo, mas sim atribuindo àqueles todas as responsabilidades e autonomia em relação aos planos elaborados. Percebe-se, nesse sentido, uma dissociação entre o agente técnico e o agente político, fator que pode ser complicador quando se tem em pauta a elaboração e a execução de políticas públicas. A respeito do distanciamento e a relação entre os agentes técnicos e políticos durante a ação de planejar, Matus (1993, p. 40) faz a seguinte análise:

> Como técnico o planejador deve, durante todo o processo, argumentar e dialogar com o político, a fim de verificar se o plano desenhado corresponde às expectativas e se o político compromete-se com sua materialização. Esse diálogo e argumentação são bidirecionais e permanentes. Somente assim o político valoriza, compreende e compartilha do plano em seus aspectos mais técnicos, e, consequentemente, adota-o

> como guia de ação política. Através desse diálogo supõe-se solucionado o problema de articulação da dimensão política e técnica do plano, abordando este os problemas que realmente interessam em nível político.

Para dar a dimensão e legitimidade ampliada do planejamento enquanto ação do estado, a partir dessa concepção de Matus (1993), parte-se do pressuposto de que a ausência dos agentes políticos pode contribuir para a não legitimação dos planos enquanto documentos de estado, pois o peso desses implica, em muitos casos, reenquadramento ou mesmo negação do que fora empreendido por agentes técnicos.

Buscando dar publicidade e ampliar a legitimidade do processo de elaboração dos Planos e envolver mais sujeitos e segmentos, os municípios utilizaram a realização de audiências públicas para finalização dos trabalhos, exceto em Luziânia. Extraindo-se as informações das falas dos coordenadores, nesses momentos conseguiu-se um envolvimento muito maior, inclusive de diversidade de segmentos, do que no processo contínuo em si. Por exemplo, de acordo com as listas de presenças e atas que foram disponibilizadas, em Minaçu, na audiência pública geral, contou-se com 272 pessoas, em São Miguel do Araguaia com 204 e em Itaberaí com 481 participantes. Todavia, ao se identificar a instituição a que pertenciam os indivíduos presentes, nota-se que, em sua quase totalidade, sujeitos que trabalham em unidades escolares, principalmente nas municipais. São poucos os casos em que aparecem representantes de outras instituições não educacionais nas listas de presença.

O Gráfico 9 aprofunda mais a avaliação sobre as condições de participação e de gestão das comissões.

Gráfico 9 - Processo de participação dos membros nos trabalhos das comissões de elaboração do PME

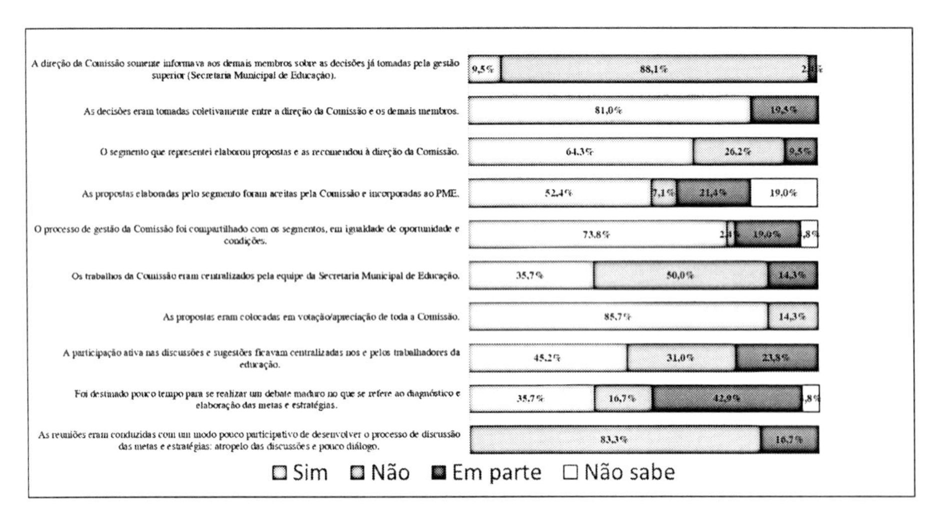

Fonte: elaboração própria a partir dos questionários

A partir da leitura do Gráfico 9, pode-se confirmar percepções que já foram, de certa forma, manifestadas em questões anteriores, ratificando que, apesar de um nível de concentração de participação em segmentos ligados aos profissionais municipais da educação e de centralização das ações e decisões por parte das coordenações das comissões, como elemento de contradição, houve um espaço de participação compartilhado e gestão com elementos democráticos, que devem ser situados nas contradições dos processos e das percepções dos atores envolvidos na pesquisa. Indicador que corrobora com essa afirmação é o fato de que para 83,3% dos sujeitos as reuniões eram conduzidas de modo participativo; apenas 16,7% dos respondentes quantificaram como "em parte" o entendimento de pouca participação na condução das reuniões. Nessa conjuntura, 85,7% responderam que as propostas eram colocadas em votação e apreciação de toda a comissão, o que confirma a metodologia de trabalho descrita e analisada anteriormente e reforça o caráter participativo com o exercício do direito a voz e voto.

Há, pois, paradoxos relevantes entre os dados quando se analisa a percepção dos sujeitos em relação ao processo participativo, pois constatou-se que, apesar de condições que poderiam fragilizar a democratização das relações, como a centralização das coordenações nas mãos da SME, os integrantes das comissões qualificaram a gestão de forma positiva.

No que tange ao controle dos trabalhos da comissão pela equipe da SME, impondo sua hegemonia, as respostas coincidem com o que já fora apresentado, sendo que para 35,7% constatou-se esse comportamento; para 50,0% isso não aconteceu. No entanto, coerente inclusive com a composição efetiva das comissões, para 45,2% a participação ativa nas discussões e sugestões ficavam concentradas nos e pelos trabalhadores em educação, 23,8% afirmaram que tal fato se deu em parte e para 31,0% avaliaram que não houve essa centralização, o que destoa ao observarmos, mais uma vez, a presença massiva de educadores municipais como membros ativos nas comissões, confrontando com a ausência de outros segmentos vinculados à sociedade civil, em sentido restrito.

Quanto ao processo de gestão e de valorização da atividade dos sujeitos, para 73,8% dos respondentes esse se deu de forma compartilhada com os demais segmentos, com igualdade de oportunidades e condições. Esse indicador se relaciona com a questão da tomada de decisões, pois para 81,0% dos sujeitos elas eram feitas coletivamente entre a direção e os demais membros; apenas para 19,0% a gestão compartilhada deu-se em parte. Tais índices estão em consonância com o item seguinte: ao serem indagados se a direção da comissão somente informava aos demais membros sobre as decisões já tomadas pela gestão da SME, 88,1% disseram que isso não ocorreu, enquanto apenas 9,5% confirmaram essa assertiva.

Considerando a importância da relação entre representante e representados, 64,3% responderam que o segmento elaborou propostas e recomendações à comissão, ou seja, por esse indicador é possível inferir que houve diálogo entre o membro e a instituição que ele representava. Ao retomarmos sobre a organização dos trabalhos das comissões, esse índice pode ser justificado pelo fato de algumas delas utilizarem a realização de grupos temáticos que discutiam também com as unidades escolares a proposição de estratégias para cada meta. Mas, em contrapartida, sobre essa questão é um percentual relevante o fato de 26,2% afirmarem que não houve elaboração de propostas pelos respectivos segmentos.

E como essas propostas foram analisadas? Segundo 52,4% dos respondentes, as propostas elaboradas pelos segmentos foram aceitas pela comissão e incorporadas nos PMEs, para 21,4% esse aproveitamento das sugestões ocorreu em parte, mas 19,0%, nesse quesito um alto índice, não souberam responder a essa questão. Ao proceder à leitura dos documentos sancionados, é evidente uma reprodução dos conteúdos da maioria das metas nos cinco municípios-campo, mas reforça a tese de que essa contribuição dos segmentos e dos demais membros se deu, principalmente, no texto das estratégias, parte em que de fato os participantes executaram o exercício de autoria.

O Gráfico 10 contribui para consolidar essas análises e percepções quanto à avaliação que os sujeitos fizeram de suas participações e no que se refere à interação com os respectivos segmentos.

Gráfico 10 – Avaliação pessoal dos sujeitos sobre o processo participativo nas comissões

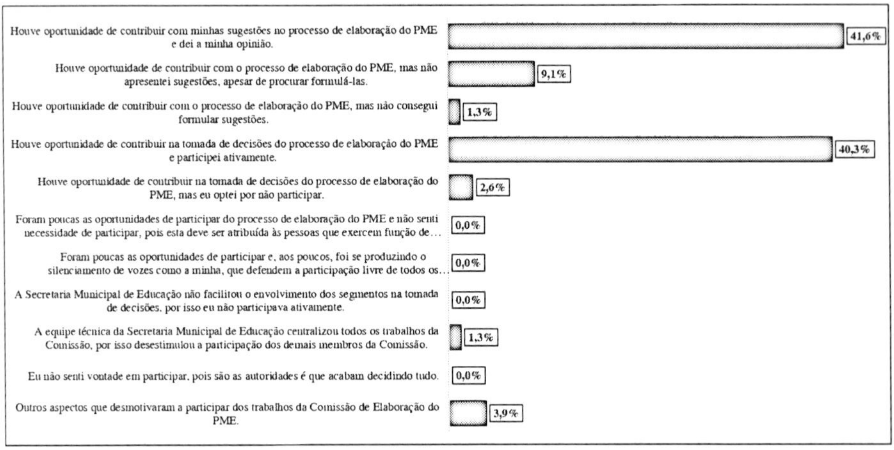

Fonte: elaboração própria a partir dos questionários

Os dois indicadores mais pontuados no Gráfico 10 referem-se à participação no processo de tomada de decisões e na oportunidade de dar sugestões, indicando, assim, uma compreensão positiva quanto ao ato de fazer parte e trabalhar nas comissões de elaboração dos Planos Municipais de Educação. Para 40,3% dos respondentes, houve oportunidade de contribuir na tomada de decisões, afirmando que executaram uma participação ativa. Coerente com essa linha de qualificação, para 41,6% houve oportunidade de contribuir com as sugestões e esses sujeitos deram suas opiniões. Já 9,1% dos sujeitos reconhecem que foi oportunizado o momento de participação, mas optaram, a despeito de terem formulado contribuições, em não apresentá-las.

É importante para a composição da análise do quadro participativo pontuar os quatro indicadores que não receberam nenhuma pontuação e que estão imbricados na forma de direção dos trabalhos e no silenciamento dos sujeitos. O primeiro item refere-se ao fato de o indivíduo não ver sentido em participar, pois as decisões seriam tomadas por autoridades; o segundo trata da afirmativa de que a SME não facilitaria o trabalho dos demais membros, desestimulando a participação; o terceiro item versa sobre o silenciamento das demais vozes devido às poucas oportunidades de participar; e o quarto item refere-se à anulação da vontade de participação do sujeito por avaliar que a direção tem mais capacitação para essa função. De forma geral, a não marcação desses quatro indicadores que abordam a inviabilização da participação dos sujeitos contribui para ressaltar que os trabalhos nas comissões compreenderam processos participativos aparentemente democráticos, na medida em que são associados a outros indicadores como os presentes no Gráfico 10, que podem ser ainda ampliados analisando-se as falas a seguir que expõem a avaliação dos membros das comissões em relação à experiência participativa:

> Como positiva, pois busquei levar à comissão **anseios do segmento que representei** e procurei estudar sobre os temas para uma contribuição efetiva e ajudar em uma **construção democrática** do PME. (Quest. 4). (Grifos nossos).

> Foi muito produtivo e a troca de experiência enriqueceu os momentos de discussões sobre os estudos realizados. A construção do PME foi de forma **bem democrática e participativa**, a comissão teve voz, as decisões foram coletivas, diferente do que acontecia no passado as decisões eram tomadas entre quatro paredes. Foi de muito aprendizado para todos. (Quest. 5). (Grifos nossos).

> A minha participação foi tão importante quanto dos outros participantes, pois estávamos **defendendo os mesmos objetivos**, sendo cada um tentando melhorar o Plano visando **melhorias na instituição que representava**. (Quest. 7). (Grifos nossos).

> Sempre procurei estar presente em todos os momentos de reuniões e discussões de **forma ativa**. Sem dúvida foi uma **experiência significativa e oportuna**, momento este que podemos contribuir e aprender mais sobre o Plano. (Quest. 12). (Grifos nossos).

> Foi uma experiência válida, mas em **alguns aspectos frustrante** por bater de frente com limitações de toda ordem, burocráticas, políticas... (Quest. 26). (Grifos nossos).

> Foi muito proveitoso, **embora muitos segmentos não participaram e a maioria dos participantes eram da Secretaria de Educação**, a qual prevalecia na tomada de decisões. (Quest. 29). (Grifos nossos).

> Foi muito bom, só não gostei por **ter mais membros da Secretaria Municipal de Educação** na comissão e **sempre erámos votos vencidos**. (Quest. 30). (Grifos nossos).

> Tive pouca participação e achei que a coordenadora responsável, a professora [nome], arcou **com quase toda a porcentagem de responsabilidade** da elaboração do Plano Municipal de Educação. (Quest. 38). (Grifos nossos).

> Foi uma experiência marcante. Esse é o segundo Plano Municipal realizado em nosso município e tive o privilégio de participar dos dois. Aprendi e contribui bastante no sentido de auxiliar a coleta de informações como **porta-voz para divulgar as decisões ao segmento que representava**. Me senti parte e também **corresponsável** por um documento tão importante. (Quest. 40). (Grifos nossos).

Essas falas selecionadas esboçam a pluralidade e contradições quanto aos processos participativos e funcionamento das comissões. Há, analisando-se inclusive as contribuições que não foram citadas, uma percepção positiva e produtiva quanto à oportunidade de participar e poder contribuir para com um momento tão relevante para a Educação municipal. Ao mesmo tempo que sujeitos afirmam que o processo se deu de forma democrática e participativa, há aqueles que reconhecem a presença majoritária de membros da Secretaria Municipal de Educação e consequente predomínio desses no controle das ações como um elemento de contradição. Nesse sentido, a participação poder-se-ia limitar a questões de legitimar o que se planejava no órgão gestor municipal, ou seja, de forma restrita e tutelada, em detrimento de formas realmente participativas e plurais. Esse complicador se associa, como dito anteriormente, à baixa pluralidade de segmentos que de fato se envolveram nos processos de elaborações dos PMEs, tanto da sociedade civil quanto da sociedade política.

Por sua vez, essa visão não homogênea quanto à qualificação da participação e da gestão dos processos nas comissões pode ser entendido como condição da própria heterenomia que marca tanto a sociedade política quanto a sociedade civil, compostas que são por diversos grupos que disputam para propagar sua hegemonia principalmente por meio da construção de consensos a todo tecido estatal, em sentido integral. Nessa lógica, os embates, contradições e até combinações que perpassam no modo de agir dos diversos segmentos são, também, condicionantes que enriquecem os momentos de elaboração e materialização das políticas públicas. Exemplo que pode servir de ilustração dessa análise foi o processo de produção do PNE 2014-2024 que, desde as avaliações do PNE 2001-2010, passando pelas conferências de educação, até sua tramitação no Congresso Nacional, viu-se marcado como campo de disputa por inúmeros atores sociais, não só aqueles vinculados ao campo da Educação.

Ao se realizar um olhar panorâmico sobre os dados esboçados até então, reforça a percepção afirmada de que não se constatou a ampla participação da sociedade civil e da comunidade educacional, utilizando os termos do artigo 8º da Lei n.º 13.005/2014, mas é possível evidenciar que aqueles que se envolveram não se restringiram a atuar de forma passiva diante do processo, mesmo em detrimento da presença ampla de representantes das SMEs, logo, da sociedade política. No entanto, fazendo uma analogia à luz da concepção de Gramsci (2007) de que no sistema hegemônico há democracia quando os subalternos são alçados à condição de dirigentes, não se percebe efetivamente no conjunto total dos dados, que os segmentos ligados à sociedade civil de fato assumiram protagonismo frente à elaboração dos PMEs, não se constituindo, assim, um movimento amplamente democrático.

Foi oportuno questionar também a respeito do acompanhamento no processo de tramitação do PME no Poder Legislativo, no entendimento de que a tarefa não se encerrara com a elaboração do documento, mas sim em sua materialização enquanto lei municipal. O Gráfico 11 a seguir concentra os indicadores das ações empreendidas pelos membros das comissões no processo de tramitação do PME após ser convertido em projeto de lei.

Gráfico 11 - Acompanhamento da tramitação legislativa do PME pelos membros das comissões de elaboração (%)

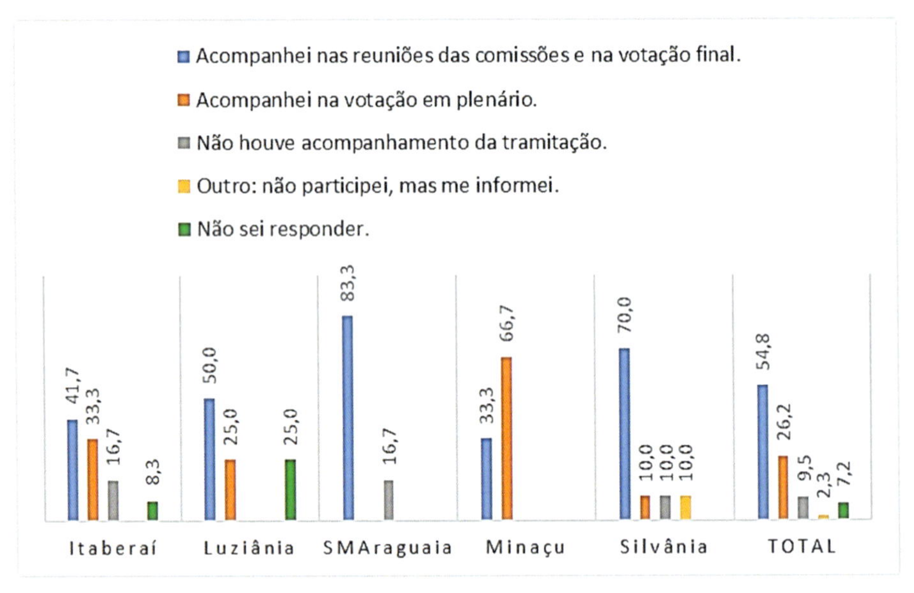

Fonte: elaboração própria a partir dos questionários

Analisando-se os dados do Gráfico 11 por municipalidade, são significativos os casos em que os membros das comissões de elaboração tiveram o cuidado de acompanhar toda tramitação do PME, desde as comissões do Legislativo até sua votação em plenário. Todavia, no caso de Minaçu, a maioria dos membros se fez presente somente no momento da apreciação final do projeto de lei, ou seja, 66,7% dos sujeitos acompanharam apenas a sua votação. São Miguel do Araguaia se destaca dos demais ao indicar que 83,3% dos respondentes acompanharam toda tramitação do PME na Câmara, seguido do caso de Silvânia com 70,0%, de Luziânia com 50,0% e de Itaberaí com 41,7% dos membros que responderam a esse item da questão.

Esses percentuais podem significar, por um lado, que as comissões de elaboração dos PMEs realmente assumiram os projetos como sendo de sua autoria, reconhecendo a relevância de sua aprovação para o contexto e o futuro da Educação municipal. Em outra perspectiva, representam que a mobilização e o compromisso assumido pelos sujeitos permaneceram até o momento final de consolidação de todas as discussões, pactuações, contradições e consensos na forma de lei. Essa mobilização pode ter contribuído para que os Planos Municipais, a exceção do município de Silvânia, fossem aprovados e sancionados sem vetos, conforme será explorado no eixo temático seguinte.

3.4 PERCEPÇÃO DOS SUJEITOS PARTICIPANTES A RESPEITO DOS PLANOS CONCLUÍDOS

Apesar da presença majoritária de trabalhadores da educação das Redes Municipais de Ensino e de apontada centralização pelos membros vinculados às Secretarias de Educação, os dados discutidos anteriormente sinalizam para movimentos democráticos durante as etapas de estudos, proposições e finalização dos projetos dos Planos Municipais de Educação dos campos da pesquisa, em que pesem os limites e contradições apontados pelos sujeitos. Nesse contexto, não foi possível constatar que, a partir do referencial teórico adotado, os demais membros da sociedade civil também assumiram posição de direção no desenvolvimento dos trabalhos.

Como movimento de conclusão da pesquisa, identificou-se ser relevante investigar a percepção de que os sujeitos envolvidos nesse processo tiveram a respeito dos produtos finais de seu trabalho, como consequência de sua participação e contribuição, seja como voz individual ou mesmo trazendo a voz dos segmentos que representavam.

A partir de tais considerações iniciais e trazendo novamente as dificuldades apontadas principalmente quanto ao conhecimento relativo ao Plano Nacional de Educação 2014-2024, à dinâmica para realização dos trabalhos e, inclusive, quanto à mobilização dos diversos segmentos vinculados à sociedade civil e à sociedade política, os indivíduos foram questionados sobre a compreensão de que tinham quanto à importância do PME para a Educação Municipal. A respeito desses pontos, na fala do Coordenador 1 pode-se identificar os seguintes elementos:

> *O Plano Municipal de Educação tem sua relevância da seguinte maneira: primeiro é aquilo que vai direcionar mesmo as políticas educacionais do nosso município dentro desse prazo estabelecido que é de 10 anos. E, logicamente, isso nada impede que nós vamos ficar presos exatamente no plano, porque algumas coisas ao planejar podem ficar fora e nós podemos avançar, sendo o plano uma diretriz, ele vai nortear todas as nossas ações, inclusive metas a serem perseguidas, a serem cumpridas e até mesmo exigidas ao governo municipal para que possamos avançar e melhorar a nossa qualidade de ensino.*

O depoimento anterior se aproxima da concepção de Dourado (2017) que traz a analogia dos planos de educação como epicentros das políticas educacionais, ou seja, nas palavras do Coordenador 1, entendendo que é a partir do PME que devem se irradiar as ações do Poder Público. Outro elemento destacável refere-se à compreensão da flexibilidade do plano, que se alinha às características apontadas tanto por Gandin (2011) quanto por Matus (1993), ou seja, por se tratar de uma peça de longo prazo, ajustes serão necessários mediante o desenvolvimento econômico, social, educacional e político. E deixa claro o foco do PME: melhorar a qualidade do ensino, inclusive, que o cumprimento das metas podendo ser exigido ao governo local. Martins (2010) argumenta ser essa uma fundamental qualidade dos planos aprovados na forma de lei: a possibilidade da sua exigibilidade por parte dos cidadãos, reflexão essa elaborada quando o autor citado analisou o não cumprimento do PNE 2001-2010 e criticou a caricatura atribuída a esse Plano como sendo uma "carta de intenções", termo de Valente e Romano (2002).

Tomando como referência a tese da exigibilidade por ser uma peça legal e, ao mesmo tempo, contrariando-a, a experiência com os planos de educação sintetizada no Capítulo 2 reforça a reflexão de Dourado (2017) de que não há uma relação linear entre a proposição e a materialização da política, prevalecendo uma lógica de descontinuidade que se impõe como lógica de continuidade. A fala do Coordenador 3 pode ilustrar, em âmbito local, esta relação:

> *[...] o processo de elaboração do Plano permitiu que a gente pudesse diagnosticar as nossas carências, os nossos pontos fracos e também onde a gente estava indo bem, os nossos aspectos mais relevantes. Eu acho o plano fundamental para a secretaria, porém ele precisa ser cumprido, ele precisa ser executado, precisa ser monitorado, então o gestor precisa ter ele aqui, em cima da mesa, ter conhecimento do que está previsto e trabalhar para que aquilo ali realmente aconteça.*

O Coordenador 3 chama atenção para a necessidade de o gestor da Educação ter conhecimento do plano, de usá-lo como uma agenda de trabalho que deve ficar sobre sua mesa, o que nos permite inferir sobre a necessidade de esses agentes políticos terem clareza da importância desses documentos-leis para a gestão educacional, também em referência ao processo de elaboração e toda energia disposta para se chegar a um produto final que, a despeito de limites e contradições, representa de certa forma o anseio por políticas de estado em sentido ampliado. O Coordenador 5 ratifica essa reflexão com as seguintes palavras:

> *O Plano tem uma importância que acho que ainda não foi percebida pelos próprios municípios e pelos gestores, principalmente. Porque quando a gente trabalhou na elaboração do Plano, e quando a gente trabalha, por exemplo, com o PAR, com os diagnósticos que vão sendo feitos, a gente vai sendo despertado para determinados aspectos que não tinham ocorrido antes. Então, o Plano, ele é um recurso importante para pensar a Educação do município, o que tem sido feito, o que tem sido falho e o que pode ser feito e o que pode ser melhorado. Então, é um instrumento que eu considero valioso que ainda não foi, e eu falo mesmo em relação a esse último Plano, ainda não foi incorporado efetivamente pelo município. E quando eu falo município eu incluo a gestão, a sociedade civil e o Poder Público de uma maneira geral.*

Ambos coordenadores apontam para após, aproximadamente, 3 anos de sua aprovação, o evidente abandono dos PMEs na medida em que esses instrumentos não têm ocupado a agenda dos gestores municipais e nem se tornado pauta da sociedade civil, no sentido de cobrar seu cumprimento, sua exigibilidade legal. Uma tese propícia a ser explorada em pesquisas futuras pode vincular à materialização ou não PMEs e do próprio PNE 2014-2024[54] sob a vigência da EC n.º 95/2016, a respeito da qual o Coordenador 4 faz a seguinte reflexão:

> *[...] ainda bem que a PEC 241 [que deu origem à EC nº 95/2016] veio depois que o plano estava pronto, que foi um balde de água fria, sabe? Você faz todo um planejamento, você sonha... a Educação é feita de sonho, né? Eu creio que os que virão vão ver uma educação mais bonita, o professor sendo mais valorizado, a educação sendo mais respeitada, porque um país que quiser crescer tem que valorizar a Educação, eu não vejo outro caminho.*

Esse depoimento vai ao encontro de análises como feitas por Amaral (2016; 2017) que indicam a "morte do PNE" sob a vigência da EC n.º 95/2016, o que impactará, certamente, na própria implementação dos PMEs na medida em que muitos investimentos nas redes locais dependem diretamente da descentralização de recursos via programas do Ministério da Educação. Logo, as políticas em curso de congelamento dos recursos orçamentários

[54] A respeito do balanço de implementação PNE 2014-2024 em seus cinco anos de vigência, ver reportagem "PNE chega à metade de seu período de vigência com 16 metas estagnadas e 4 com avanço parcial", de 27 de maio de 2019. Disponível em: http://www.deolhonosplanos.org.br/pne-5-anos/. Acesso em: 6 jun. 2019.

da União poderão trazer significativas restrições nas ações de manutenção e desenvolvimento do ensino dos demais entes federados, inviabilizando a "Educação mais bonita" que inspira a fala do Coordenador 4. Visto que muitas metas e estratégias dos PMEs dos cinco municípios-campo indicam que sua execução dar-se-á "em parceria com a União", com a diminuição do poder financiador desse ente federado, os Executivos locais enfrentarão sérios obstáculos para que os PMEs sejam implementados em sua totalidade. A presente análise leva em consideração como o pacto federativo tem de fato se consolidado a despeito das atribuições constitucionais dos entes autônomos (União, estados, DF e municípios) e em consequência da não regulamentação do regime de colaboração e da concentração orçamentária na instância federal.

Os membros das comissões de elaboração dos PMEs também foram questionados a respeito da importância desses documentos-leis, com as qualificações atribuídas aos indicadores presentes no Gráfico 12.

Gráfico 12 - Importância do Plano Municipal de Educação para o município

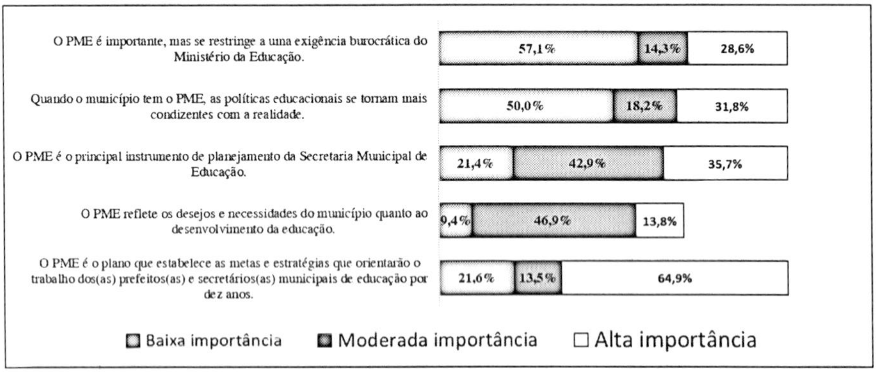

Fonte: elaboração própria a partir dos questionários

De acordo com os dados do Gráfico 12, no quesito do PME ser o principal instrumento de planejamento da SME, para 42,9% esse se configura como uma afirmativa de moderada importância, ao passo que 35,7% atribuíram a ele alta importância. É oportuno retomar a concorrência entre múltiplos instrumentos de planejamento que rivalizam ao invés de se integrarem no campo da gestão educacional, desde o Projeto Político-Pedagógico até o Plano de Ações Articuladas sendo que esse significou, até então, maior possibilidade de recursos financeiros descentralizados para os municípios. Ao qualificarem como baixa importância (21,4%), pode indicar a falta de centralidade e mesmo de pragmatismo que o planejamento decenal tem ocupado na agenda educacional, fator que se relaciona diretamente a outro indicador: 28,6% qualificaram como alta importância o fato de o PME ser visto como uma exigência burocrática do MEC, ou seja, como mais uma peça formal para o município dar conta. Todavia, é considerável que para 57,1% essa afirmativa foi avaliada como de baixa importância.

Ao atribuir alta importância para o fato de o PME estabelecer as metas e estratégias que orientarão o trabalho de prefeitos e secretários de educação (64,9%), guarda coerência à avaliação de 50,0% dos sujeitos (entre moderada — 18,2% e alta — 31,8%), ao indicador que considera que as políticas educacionais se tornam mais condizentes com a realidade quando o município tem o PME. Esse indicador se conecta à relação entre PME e seu conteúdo e permite indagações quanto a autoria e envolvimento dos diversos membros para a produção do documento, ao observarmos que para 46,9% a relação entre o plano e sua coerência com os desejos e necessidades do município expressa-se como moderada importância e para 9,4% reflete-se como baixa importância.

Associando os percentuais consolidados no Gráfico 12 com as falas dos coordenadores das comissões é possível inferir que foi construída nos municípios uma relevante identidade de importância do PME para a gestão educacional e desenvolvimento das políticas locais. Todavia, os dados também permitem deduzir que essa política de planejamento que se caracteriza essencialmente a longo prazo de implementação, não se consolidou como ação pública eficaz e efetiva tampouco com a relevância que a matéria se propõe se utilizarmos como referência, por exemplo, os documentos finais emanados das Conferências Nacionais de Educação.

A importância atribuída ao PME como elemento irradiador das políticas públicas educacionais pode estar diretamente vinculada à forma que sociedade política e sociedade civil se apropriam efetivamente do documento-lei, ou seja, o entendem como política de estado. Mas, para configurar-se como tal, a partir da concepção do estado integral (sociedade política mais sociedade civil), a mobilização em torno dos planos deve dar-se desde sua elaboração e passa, necessariamente, por sua implementação e avaliação.

Para que isso ocorra, a divulgação do plano aprovado constitui-se como procedimento estratégico, pois, em tese, aqueles sujeitos que se envolveram na etapa da produção do texto possuem um conhecimento mais ampliado do conteúdo, sendo preciso, portanto, que seja multiplicado com outros sujeitos e segmentos. No que se refere às estratégias de publicização das leis aprovadas, percebe-se nesses movimentos uma fragilização à sua efetiva adoção enquanto epicentro das políticas públicas. Nas falas dos coordenadores das comissões identificou-se o descontentamento com a divulgação muito restrita à Rede Municipal de Ensino, que se resumiu, em muitos casos, com o envio de uma cópia impressa do PME para os docentes estudarem em momento de trabalho coletivo. Assim relata o Coordenador 1:

> *A publicidade do plano na verdade ela não ocorreu na sua integralidade, da forma que deveria ser feito. Ela foi mais elaborada da seguinte forma: impresso e mandado para as escolas. Devido a custos, nós não tínhamos um site onde poderiam ser projetadas essas informações, então a divulgação mesmo ela foi mais boca a boca e material impresso nas unidades escolares. Para a sociedade houve essa discussão? Não visualizei isso, nem mesmo na rádio local que nós temos foi divulgado o plano em si.*

O Coordenador 2 expõe uma experiência mais emblemática:

> *Eu participei de uma reunião em Goiânia que foi sugerido, uma reunião da Undime, foi sugerida essa divulgação do plano e, assim, nem é bom a gente citar isso, na época não foi permitida a divulgação, não foi, a minha sugestão à época à secretária era que a gente fizesse um caderninho, que a gente publicasse inclusive no site da Secretaria de Educação, mas foi pedido que não fosse feito. Quando chegou aquele sistema de monitoramento, o Conviva, aí eu comecei a dizer o seguinte: 'gente, e agora que o plano não está sendo executado, que a gente não tem Fórum [Municipal de Educação]? Como é que nós vamos fazer isso, já com seis meses de Plano aprovado?'. E, infelizmente, professor, eu ouvi dizer assim: 'não faça, não faça, enquanto puder ficar quieto é para ficar quieto, enquanto não for cobrado não é para ser feito'.*

Se levarmos novamente em consideração a importância atribuída ao PME pelos sujeitos envolvidos em sua elaboração, ambos relatos podem evidenciar contradições no que tange às aspirações que foram suscitadas em todo o processo. Permite, ainda, a dedução de que todo o processo deflagrado para produção dos documentos, mesmo que de forma aligeirada e sem a clareza que se fazia necessária, constitui-se mais em uma resposta burocrática dos municípios para atender às exigências da Lei n.º 13.005/2014.

Um processo de elaboração que, de fato, não contou com ampla participação da sociedade política e da sociedade civil associada a não publicização desses documentos-leis são fatores incisivos que podem contribuir para o fracasso da política de planejamento e gestão da Educação inspirados pelo PNE 2014-2024 e referendado, em muito termos, pelas vozes consoantes nas conferências de educação realizadas em suas diversas etapas.

Tal contexto e condições contribuem, cada qual à sua medida, para minimizar ou mesmo apagar os avanços conquistados seja com o processo de elaboração, seja com o próprio PME em si, avanços que podem ser identificados nas seguintes falas:

> *Eu acho que a amplitude dele [do PME], ele conseguiu enxergar a Educação como um todo, não está restrito às escolas da Rede Municipal, o fato de ser um Plano de Estado, não ser um plano de governo, mas um plano para um período mais longo. Essa visão assim mais ampla acho que foi o principal avanço.* (Coordenador 5).

Em outras palavras:

> *O plano atual, por ele ter sido discutido como o pessoal que está lá, dentro da sala de aula, na escola, então ele tem mais a cara do município, ele dialoga com essa realidade local. Mas, fora isso, o avanço que eu consigo perceber é que a gente tem um documento hoje estruturado, que a gente consegue olhar para esse documento e ver onde é que a gente conseguiu avançar e onde é que a gente não está caminhando, mas como esse documento não é tido muito como um documento norteador para a gestão, eu acho que não avança, que não avançou nesse sentido.* (Coordenador 3).

Essas duas falas que representam, nos aspectos gerais, as constatações dos demais coordenadores, enfatizam elementos que vêm sendo trabalhados logo no início deste texto: o entendimento dos Planos de Educação, segundo Dourado (2017), em que pesem seus limites e contradições, enquanto políticas que mais se aproximam das políticas de estado, que trazem em si, mediante um processo democrático e inclusivo de produção, as possibilidades de construção de uma agenda proativa para o campo educacional. Todavia, essas falas evidenciam, mais uma vez, a não linearidade entre a proposição e a materialização da política, principalmente no que se refere à assumência da sociedade política representada pelos gestores municipais em dar concretude aos PMEs. Também indica, como já mencionado anteriormente, a não incorporação dos planos na agenda da sociedade civil, nem mesmo dos segmentos vinculados ao setor educacional.

Ampliando a discussão e análises sobre a temática dos avanços presenciados nos processos de produção do texto e no documento final em si, os membros das comissões fizeram o enquadramento que consta no Gráfico 13.

Gráfico 13 - Principais avanços identificados no processo de elaboração do PME e no documento final

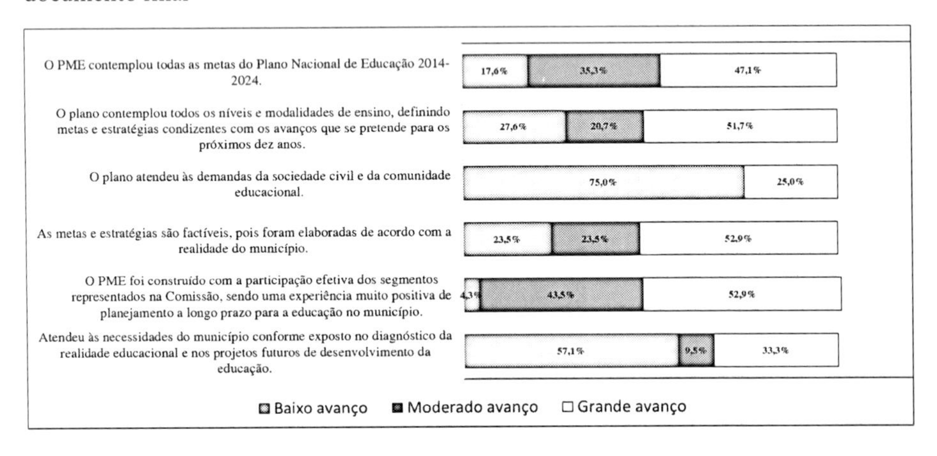

Fonte: elaboração própria a partir dos questionários

No que se refere ao processo de elaboração, em específico à efetiva participação dos segmentos representados nas comissões, 52,2% qualificaram como grande avanço a experiência do planejamento a longo prazo, o que pode ser ratificado retomando aos dados que já foram discutidos anteriormente.

Quanto ao conteúdo dos PMEs, destaca-se a referência à articulação desses com o PNE 2014-2024 ao observarmos que para 47,1% dos respondentes ter contemplado todas as 20 metas significou um grande avanço, dado que está articulado à avaliação positiva para 51,7% o fato dos PMEs terem contemplado todos os níveis, etapas e modalidades do ensino. Essa compreensão é coerente com a visão macro de planejamento, no sentido de entender o Plano Municipal não como um plano restrito à RME, mas um plano para toda a Educação no município.

Também se caracteriza como dado relevante o percentual de 52,9% que qualificou como grande avanço as metas e estratégias serem factíveis, pois estão coerentes com a realidade municipal. Se tomarmos esse dado em detrimento do flagrante abandono dos PMEs, conforme relataram os coordenadores, infere-se que a não implementação das metas e estratégias pode estar relacionada à opção política dos gestores municipais, isto é, na visão de incompreensão dos planos enquanto políticas de estado e não de governo. Nesse sentido, considerando que os PMEs são condizentes à realidade local, sua não execução implica negar à população o desenvolvimento dos sistemas de ensino conforme suas necessidades.

Todavia, apesar de contemplar as metas do PNE 2014-2024 em todos os níveis e modalidades, de serem metas factíveis e de os PMEs terem sido construídos com a participação dos segmentos que se comprometeram com o processo, bem como com qualificações expostas nos gráficos anteriores, identifica-se certa contradição com os seguintes indicadores: 57,1% identificaram como baixo avanço o quesito de o PME ter atendido às necessidades do município na relação entre diagnóstico e projetos futuros. Para 75,0% foi de moderado avanço o atendimento nos planos das demandas da sociedade civil e da comunidade educacional, utilizando os termos da Lei n.º 13.005/2014; apenas 25,0% qualificaram esse item como grande avanço. Tais percentuais e respectivas qualificações destoam, de certa forma, das avaliações realizadas pelos sujeitos em outros itens, quando se presumia uma resposta majoritária quanto à relação entre o PME, o diagnóstico e projetos futuros, assim como um atendimento qualificado de grande avanço quanto às demandas da sociedade civil, mesmo que representada por poucos segmentos.

Associada à pauta dos avanços advindos com a elaboração e aprovação dos PMEs, assim como aquelas relacionadas às principais dificuldades discutidas na segunda parte deste capítulo, está a percepção de que os sujeitos têm quanto aos desafios para a materialização dos planos enquanto política de estado.

O Gráfico 14 traz a quantificação dessas percepções.

Gráfico 14 - Principais dificuldades para o cumprimento dos PMEs segundo os membros das comissões

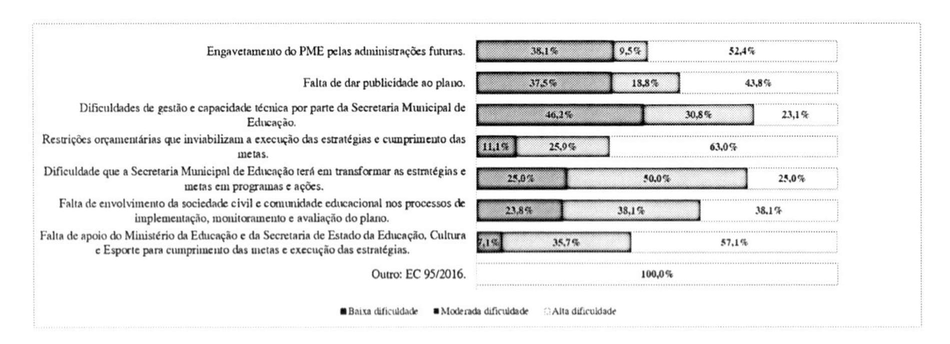

Fonte: elaboração própria a partir dos questionários

Um primeiro dado a ser destacado no Gráfico 14 refere-se ao ponto já discutido anteriormente quanto à publicização do plano aprovado. Para 43,8% dos respondentes a falta de publicidade do documento caracteriza-se como uma alta dificuldade, o que faz sentido pois se a sociedade e o Poder Público não tiverem conhecimento do plano, haja vista que sua construção não se deu de forma muito ampliada, poderão não ter o comprometimento para colocá-lo em pauta nem mesmo para exigir seu cumprimento na forma da lei.

Por ter vigência decenal que, como já mencionado, vigorará por três gestões governamentais, para 52,4% a possibilidade de "engavetamento" do plano pelas gestões futuras é um fator de alta dificuldade. Retomando as falas desses sujeitos, é possível constatar que o engavetamento dos planos já está acontecendo pelas próprias gestões que propiciaram a sua elaboração. O depoimento a seguir vai nessa direção:

> *Eu poderia dizer que o principal desafio é cumprir, mas não é. Como eu te disse, nosso Plano não tem nada de excepcional, ele prevê que a gente cumpra metas e estratégias que vão melhorar uma rotina que já existe, um atendimento que já existe. Para mim o maior desafio é fazer com que os gestores se apropriem dele e entendam que ele é um documento que tem que nortear o trabalho deles. Para mim o maior desafio é esse, que eles se apropriem do documento e entendam que precisam trabalhar de acordo com o Plano.* (Coordenador 3).

As percepções e constatações tanto dos membros quanto dos coordenadores das comissões reforçam a tese da aprovação dos PMEs mais por pressão do Ministério da Educação do que no desejo político coletivo de se alinhar as ferramentas de planejamento entre os entes federados e definir uma agenda positiva, além das ações de governo, para o desenvolvimento da Educação local, em todos seus níveis e modalidades. Nessa percepção, reforça-se o status quo vigente na relação interfederativa estabelecida atualmente no país, com a União assumindo a direção e o domínio da pauta nacional de Educação.

Logo, extraindo dos dados do Gráfico 14, no que concerne à ação do Poder Executivo, para 25,0% dos respondentes a SME terá alta dificuldade em transformar o PME em programas e ações, sendo esse item qualificado como moderada dificuldade por 50,0% dos sujeitos. Ou seja, é possível deduzir que não há muita clareza em como trabalhar a parte da implementação dos planos na rotina prática das Secretarias de Educação, com vistas a traduzir as metas e estratégias em programas, em projetos específicos que efetivem o seu cumprimento. Há, pois, um conflito entre a relação teoria (o Plano) e a prática (materialização), na medida em que, à luz de uma compreensão gramsciana, o PME se fixa como um devir histórico que, considerando os anseios que representa, pode contribuir para melhoria do atendimento e qualidade educacional, entendida aqui como uma concepção de mundo.

Por outro lado, é interessante perceber que para 46,2% a dificuldade de capacidade de gestão e técnica das equipes das SMEs é considerada baixa, reconhecendo que esses sujeitos têm condições de operacionalizar a materialização das políticas. A associação entre a capacidade das equipes e a materialização dos PMEs pode ser identificada no relato seguinte:

> *Os desafios são muito grandes, porque... aquilo que eu disse, nós não estamos muito acostumados a trabalhar com planejamento, ainda mais um planejamento a longo prazo, mas a vantagem desse Plano é que há cobranças periódicas por acompanhamento, pelo monitoramento. Então, nós temos uma comissão de monitoramento do plano que ainda está aprendendo a trabalhar nesse sentido. O grande desafio acho que é, não sei, acho que é a implementação mesmo do Plano, porque a dificuldade que a gente tem tido é que a gente está sempre um passo atrás, a gente vai analisar 'nossa, essa meta aqui precisa ser cumprida, não foi... quem vai, tal, como que vai ser efetivado isso?'. Então, o grande desafio é este mesmo, de mobilizar todo mundo em torno daquilo que está expresso no plano.* (Coordenador 5).

Analisando-se os dados qualitativos e quantitativos, evidencia-se que uma demanda se refere à capacidade dos gestores municipais em colocarem os PMEs como suas agendas de trabalho, envolvendo tanto a sociedade civil quanto a sociedade política. É importante destacar que para 76,2% dos respondentes, a falta de envolvimento da sociedade civil e comunidade educacional, nos termos da Lei n.º 13.005/2014, nos processos de implementação, monitoramento e avaliação dos PMEs correspondem a um desafio de moderada a alta dificuldade.

As perspectivas assumidas no PNE 2014-2024 de ampliação do atendimento e de melhoria da qualidade do ensino pressupõem como essencial a presença da União frente ao Sistema Nacional de Educação incorporando um maior compromisso principalmente em relação ao financiamento para manutenção e desenvolvimento do ensino, no caso específico das RMEs correspondendo à educação básica. Por isso, a Meta 20 ocupa a centralidade no PNE, pois sua materialização implica contribuir com os entes federados para atendimento de suas demandas. Nesse contexto, a falta de apoio do MEC e da Secretaria Estadual de Educação é qualificada por 57,1% dos sujeitos como um fator de alta dificuldade para o cumprimento dos PMEs, com 35,7% que avaliaram esse indicador como moderada dificuldade.

Esse dado encontra referência na problemática da restrição orçamentária que sofrem os municípios, sendo que para 63,0% essa é uma condição de alta dificuldade. Parafraseando Chico Buarque, trocando em miúdos, sem o aporte financeiro da União dificilmente os municípios conseguirão implementar os Planos Municipais de Educação, principalmente no que se refere a pautas como a ampliação do atendimento, valorização dos profissionais da educação e melhoria com qualidade do ensino. A fala seguinte reflete muito este contexto:

> *[O maior desafio para cumprimento do PME] Recursos financeiros. Nós temos ações dentro do plano que precisam de recursos financeiros e logicamente o segundo passo seria recursos humanos. Nós estamos entrando numa fase de crise, o Brasil está em crise, nosso município não é diferente dos outros, algumas ações demandam investimentos mais pesados, por exemplo, reformas de escolas precisam de um investimento mais apurado e o município não tem como dispor de recurso, aí nós temos que ficar com a sacolinha junto ao FNDE, junto ao estado, buscando recurso para reformar escola.* (Coordenador 1).

O cenário que passou a ser construído no Brasil, com recrudescimento do viés neoliberal, não é, conforme já sinalizado, de forma alguma favorável aos Planos de Educação. Aproximando-se desse entendimento, o item "Outro" do Gráfico 14, qualificado como alta dificuldade, refere-se à EC n.º 95/2016 que, somado aos constantes contingenciamentos e cortes de recursos na pasta da Educação desde 2015, implicando na paralização e até mesmo extinção de muitos programas, comprometem a materialização dos planos.

Outra política negativa foi a extinção da Sase/MEC[55] pelo Governo Bolsonaro sem a criação de outra secretaria equivalente que oriente e acompanhe os entes subnacionais, e o próprio MEC, nessa etapa crucial, que seria a de monitorar e avaliar a exequibilidade dos planos. Segundo o Relatório da Comissão Externa para Acompanhamento dos trabalhos do Ministério da Educação da Câmara dos Deputados, "a extinção da Sase resultou em um esvaziamento ainda mais evidente na coordenação de atividades com as redes de ensino dos órgãos de educação dos entes subnacionais. Evidencia-se também a inércia do órgão em priorizar a criação de um Sistema Nacional de Educação" (CÂMARA, 2019, p. 9).

Tudo corrobora para, já num contexto histórico de descontinuidade como lógica de continuidade, nas palavras de Dourado (2017), abandono dos planos como epicentro das políticas públicas educacionais. Reforça-se, assim, o descompasso de apesar de terem assumido feições de política de estado no seu processo de elaboração, não estão constituindo-se como tais em sua fase de materialização.

Mesmo com todo esse cenário desfavorável, é identificável nos relatos dos coordenadores perspectivas otimistas quanto ao legado que o processo de elaboração dos PMEs deixou nos munícipios:

> *A capacidade de mobilização, porque fazer o plano dentro de gabinete tecnicamente ele é muito mais rápido e menos trabalhoso, mas não é o ideal, não é o correto. Então, tanto a classe trabalhadora, e aí não é só a classe dos profissionais da educação, nós temos também os pais que fazer parte dentro de certa representatividade dos conselhos e das escolas. Então para se mobilizar a classe é uma coisa meio complicada de fazer, cada um tem o seu olhar voltado para suas necessidades, então eu acredito que o maior legado é essa mobilização, além do avanço mesmo da elaboração ou do andamento.* (Coordenador 1).

[55] Ver a reportagem "MEC extingue Sase, secretaria responsável por articular o PNE", veiculada em 20 de fevereiro de 2019. Disponível em: http://www.deolhonosplanos.org.br/mec-extingue-sase/. Acesso em: 22 fev. 2019.

Para o coordenador seguinte, a visão de totalidade é destacada:

> *A principal aprendizagem é a importância do planejamento mesmo e da organização para que as coisas aconteçam de uma forma realmente efetiva, porque eu estou na SME há vários anos, e o que eu observo é assim, as ações são empreendidas de forma muito pontual, sem ver o global, dificilmente alguma coisa foi feita pensando daqui a 10 anos, daqui a 20 anos, mas pensa no hoje, daqui um mês... e o plano faz com que a gente volte o olhar para o futuro, para uma visão assim mais ampla. Então esses instrumentos têm sido importantes para isso, para abrir a cabeça, não apenas dos gestores, mas de todo mundo, da sociedade, da escola, do professor, para esses aspectos mais amplos, que você não pode ficar pensando só no aqui e agora, tem que ter uma visão mais ampla.* (Coordenador 5).

Segundo relata o Coordenador 5, a mobilização que colocou os PMEs na centralidade da pauta educativa possibilitou, dentre outros pontos já destacados neste texto, a visualização ampla não só a curto prazo das questões educacionais locais, como oportunizou pensar como e onde se quer chegar daqui a 10 anos, o que é uma relevante contribuição advinda com o planejamento a longo prazo, na medida em que rompe com a improvisação, com os casuísmos e com a fragmentação entre políticas de governo.

Nesse sentido, visto o conjunto dos dados expostos e analisados, a partir do aporte teórico e histórico adotado, há a concordância com Dourado (2017) de que, a despeito de suas limitações e contradições, os Planos de Educação são o que mais se aproximam de políticas de estado para a Educação brasileira. Cumpre o desafio de fazê-los de fato pauta da ação do Poder Público e a agenda da sociedade civil, logo, do estado em sentido integral. Neste sentido, os planos são entendidos como o viés da possibilidade assim compreendida:

> A possibilidade não é a realidade, mas é, também ela, uma realidade: que o homem possa ou não possa fazer determinada coisa, isto em importância na valorização daquilo que realmente se faz. Possibilidade quer dizer 'liberdade'. A medida da liberdade entra na definição de homem. [...] Mas a existência das condições objetivas — ou possibilidade, ou liberdade — ainda não é suficiente: é necessário 'conhecê-las' e saber utilizá-las. Querer utilizá-las. O homem, neste sentido, é vontade concreta: isto é, aplicação efetiva do querer abstrato ou do impulso vital aos meios concretos que realizam esta vontade. (GRAMSCI, 1978, p. 47, grifos no original).

CONSIDERAÇÕES FINAIS

A presente pesquisa, ao tematizar a respeito do planejamento educacional como referência para análise do processo de elaboração dos Planos Municipais de Educação em Goiás, com recorte em cinco localidades (Itaberaí, Luziânia, Minaçu, São Miguel do Araguaia e Silvânia), teve como premissa o argumento da necessidade de previsão, de sistematização e racionalização da ação pública em prol da construção de um sistema educacional pautado na eficiência, eficácia, efetividade e relevância social. Essa necessidade se impõe no contexto do modelo federativo estatuído com a Constituição Federal de 1988, carente de regulamentação, cujas características vigentes se impõem por meio de políticas descentralizadas verticalmente da União para os demais entes federados.

Partindo do pressuposto e defesa de um sistema educacional estruturado em bases da qualidade social e num federalismo de cooperação, entende-se o planejamento como sistematização das direções que se pretende imprimir à ação do estado, contribuindo para construções societárias que enfrentem e minorem as desigualdades sistêmicas que afligem o Brasil, que emperram a equalização do acesso aos direitos sociais. Portanto, em linhas, gerais, o planejamento educacional tem a função de indicar que rumos seguir, rompendo com os espontaneísmos, improvisações e imediatismos que marcam muitas gestões públicas, indicando onde se pretende chegar ao findar da caminhada. Nesse sentido, importa o caminho quando se tem clareza dos seus princípios e objetivos, "para onde se quer ir", e o planejamento educacional enquanto estratégia do estado pode contribuir nessa jornada.

Essas referências teórico-políticas marcaram a realização desta pesquisa que elegeu como objeto o processo de elaboração dos Planos Municipais de Educação em Goiás, materializada a partir da investigação desses meandros em cinco municípios: Itaberaí, Luziânia, Minaçu, São Miguel do Araguaia e Silvânia, sendo um de cada mesorregião do estado. Metodologicamente, optou-se pelo desenvolvimento de um estudo de caso estruturado como um projeto paralelo convergente de métodos mistos, cujas fontes de dados foram documentos, entrevistas semiestruturadas e questionários. Não se intencionou, conforme discutido, que as realidades ora expostas em separado, ora evidenciadas em conjunto, tivessem seus contextos generalizados para todo contexto goiano, mas sim apresentá-los como ponto de inflexão que pode contribuir com a análise a respeito dos movimentos empreendidos de elaboração dos PMEs em outras localidades.

Partiu-se, dentre outros pressupostos, da necessidade de estabelecimento de postulados teóricos que contribuíssem para análise dos dados e compreensão do objeto. O Capítulo 1 cumpriu com essa função, demarcando os referenciais que balizaram a construção, análises e sínteses. Como primeira distinção, no campo das políticas educacionais no qual se situa a temática deste livro, foi necessário buscar uma concepção de estado que norteasse o empreendimento teórico do pesquisador. Para tanto, o conceito de estado integral formulado por Gramsci foi o escolhido para, à luz desse referencial, empreender a análise dos processos de elaboração dos planos de educação enquanto arenas de debates, pactuações, contradições e consensos entre sociedade política e sociedade civil, num contexto em que os grupos vinculados a esta se tornam cada vez mais robustos e influenciando a ação dos governos. Logo, a distinção metodológica entre sociedade política e sociedade civil, marcadas que são por sua heterogeneidade e constante movimentação de grupos a fim de propagar sua hegemonia, contribuiu para se analisar até que ponto os PMEs se constituíram como documentos de estado ou de governo durante o processo de sua elaboração, ou seja, se contaram com a participação ativa de sociedade política e sociedade civil na definição de uma nova concepção de mundo a partir de uma agenda decenal para a Educação, carregando seus anseios e suas perspectivas.

Passo seguinte após a definição quanto ao conceito de estado foi situar o status quo dos municípios, campos do presente estudo, no arranjo federativo brasileiro. Ponto de confluência entre os referenciais elencados foi a condição não absorvida ainda pelos municípios da condição de ente federativo autônomo, advinda com a Constituição Federal de 1988. Apesar desse status inédito, em comparação a outros países federados, observa-se que os municípios brasileiros continuam numa dependência sistemática das políticas pensadas, administradas e financiadas pela União, em processos que muitas vezes mais se qualificam como desconcentração do que de fato cooperativamente descentralizado. Um fator que corrobora com essa análise, conforme demonstrado no caso educacional, é o fato de o município ser o ente que mais concentra matrículas[56] na educação básica. A não regulamentação dos artigos 23 e 211 da Constituição Federal, assim

[56] Segundo o Censo Escolar 2018, as redes municipais atenderam 67,8% das matrículas de anos iniciais e 42,8% dos anos finais do ensino fundamental, enquanto as redes estaduais atenderam 41,9% de 6º ao 9º ano (INEP, 2019, p. 3).

como a não instituição do Sistema Nacional de Educação, somado ao quadro de desproporcionalidade na política tributária, contribuem para que os municípios não atinjam a plenitude da autonomia prevista na Carta de 1988. Todavia, não só fatores exógenos agregam a essa condição, mas também há de se considerar a própria história dos municípios ao longo de sua institucionalização, pois as marcas do patrimonialismo e clientelismo que se perpetuam nas gestões públicas ainda são muito intensas, a despeito de todo processo democrático e participativo já alcançados no âmbito das políticas públicas.

Tomando como referência essas análises, o Capítulo 2 cumpriu o importante papel de historicizar o processo de planejamento educacional brasileiro a partir da República (1889), percorrendo planos de governo, leis, decretos e ações da sociedade civil, como o Manifesto dos Pioneiros da Educação Nova, nas décadas de 1930 e 1950. Esse percurso contribuiu para situar o contexto de elaboração dos planos de educação, de forma a indicar como o "Estado planejador" foi sendo constituído no Brasil e como os planos foram sendo configurados, muitas vezes como instrumentos elaborados sob forte influência de organismos internacionais como a Cepal e a Unesco. Num contexto histórico recente, deu-se ênfase nos dois PNEs aprovados na forma de lei, buscando evidenciar como sociedade política e sociedade civil se articularam por meio de seus plurais grupos, até a aprovação do documento e sua respectiva sanção. A pesquisa bibliográfica apontou para a secundarização do PNE 2001-2010 que se configurou mais como um plano de governo do que um plano de estado, na medida em que não conduziu a ação do poder público nem foi pautado pelos movimentos da sociedade civil. Conforme exposto, outro fator que pode ter colaborado para seu escanteamento foi justamente a não aprovação de planos correlatos por estados e municípios. Nesse sentido, é possível afirmar que o PNE 2001-2010 não se constituiu como política efetiva que viesse a contribuir para o redesenho do regime de colaboração entre os entes federados.

O PNE 2014-2024, Lei n.º 13.005/2014, começa sua trajetória em contexto diferente, a começar pelo exercício do Executivo nacional ser conduzido por uma vertente progressista e que intensificou o diálogo com a sociedade civil por meio de conferências de educação. Essas mobilizaram a partir de 2008, municípios e estados para a discussão em torno de um novo plano de educação a partir das emanações da Emenda Constitucional n.º 59/2009 que deu nova redação ao artigo 214 da CF/1988. A produção do texto do PNE 2014-2024, em seus quase 4 anos de tramitação legislativa, contou com significativa mobilização de grupos vinculados à sociedade civil e à sociedade política, contribuindo para que muitos anseios da Conferência Nacional de Educação de 2010 fossem incorporados ao texto, mas também mantendo contradições como um modelo de avaliação educacional e de gestão meritocráticos, assim como a disputa pelo fundo público por grupos privatistas. Sem descuidar de seus limites e contradições, o PNE 2014-2024, levando-se em consideração sua abrangência, princípios, bases legais e o empenho do estado em sentido integral para sua formulação, constitui-se, conforme já referenciado neste trabalho, como o instrumento que mais se aproxima de uma política de estado para a Educação brasileira.

Entre seus ordenamentos, a Lei n.º 13.005/2014 determinou a instituição de instâncias interfederativas entre União, estados, DF e municípios com a atribuição de monitoramento e avaliação contínua do PNE 2014-2024. Diferentemente do PNE 2001-2010, o plano vigente ainda estipulou que os entes subnacionais teriam o prazo de um ano para a aprovação de planos estaduais, distrital e municipais com conteúdos consonantes com o documento nacional. Os dados apontam que a quase totalidade desses entes cumpriram essa demanda, ou seja, pela primeira vez na história do planejamento educacional brasileiro foi formada uma rede entre planos nacional, estaduais, distrital e municipais de educação de tamanha abrangência, pois quase 100% dos entes contam com suas leis aprovadas. Justamente esse movimento empreendido, as mobilizações que em tese aconteceram nos municípios provocaram indagações que se materializam no estudo desenvolvido nesta publicação, com o objetivo de evidenciar como se deu o processo de elaboração dos PMEs nos municípios, se deviam contar, conforme os dispositivos da Lei n.º 13.005/2014, com ampla participação da sociedade civil e comunidade educacional. Para que esses índices de elaboração de planos de educação fossem atingidos, foi destacado o arranjo interinstitucional empreendido sob a coordenação da Sase/MEC que constituiu uma rede formativa e orientativa de apoio aos municípios em parceria com Undime, Consed e Uncme. Conforme foi constatado nos dados empíricos, essa ação de articulação entre os entes federados, num processo que se aproxima do regime de cooperação, ocupou importante destaque na medida em que a Undime provocou os secretários municipais de educação quanto à necessidade de aprovação dos PMEs e os consultores que ficaram responsáveis por regionais passaram a ter contato direto com os coordenadores designados para a função de elaboração desses planos. Se a Lei n.º 13.005/2014 não estipulasse prazo para os entes subnacionais e a Sase/MEC não tivesse se articulado com esses, a partir dos referenciais históricos e as tramas do federalismo brasileiro não regulamentado, é possível que não se atingisse uma quase universalização de planos decenais dos entes federados elaborados.

No Capítulo 3 expôs-se os dados e respectivas análises da pesquisa empírica realizada nos municípios de Itaberaí (mesorregião Centro Goiano), Luziânia (Leste Goiano), Minaçu (Norte Goiano), São Miguel do Araguaia (Noroeste Goiano) e Silvânia (Sul Goiano). Objetivou-se historicizar e analisar o processo de produção dos PMEs naquelas localidades, abrangendo o envolvimento da sociedade civil e da sociedade política nessa empreitada, captando inclusive as iniciativas locais e a influência federal. Visou ainda identificar e analisar as percepções dos sujeitos envolvidos tanto em relação ao processo de elaboração dos PMEs, quanto em relação aos textos aprovados pelos legislativos municipais. Apesar de a pesquisa abranger municípios com indicadores educacionais, demográficos e socioeconômicos distintos, a condução dos processos que cada um empreendeu para a elaboração do PME os aproxima, o que evidencia o fato de que receberam orientações padronizadas por meio do arranjo Sase/Undime/município. Outra informação relevante foi a assumência da coordenação local dos trabalhos por profissionais da educação experientes no campo do planejamento educacional, servidores efetivos e lotados nas Secretarias Municipais de Educação, indicando a centralização nas mãos da sociedade política. Quanto à composição das comissões, constatou-se que a proposição nos decretos e portaria de nomeação não se efetivaram na prática. Os segmentos arrolados em considerável parte não se efetivaram no decorrer dos trabalhos e não houve substituições. Com isso, as composições das comissões foram se amoldando conforme a elaboração dos PMEs foi sendo desenvolvida. Os profissionais da educação municipal foram os sujeitos que mais participaram dos processos, evidenciando uma baixa participação de demais instituições ou organizações da sociedade civil, o que provoca questionamentos quanto à pluralidade necessária para a produção de um documento que se propunha na envergadura para toda a Educação do município, não apenas da Rede Municipal de Ensino, como política de estado.

Associado a esse quadro representativo restrito, evidenciou-se por meio dos questionários que a condução dos trabalhos se apoiou nos materiais produzidos pela Sase/MEC (Coleção *Planejando a Próxima Década*) e no próprio PNE 2014-2024 como documento-referência para elaboração dos PMEs. A despeito de os cinco municípios terem um plano elaborado sob a vigência do PNE 2001-2010, esses documentos praticamente não foram utilizados como base para os novos PMEs, na medida em que não passaram por monitoramento e avaliação e se constituíram, nas falas de alguns coordenadores, como "planos de gaveta", que não pautaram as ações das secretarias de educação.

A necessidade de readequação da composição das comissões foi relacionada em muitos aspectos com dificuldades advindas com a não participação da sociedade civil, evidenciando obstáculos quanto à mobilização de diferentes atores. Os dados indicaram que a não compreensão da importância do PME para a Educação como um todo do município, a centralização dos trabalhos por representantes da Secretaria Municipal de Educação, o desconhecimento em relação ao PNE 2014-2024, entre outros, foram fatores que contribuíram para o afastamento ou não envolvimento de outras vozes nos trabalhos. Todavia, é necessário problematizar quanto ao conceito de participação que, dadas as marcas patrimoniais e clientelistas que se fazem presentes na gestão das municipalidades, manifesta-se muitas vezes de forma tutelada, restrita e funcional, distanciando-se da gestão democrática e qualificada que tanto foi defendida na Constituinte e que se fez presente no texto da Carta de 1988. Nesse sentido, os dados expostos indicaram que a ampla participação com representação da sociedade civil e comunidade escolar, nos termos da Lei n.º 13.005/2014, não se deu em sua plenitude.

Outras duas dificuldades se sobressaíram nos dados qualitativos e quantitativos: a constatação de pouco tempo para elaboração dos PMEs e a compreensão do conceito de consonância entre PNE/PME presente no texto do artigo 8º da Lei n.º 13.005/2014. Apesar de o PNE 2014-2024 ter sido aprovado em junho de 2014, mesmo dois municípios tendo designado suas comissões naquele ano, os trabalhos de elaboração dos PMEs de fato foram iniciados em março de 2015 e concluídos em junho. Segundo os sujeitos-participantes, em praticamente quatro meses foi um tempo exíguo para uma tarefa de tamanha envergadura, o que contribuiu para aligeirar os trâmites, centralizar os trabalhos em poucas mãos, principalmente da sociedade política, e desestimular a participação da sociedade civil, mesmo quando alguns municípios adotaram a realização de reuniões temáticas segundo os conteúdos das metas do PNE 2014-2024. Principalmente os coordenadores das comissões destacaram que o pouco tempo, em concorrência com outras atribuições assumidas nas SMEs, foi fator complicador para o desenvolvimento de dinâmicas participativas mais abrangentes.

No que tange à dificuldade de entendimento da expressão "em consonância com o PNE", os sujeitos-participantes relataram que não ficou claro qual era a autonomia dos municípios em poderem alterar ou não as metas, seja em conteúdo, seja em quantidade. Em algumas falas, evidencia-se que o entendimento era de que não se poderia alterar nada. A leitura dos PMEs colabora para verificar essa compreensão quando se observa que as metas dos PMEs são quase cópias estritas das 20 metas do PNE 2014-2024. Todavia, é possível também identificar que foram nas estratégias que os municípios lançaram mão de sua autoria frente os diagnósticos produzidos; são nas estratégias que os municípios redigiram seus anseios, seus projetos, desmistificando-se em parte a retórica de que os Planos Municipais são meras cópias do documento nacional.

Quanto aos aspectos administrativos e de gestão, os dados indicaram que o desenvolvimento dos trabalhos nas comissões deu-se de forma organizada, com conteúdos definidos, pautas estabelecidas e o devido registro realizado, guardando considerável respeito com a participação dos sujeitos que tiveram em muitos aspectos, suas opiniões e sugestões consideradas. As dinâmicas das reuniões temáticas e das audiências públicas para apresentação dos produtos finais também contribuíram para indícios de democratização das relações de poder consolidadas durante os eventos, mesmo, em momentos contraditórios, sendo destacada a centralização dos trabalhos das comissões por parte de representantes das SMEs como um fator inibidor da participação. Todavia, à luz do referencial teórico gramsciano utilizado, entender-se-á um processo realmente democrático se os demais sujeitos, principalmente aqueles vinculados à sociedade civil, assumirem a condição de dirigentes e dominantes dos trabalhos, podendo disseminar sua hegemonia por meio das relações estabelecidas e expressando-a nos documentos finais.

Na maioria dos casos e de acordo com os sujeitos-participantes, após o PME elaborado e transformado em projeto de lei, eles acompanharam a sua tramitação no Legislativo, o que denota um importante movimento a fim de que o conteúdo pactuado se materializasse na forma de um diploma legal. Reconhecer que o PME é um documento importante porque contempla toda a Educação municipal foi um dos pontos destacados pelos sujeitos-participantes, assim como ser um documento que abrange todos os níveis, etapas e modalidades. Entende-se, nesse sentido, a dimensão ampliada de planejamento quando se define as diretrizes, objetivos, metas e estratégias que deverão balizar a ação do Executivo com a finalidade de provocar as mudanças e consolidar o projeto de futuro estabelecido nos planos.

Pode-se afirmar que os planos colocam em pauta dois pontos relevantes para gestão da Educação municipal, a partir das falas e dos dados quantitativos: a capacidade dos dirigentes e suas equipes em mobilizar a sociedade civil e a sociedade política para o conhecimento e materialização dos documentos-leis e a capacidade técnica para efetivar as metas e estratégias; ambas estão implicadas na vontade política em fazer do PME a agenda de trabalho, o que requer incorporá-lo aos demais instrumentos de planejamento, desde as peças orçamentárias, até o Projeto Político-Pedagógico e o Plano de Ações Articuladas.

Mesmo com a importância atribuída pelos sujeitos seja na sua concepção e inclusive na sua tramitação, observou-se que os PMEs-Leis não tiveram publicidade à altura, pois esse movimento ficou centrado a sítios eletrônicos e a cópias impressas enviadas somente às unidades da RME. Isso indica que não foi dada a divulgação necessária para que a sociedade civil e sociedade política se apropriassem do Plano-Lei, o que poderia favorecer o conhecimento do seu conteúdo e de suas possíveis implicações. Nesse sentido, sem que o documento público se torne efetivamente público, contribui para que seja ignorado e não erigido à centralidade das ações das Secretarias de Educação.

Se considerarmos as dimensões da temporalidade de vigência, da participação em sua elaboração e de sua materialização em forma de lei, os PMEs construídos e aprovados nos cinco municípios-campo tiveram atributos de Planos de estado. Todavia, a sua materialização na forma de políticas públicas, ocupando o epicentro da ação estatal, impera-se como desafio dado o histórico dos planos governamentais no campo educacional de firmarem-se como descontinuidades que operam como lógica de continuidade, conforme referencial adotado. No campo da materialização, sociedade civil e sociedade política cumprem o desígnio de pautar os Planos de Educação em suas demandas e cuidar para que os atos necessários sejam executados e não fiquem no âmbito das intenções.

No campo da construção da política, observou-se todo um arranjo interfederativo desde as conferências de educação, a tramitação do PNE 2014-2024, sua sanção sem vetos, até o processo formativo e orientativo desenvolvido pela Sase/MEC que provocou importante mobilização de diversos segmentos da sociedade civil e da sociedade política em torno da pauta da Educação. Procurou-se construir, nesses movimentos, uma concepção de mundo que coloca a Educação na centralidade de um modelo de desenvolvimento de país e de sociedade, em que pesem seus limites e contradições, mas ressaltando as suas potencialidades. Todavia, o cenário que se apresentou após o golpe parlamentar-jurídico-midiático pós-2016 com o PNE 2014-2024 sendo solenemente ignorado principalmente pelo Executivo nacional, coloca em evidência que a mobilização em defesa dos planos é bandeira contínua, pois romper com a lógica histórica da descontinuidade na materialização desses documentos não será dado apenas com sua aprovação na forma de lei.

A revogação da Emenda Constitucional n.º 95/2016 é medida urgente, pois, considerando o modelo federativo que impera no país principalmente com sua escalada neoliberal ascendente, em que a arrecadação se concentra na União e está constitucionalmente impedida de ampliar o financiamento por meio de seu orçamento, a não ser que estrangule outras áreas, coloca-se em risco de desmonte toda a perspectiva de consonância entre PNE/PEEs/PMEs. Importante frisar que a EC n.º 95/2016 impactará, inclusive, o plano sucessor do PNE 2014-2024, dada a sua vigência por 20 anos.

A extinção da Sase/MEC em 2019, no Governo Bolsonaro, é outra medida que rompe com as relações até então construídas na medida em que essa importante interlocutora dentro das pactuações interfederativas deixa de existir e cujas atribuições não foram repassadas a outra secretaria, principalmente aquela de promover a articulação para institucionalização do Sistema Nacional de Educação e monitoramento e avaliação dos Planos de Educação. No Governo Bolsonaro, o que pode ser constatado é um total abandono do PNE 2014-2024, pois o mesmo tem sido complemente ignorado na definição da agenda pública. Desse cenário, é possível inferir que, sem uma ação coordenadora da União, o engavetamento dos planos pode chegar a estados e municípios.

Na contramão do cenário atual, esta pesquisa procurou evidenciar a importância dos Planos de Educação enquanto política pública de estado, da qual sociedade política e sociedade civil não podem se eximir. Nesse sentido, ao situá-la no contexto do federalismo brasileiro e do histórico do planejamento educacional na seara da ação governamental, buscou-se expor que os Planos Municipais de Educação fazem parte desse cenário complexo, na medida em que os municípios ampliam suas atribuições no setor e estabelecem relações das mais variadas matizes com os demais entes federados, em especial com a União. Os Planos Municipais de Educação ganham centralidade nesse cenário à medida que foram construídos visando garantir a consonância com o Plano Nacional e estabelecem um projeto, uma concepção de mundo em prol de um padrão educacional com qualidade socialmente referenciado.

Em que pesem todos os limites e contradições, fundamentais no processo dialético entre sociedade política e sociedade civil, apontados pela pesquisa empírica, é preciso evidenciar o papel assumido pelo Ministério da Educação que conseguiu, principalmente por meio da Sase, construir e sustentar toda uma rede com os demais entes federados que, conforme apontado, foi essencial para que esses elaborassem em quase sua totalidade seus planos de educação subnacionais. Essa rede e os processos produzidos, o envolvimento dos sujeitos de diferentes matizes, configuram-se como elementos de todo um movimento que, numa linguagem gramsciana, fazem parte do papel educador do estado, em sentido ampliado. Os sujeitos que se envolveram na elaboração dos planos dessa geração, assim como muitos daqueles da geração do PNE 2001-2010, passam a ser referências para ações futuras de planejamento dos sistemas municipais de ensino. Logo, todo esse processo de elaboração dos planos, que no campo da proposição se aproximam de documentos de estado, teve um fundamental papel formativo, contribuindo para que conhecimentos antes restritos ao campo das secretarias de educação, também pudessem ser produzidos juntos aos demais segmentos participantes. Processo formativo esse que pôde oportunizar, não de forma passiva, que mais agentes pudessem se envolver na pauta educacional e imprimir por meio das discussões determinadas concepções de mundo. Todavia, há de problematizar que esses movimentos foram muito importantes, mas não suficientes, considerando o trabalho que ainda precisa ser edificado no Brasil para que a Educação com qualidade social se firme como direito universal.

Investigar os processos de elaboração dos Planos Municipais de Educação em Goiás se constitui em um movimento de importância acadêmica, educacional e política, que deixa em aberto para novas pesquisas tematizarem a materialização desses documentos ou, na pior das hipóteses, a sua secundarização, principalmente na medida em que o próprio PNE 2014-2024 perde centralidade na pauta governamental. O monitoramento e a avaliação dos PMEs, nesse sentido, situados no contexto de materialização do Plano Nacional, são temas que assumem relevância não só no campo da administração pública, mas no estudo das políticas educacionais, haja vista que esses marcos legais já cumpriram mais da metade do tempo de sua vigência, no final de 2019.

A mobilização efetivada no primeiro semestre de 2015 nos municípios-campo, sem abster-se de seus limites e contradições, foi estruturada de modo a atingir um objetivo comum para todo o país: em quase toda sua totalidade os entes subnacionais concentraram seus esforços para elaboração dos planos de educação, representando um forte legado e aprendizagem no sentido de integrarem sociedade civil e sociedade política com fins de definir uma agenda de estado para o desenvolvimento da Educação Nacional. Portanto, esses esforços empreendidos constituem-se em importantes movimentos político-educativos, contribuindo para que as dinâmicas estabelecidas nos cenários locais sejam entendidas e analisadas como processos históricos que visam, à medida que articulam sociedade política e sociedade civil, na construção e defesa de novas concepções de mundo.

REFERÊNCIAS

ABRÚCIO, Fernando Luiz. A dinâmica federativa da educação brasileira: diagnóstico e propostas de aperfeiçoamento. *In*: Romualdo Portela de Oliveira; Wagner Santana (org.). **Educação e federalismo no Brasil**: combater as desigualdades, garantir a diversidade. Brasília: Unesco, 2010.

ALVES, Edson Ferreira. Aprovação dos planos de educação por estados e municípios e os desafios presentes no cenário nacional. *In*: ALFERES, Márcia Aparecida (org.). **Qualidade e políticas públicas na Educação**. Ponta Grossa: Atena Editora, 2018. p. 153-168. (Qualidade e Políticas Públicas na Educação. v. 1).

ALVES, Edson Ferreira. Limites e perspectivas do planejamento da educação municipal no contexto da elaboração dos Planos Municipais de Educação. *In*: FERREIRA, Suely. **Políticas e gestão da educação nos municípios goianos**: planejamento, financiamento e carreira. Goiânia: Gráfica UFG, 2016. p. 77-105.

ALVES, Edson Ferreira; ASSIS, Lúcia Maria de. Qualidade educacional e Ideb: uma análise dos Planos de Educação de Goiás e de São Luís de Montes Belos em contraponto à percepção dos professores dessa Rede Municipal de Ensino. **Jornal de Políticas Educacionais,** Curitiba, v. 12, n. 7, p. 1-21, maio 2018.

AMARAL, Nelson Cardoso. Com a PEC 241/55 (EC 95) haverá prioridade para cumprir as metas do PNE (2014-2024)? **Revista Brasileira de Educação,** Brasília, v. 22, n. 71, p. 1-25, 2017.

AMARAL, Nelson Cardoso. PEC 241/55: a "morte" do PNE (2014-2024) e o poder de diminuição dos recursos educacionais, **RBPAE,** Brasília, v. 32, n. 3, seção especial, p. 653-673, set./dez. 2016.

ANPED. Associação Nacional de Pós-Graduação e Pesquisa em Educação. **Por um Plano Nacional de Educação (2011-2020) como política de Estado**. Rio de Janeiro: Anped Documento, 2011.

ARAÚJO, Gilda Cardoso de. Constituição, federação e propostas para o novo Plano Nacional de Educação: análise das propostas de organização nacional da educação brasileira a partir do regime de colaboração. **Educação & Sociedade**, Campinas, v. 31, n. 112, p. 749-768, jul./set. 2010.

ARAÚJO, Gilda Cardoso. Federalismo e políticas educacionais no Brasil: equalização e atuação do empresariado como projetos em disputa para a regulamentação do regime de colaboração. **Educação & Sociedade**, Campinas, v. 34, n. 124, p. 787-802, jul./set. 2013.

ASSIS, Lúcia Maria de. A avaliação e o Plano Nacional de Educação: concepções e práticas em disputa. *In*: DOURADO, Luiz Fernandes (org.). **Plano Nacional de Educação – PNE 2014-2024**: avaliação e perspectivas. Campinas: Mercado das Letras, 2017. (Série As Dimensões da Formação Humana).

AZANHA, José Mário Pires. Política e planos de educação no Brasil: alguns pontos para reflexão. **Cadernos de Pesquisa**, São Paulo, n. 85, p. 70-78, maio de 1993.

AZEVEDO, Janete Maria Lins de. Plano Nacional de Educação e planejamento: a questão da qualidade da educação básica. **Revista Retratos da Escola**, Brasília, v. 8, n. 15, p. 265-280, jul./dez. 2014.

BODIÃO, Idevaldo da Silva. Reflexões sobre as ações da sociedade civil na construção do PNE 2014/2024. **Educação & Realidade**, Porto Alegre, v. 41, n. 2, p. 335-358, abr./jun. 2016.

BOLLMANN, Maria da Graça Nóbrega. Revendo o Plano Nacional de Educação: proposta da sociedade brasileira. **Educação & Sociedade**, Campinas, v. 31, n. 112, p. 657-676, jul./set. 2010.

BOLLMANN, Maria da Graça Nóbrega; AGUIAR, Letícia Carneiro. LDB: projetos em disputa. Da tramitação à aprovação em 1996. **Revista Retratos da Escola**, Brasília, v. 10, n. 19, p. 407-428, jul./dez. 2016.

BORDIGNON, Genuíno. Caminhar da educação brasileira: muitos planos, pouco planejamento. *In*: SOUZA, Donaldo Belo de; MARTINS, Angela Maria (Org.). **Planos de Educação no Brasil**: planejamento, políticas e práticas. São Paulo: Edições Loyola, 2014. p. 29-71.

BORDIGNON, Genuíno; QUEIROZ, Arlindo; GOMES, Lêda. **O planejamento educacional no Brasil**. Brasília: Fórum Nacional de Educação,

2011. Disponível em: http://fne.mec.gov.br/images/pdf/planejamento_educacional_brasil.pdf. Acesso em: 4 ago. 2017.

BOTTOMORE, Tom. **Dicionário do pensamento marxista**. Rio de Janeiro: Zahar, 2013.

BOURDIEU, Pierre; PASSERON, Jean-Claude. **A Reprodução**: elementos para uma teoria do sistema de ensino. Trad. Reynaldo Bairão. Rio de Janeiro: Francisco Alves Editora S/A, 1975. (Série Educação em Questão).

BRASIL. Decreto n.º 19.850, de 11 de abril de 1931. Cria o Conselho Nacional de Educação. Rio de Janeiro: Senado Federal, 1931. Disponível em: https://www2.camara.leg.br/legin/fed/decret/1930-1939/decreto-19850-11-abril-1931-515692-publicacaooriginal-1-pe.html. Acesso em: 11 ago. 2017.

BRASIL. **Constituição da República dos Estados Unidos do Brasil (1934)**, promulgada em 16 de julho de 1934. Rio de Janeiro: Casa Civil, 1934. Disponível em: http://www.planalto.gov.br/ccivil_03/constituicao/constituicao34.htm. Acesso em: 8 ago. 2017.

BRASIL. Lei n.º 174, de 6 de janeiro de 1936. Organiza o Conselho Nacional de Educação. Rio de Janeiro: Senado Federal, 1936. Disponível em: https://www2.camara.leg.br/legin/fed/lei/1930-1939/lei-174-6-janeiro-1936-556088-publicacaooriginal-75752pl.html#:~:text=Art.,materia%20de%20educa%C3%A7%C3%A3o%20e%20cultura. Acesso em: 11 ago. 2017.

BRASIL. Conselho Nacional de Educação. Plano Nacional de Educação – anteprojeto de lei, de 17 de maio de 1937. Rio de Janeiro: CNE, 1937. **Revista Brasileira de Estudos Pedagógicos**, v. XIII, n. 36, p. 210-320, maio/ago. 1949.

BRASIL. **Constituição da República dos Estados Unidos do Brasil (1946)**, promulgada em 18 de setembro de 1946. Rio de Janeiro: Casa Civil, 1946. Disponível em: http://www.planalto.gov.br/ccivil_03/constituicao/constituicao46.htm. Acesso em: 8 ago. 2017.

BRASIL. Lei n.º 4.024, de 20 de dezembro de 1961. Fixa as Diretrizes e Bases da Educação Nacional. Brasília: Câmara dos Deputados, 1961. Disponível em: http://www2.camara.leg.br/legin/fed/lei/1960-1969/lei-

-4024-20-dezembro-1961-353722-normaatualizada-pl.pdf. Acesso em: 11 ago. 2017.

BRASIL. Conselho Federal de Educação. Plano Nacional de Educação. Aprovado em 12 de setembro de 1962 e homologado em 21 de setembro de 1962. Brasília: CFE, 1962. **Revista Brasileira de Estudos Pedagógicos**, v. XXXVIII, n. 88, p. 108-126, out./dez. 1962.

BRASIL. Ministério da Educação e Cultura. **Plano Trienal de Educação (1963 – 1965)**. Brasília: MEC, 1963. Disponível em: http://www.dominiopublico.gov.br/download/texto/me001498.pdf. Acesso em: 11 ago. 2017.

BRASIL. Constituição da República Federativa do Brasil (1967), promulgada em 24 de janeiro de 1967. Brasília: Casa Civil, 1967a. Disponível em: http://www.planalto.gov.br/ccivil_03/constituicao/constituicao67.htm. Acesso em: 9 ago. 2017.

BRASIL. Decreto-Lei n.º 200, de 25 de fevereiro de 1967. Dispõe sobre a organização da Administração Federal, estabelece diretrizes para a Reforma Administrativa e dá outras providências. Brasília: Casa Civil, 1967b. Disponível em: http://www.planalto.gov.br/ccivil_03/decreto-lei/Del0200.htm. Acesso em: 11 ago. 2017.

BRASIL. Ministério da Educação e Cultura. **II Plano Setorial de Educação e Cultura (1975/1979)**. Brasília: MEC, 1976. Disponível em: http://www.dominiopublico.gov.br/download/texto/me002052.pdf. Acesso em: 15 ago. 2017.

BRASIL. Ministério da Educação e Cultura. **III Plano Setorial de Educação, Cultura e Desporto: 1980 – 1985**. Brasília: MEC, 1980. Disponível em: http://www.dominiopublico.gov.br/download/texto/me000657.pdf. Acesso em: 15 ago. 2017.

BRASIL. Lei n.º 7.486, de 06 de junho de 1986. I Plano Nacional de Desenvolvimento da Nova República: 1986 – 1989. Brasília: Seplan, 1986. Disponível em: https://www2.camara.leg.br/legin/fed/lei/1980-1987/lei-7486-6-junho-1986-368175-publicacaooriginal-1-pl.html. Acesso em: 16 ago. 2017.

BRASIL. **Constituição da República Federativa do Brasil (1988)**, promulgada em 05 de outubro de 1988. Brasília: Casa Civil, 1988. Disponível em: http://www.planalto.gov.br/ccivil_03/constituicao/constituicao.htm. Acesso em: 17 ago. 2017.

BRASIL. Ministério da Educação e do Desporto. **Plano Decenal de Educação para Todos – 1993 – 2003**. [Versão acrescida]. Brasília: MEC, 1993.

BRASIL. Lei Nacional n.º 9.394, de 20 de dezembro de 1996. Estabelece as diretrizes e bases da educação nacional. Brasília: Casa Civil, 1996. Disponível em: http://www.planalto.gov.br/ccivil_03/LEIS/L9394.htm. Acesso em: 25 mar. 2018.

BRASIL. Lei n.º 10.172, de 9 de janeiro de 2001. Institui o Plano Nacional de Educação e dá outras providências. Brasília: Casa Civil, 2001. Disponível em: https://www.planalto.gov.br/ccivil_03/leis/leis_2001/l10172.htm. Acesso em: 25 mar. 2015.

BRASIL. [Constituição (1988)]. **Constituição da República Federativa do Brasil**. Emenda Constitucional n.º 59, de 11 de novembro de 2009. Acrescenta § 3º ao art. 76 do Ato das Disposições Constitucionais Transitórias para reduzir, anualmente, a partir do exercício de 2009, o percentual da Desvinculação das Receitas da União incidente sobre os recursos destinados à manutenção e desenvolvimento do ensino de que trata o art. 212 da Constituição Federal, dá nova redação aos incisos I e VII do art. 208, de forma a prever a obrigatoriedade do ensino de quatro a dezessete anos e ampliar a abrangência dos programas suplementares para todas as etapas da educação básica, e dá nova redação ao § 4º do art. 211 e ao § 3º do art. 212 e ao caput do art. 214, com a inserção neste dispositivo de inciso VI. Brasília: Casa Civil, 2009. Disponível em: http://www.planalto.gov.br. Acesso em: 25 mar. 2015.

BRASIL. Conferência Nacional de Educação. **Documento Final – Conae 2010**. Construindo o Sistema Nacional Articulado: O Plano Nacional de Educação, Diretrizes e Estratégias de Ação. Brasília: Fórum Nacional de Educação, 2010. Disponível em: https://pne.mec.gov.br/images/pdf/CONAE2010_doc_final.pdf. Acesso em: 8 fev. 2019.

BRASIL. **Plano Nacional de Educação 2014-2024**: Lei n.º 13.005, de 25 de junho de 2014, que aprova o Plano Nacional de Educação (PNE) e dá outras providências. Brasília: Câmara dos Deputados, Edições Câmara, 2014a. (Série Legislação. n. 125).

BRASIL. Ministério da Educação. **Conhecendo as 20 metas do Plano Nacional de Educação**. Brasília: Sase/MEC, 2014b. (Coleção Planejando a Próxima Década).

BRASIL. [Constituição (1988)]. **Constituição da República Federativa do Brasil**. Emenda Constitucional n.º 95, de 15 de dezembro de 2016. Altera o Ato das Disposições Constitucionais Transitórias, para instituir o Novo Regime Fiscal, e dá outras providências. Brasília: Casa Civil, 2016. Disponível em: http://www.planalto.gov.br/ccivil_03/constituicao/emendas/emc/emc95.htm. Acesso em: 13 mar. 2019.

BUCI-GLUCKSMANN, Christine. **Gramsci e o Estado**: por uma teoria materialista da filosofia. 2. ed. Tradução de Angelina Peralva. Rio de Janeiro: Paz e Terra, 1980. (Coleção Pensamento Crítico. v. 39).

CÂMARA DOS DEPUTADOS. Comissão Externa destinada a acompanhar o desenvolvimento dos trabalhos do Ministério da Educação (MEC), bem como da apresentação do seu Planejamento Estratégico. **Relatório 2019**. Brasília: Câmara dos Deputados, 2019.

CARA, Daniel. Municípios no pacto federativo: fragilidades sobrepostas. **Revista Retratos da Escola**, Brasília, v. 6, n. 10, p. 255-273, jan./jun. 2012.

CARDOSO JÚNIOR, José Celso. **A reinvenção do planejamento governamental no Brasil**. Brasília: Ipea, 2011. (Diálogos para o Desenvolvimento. v. 4).

CARNOY, Martin. **Estado e teoria política**. 15. ed. Campinas: Papirus, 2010.

CASASSUS, Juan. Descentralização e desconcentração educacional na América Latina: fundamentos e crítica. **Cadernos de Pesquisa**, São Paulo, n. 74, p. 11-19, ago. 1990.

COUTINHO, Carlos Nelson. **Gramsci**: um estudo sobre seu pensamento político. 2. ed. Rio de Janeiro: Campus, 1992.

COUTINHO, Carlos Nelson. Introdução. *In*: GRAMSCI, Antonio. **Escritos Políticos**. Volume 1 (1910-1920). Tradução de Carlos Nelson Coutinho. Rio de Janeiro: Editora Civilização Brasileira, 2004.

COUTINHO, Carlos Nelson. O Estado brasileiro: gênese, crise, alternativas. *In*: LIMA, Júlio César França; NEVES, Lúcia Maria Wanderley. **Fundamentos da educação escolar no Brasil contemporâneo**. Rio de Janeiro: Editora Fiocruz/EPSJV, 2006. p. 173-200.

CRESWELL, John W. *et al.* **Best Practices for Mixed Methods Research in the Health Sciences**. Bethesda (Maryland): National Institutes of Health, 2011. Disponível em: http://journals.sagepub.com/doi/abs/10.1177/1473325013493540a?journalCode=qswa. Acesso em: 14 maio 2018.

CRESWELL, John W.; PLANO CLARK, Vick L. **Pesquisa de métodos mistos**. 2. ed. Tradução de Magda França Lopes. Porto Alegre: Penso, 2013. (Col. Métodos de Pesquisa).

CRUZ, Rosana Evangelista da. Federalismo e educação: um pacto a se rever. **Revista Retratos da Escola**, Brasília, v. 6, n. 10, p. 65-78, jan./jun. 2012.

CUETO, Walter José; GUARDAMAGNA, Melina. ¿Hay políticas de Estado en la Argentina? Aproximaciones a un concepto. **DAAPGE**, Santa Fe, Argentina, año 12, n. 18, p. 7-26, 2012.

CUNHA, Célio da. Plano Decenal: fundamentos, trajetória e alcance social. **Em Aberto**, Brasília, ano 13, n. 59, p. 24-35, jul./set. 1993.

CURY, Carlos Roberto Jamil. A educação e a primeira Constituinte republicana. *In*: FÁVERO, Osmar. (org.). **A educação nas constituintes brasileiras 1823 – 1988**. Campinas: Autores Associados, 1996. p. 69-80. (Col. Memória da Educação).

CURY, Carlos Roberto Jamil. O Plano Nacional de Educação: duas formulações. **Cadernos de Pesquisa**, São Paulo, n. 104, p. 162-180, jul. 1998.

CURY, Carlos Roberto Jamil. Sistema Nacional de Educação: desafio para uma educação igualitária e federativa. **Educação & Sociedade**, Campinas, v. 29, n. 105, p. 1187-1209, set./dez. 2008.

CURY, Carlos Roberto Jamil. Por um Plano Nacional de Educação: nacional, federativo, democrático e efetivo. **RBPAE**, Brasília, v. 25, n. 1, p. 13-32, jan./abr. 2009.

CURY, Carlos Roberto Jamil. O Plano Nacional de Educação de 1936/1937. **Educativa**, Goiânia, v. 17, n. 2, p. 396-424, jul./dez. 2015.

DE MATTOS, Carlos A. Estado, processos de decision y planificación em América Latina. **Revista da Cepal**, Santiago do Chile, n. 31, p. 119-137, abr. 1987.

DE TONI, Jackson. Reflexões sobre as possibilidades do planejamento no setor público - do Orçamento Participativo ao planejamento estratégico. **Ensaios FEE**, Porto Alegre, v. 23, n. 2, p. 946-976, 2002.

DIDONET, Vital. **Plano Nacional de Educação – PNE**. 3. ed. Brasília: Liber Livro, 2006.

DOURADO, Luiz Fernandes. **Gestão da educação escolar**. Brasília: MEC/SEB/UNB, 2006. (Curso Técnico de Formação para os Funcionários da Educação. Profuncionário; 6).

DOURADO, Luiz Fernandes. Políticas e gestão da educação básica no Brasil: limites e perspectivas. **Educação & Sociedade**, Campinas, v. 28, n. 100 - Especial, p. 921-946, out. 2007.

DOURADO, Luiz Fernandes. A Conferência Nacional de Educação, o Plano Nacional e a construção do Sistema Nacional de Educação. **RBPAE**, Brasília, v. 25, n. 2, p. 365-376, maio/ago. 2009.

DOURADO, Luiz Fernandes. Avaliação do Plano Nacional de Educação 2001-2009: questões estruturais e conjunturais de uma política. **Educação & Sociedade**, Campinas, v. 31, n. 112, p. 677-705, jul./set. 2010.

DOURADO, Luiz Fernandes. Plano Nacional de Educação como política de Estado: antecedentes históricos, avaliação e perspectivas. *In*: DOURADO, Luiz Fernandes (org.). **Plano Nacional de Educação (2011-**

2020): avaliação e perspectivas. Goiânia: Editora UFG; Belo Horizonte: Autêntica Editora, 2011.

DOURADO, Luiz Fernandes. Sistema Nacional de Educação, federalismo e os obstáculos ao direito à educação básica. **Educação & Sociedade**, Campinas, v. 34, n. 124, p. 761-785, jul./set. 2013.

DOURADO, Luiz Fernandes. Federalismo, SNE e os obstáculos ao direito à educação básica. *In*: DOURADO, Luiz Fernandes; AZEVEDO, Janete Maria Lins de. (org.). **Relações Federativas e Sistema Nacional de Educação**. Camaragibe: CCS Gráfica e Editora, 2016a. p. 35-77. (Coletâneas Anpae. v. 1).

DOURADO, Luiz Fernandes. **Plano Nacional de Educação**: política de Estado para a educação brasileira. Brasília: Inep, 2016b. (PNE em Movimento. v. 1).

DOURADO, Luiz Fernandes; GROSSI JÚNIOR, Geraldo; FURTADO, Roberval Angelo. Monitoramento e avaliação dos planos de educação: breves contribuições. **RBPAE**, v. 32, n. 2, p. 449-461, maio/ago. 2016.

DOURADO, Luiz Fernandes. **Plano Nacional de Educação:** o epicentro das políticas de Estado para educação brasileira. Goiânia: Editora Imprensa Universitária, ANPAE, 2017.

DUARTE, Rosália. Entrevistas em pesquisas qualitativas. **Educar**, Curitiba, n. 24, p. 213-225, 2004.

FERNANDES, Fabiana Silva. Planejamento educacional: uma abordagem histórica. **Revista Educação PUC-Campinas**, Campinas, v. 19, n. 1, p. 25-34, jan./abr. 2014.

FERNANDES, Fabiana Silva; GENTILINI, João Augusto. Planejamento, políticas públicas e educação. **Cadernos de Pesquisa**, São Paulo, v. 44, n. 153, p. 486-492, jul./set. 2014.

FERREIRA, Eliza Bartolozzi. Federalismo e planejamento educacional no exercício do PAR. **Cadernos de Pesquisa**, São Paulo, v. 44, n. 153, p. 602-623, jul./set. 2014.

FERREIRA, Eliza Bartolozzi; FONSECA, Marília. O planejamento das políticas educativas no Brasil e seus desafios atuais. **Perspectiva**, Florianópolis, v. 29, n. 1, p. 69-96, jan./jun. 2011.

FERREIRA, Eliza Bartolozzi; FONSECA, Marília (org.). **Política e planejamento educacional no Brasil do século 21**. Brasília: Liber Livro, 2013.

FERREIRA, Suely; SILVA, Luís Gustavo Alexandre da. Sistemas Municipais de Educação e os desafios na oferta da educação pública, gratuita e de qualidade. ENCONTRO REGIONAL DA ANPAE SUDESTE, 9.; ENCONTRO ESTADUAL DA ANPAE-SP, 13., 2014, São Paulo. **Anais** [...]. São Paulo: Cruzeiro do Sul Educacional. Campus Virtual, 2014. p. 1177-1189.

FLICK, Uwe. **Introdução à pesquisa qualitativa**. 3. ed. Tradução de Joice Elias Costa. Porto Alegre: Artmed, 2009.

FLICK, Uwe. **Introdução à metodologia de pesquisa**. Porto Alegre: Penso, 2013.

FONSECA, Marília. Planejamento educacional no Brasil: um campo de disputas entre as políticas de governo e as demandas da sociedade. *In*: FERREIRA, Eliza Bartolozzi; FONSECA, Marília (org.). **Política e planejamento educacional no Brasil do século 21**. Brasília: Liber Livro, 2013. p. 83-103.

FONTES, Virgínia. A sociedade civil no Brasil contemporâneo: lutas sociais e luta teórica na década de 1980. *In*: LIMA, Júlio César França; NEVES, Lúcia Maria Wanderley. **Fundamentos da educação escolar no Brasil contemporâneo**. Rio de Janeiro: Editora Fiocruz/EPSJV, 2006. p. 201-239.

GANDIN, Danilo. A posição do planejamento participativo entre as ferramentas de intervenção na realidade. **Currículo sem Fronteiras**, Rio de Janeiro, v. 1, n. 1, p. 81-95, jan./jun. 2001.

GANDIN, Danilo. **A prática do planejamento participativo**: na educação e em outras instituições, grupos e movimentos de campos cultural, social, político, religioso e governamental. 18. ed. Petrópolis: Vozes, 2011.

GENTILINI, João Augusto. Atores, cenários e planos: o planejamento estratégico situacional e a educação. **Cadernos de Pesquisa**, São Paulo, v. 44, n. 153, p. 580-601, jul./set. 2014.

GERMANO, José Willington. **Estado militar e educação no Brasil (1964 - 1985)**. 5. ed. São Paulo: Cortez, 2011.

GIL, Antônio Carlos. **Como elaborar projetos de pesquisa**. 4. ed. São Paulo: Atlas, 2002.

GODOY, Arilda Schmidt. Pesquisa qualitativa: tipos fundamentais. **Revista de Administração de Empresas/EAESP/FGV**, São Paulo, v. 35, n. 3, p. 20-29, maio/jun. 1995.

GOMES, Alfredo Macedo; ARRUDA, Ana Lúcia de; SILVA, Assis Leão. Planos Nacionais de Educação: avanços e desafios do ensino médio. *In*: DOURADO, Luiz Fernandes (org.). **Plano Nacional de Educação - PNE 2014-2024**: avaliação e perspectivas. Campinas: Mercado das Letras, 2017. p. 67-104. (Série: As dimensões da formação humana).

GRAMSCI, Antonio. **Concepção dialética da história**. 2. ed. Tradução de Carlos Nelson Coutinho. Rio de Janeiro: Ed. Civilização Brasileira S.A., 1978.

GRAMSCI, Antonio. **Maquiavel, a política e o Estado moderno**. 8. ed. Tradução de Luiz Mário Gazzaneo. Rio de Janeiro: Ed. Civilização Brasileira S.A., 1991.

GRAMSCI, Antonio. **Cadernos do cárcere**. Volume 1: Introdução ao estudo da filosofia. A filosofia de Benedetto Croce. Edição e Tradução de Carlos Nelson Coutinho. Rio de Janeiro: Editora Civilização Brasileira, 1999.

GRAMSCI, Antonio. **Cadernos do cárcere**. Volume 2: Os intelectuais; o princípio educativo; jornalismo. 2. ed. Edição e Tradução de Carlos Nelson Coutinho. Rio de Janeiro: Editora Civilização Brasileira, 2001a.

GRAMSCI, Antonio. **Cadernos do cárcere**. Volume 4: Temas de cultura. Ação católica. Americanismo e Fordismo. Edição e Tradução de Carlos Nelson Coutinho. Rio de Janeiro: Editora Civilização Brasileira, 2001b.

GRAMSCI, Antonio. **Cadernos do cárcere**. Volume 5: O *Risorgimento*. Notas sobre a história da Itália. Edição e Tradução de Carlos Nelson Coutinho. Rio de Janeiro: Editora Civilização Brasileira, 2002.

GRAMSCI, Antonio. **Escritos Políticos**. Volume 1 (1910 – 1920). Tradução de Carlos Nelson Coutinho. Rio de Janeiro: Editora Civilização Brasileira, 2004a.

GRAMSCI, Antonio. **Escritos Políticos**. Volume 2 (1921 – 1926). Tradução de Carlos Nelson Coutinho. Rio de Janeiro: Editora Civilização Brasileira, 2004b.

GRAMSCI, Antonio. **Cartas do cárcere**. Volume 2 (1931 – 1937). Tradução de Luiz Sérgio Henriques. Rio de Janeiro: Editora Civilização Brasileira, 2005.

GRAMSCI, Antonio. **Cadernos do cárcere**. Volume 3: Maquiavel. Notas sobre o Estado e política. 3. ed. Edição e Tradução de Carlos Nelson Coutinho. Rio de Janeiro: Editora Civilização Brasileira, 2007.

GRUPPI, Luciano. **Tudo começou com Maquiavel**: as concepções de Estado em Marx, Engels, Lênin e Gramsci. Tradução de Dario Canali. Porto Alegre: L&PM Editores, 1980.

GUARDAMAGNA, Melina; CUETO, Walter José. Políticas de Estado en democracia: la relación Estado/sociedad como ámbito de construcción de la política. **Si Somos Americanos. Revista de Estudios Transfronterizos**, Buenos Aires, v. 13, n. 2, p. 59-80, jul./dez. 2013.

GUEDES, Gilmar Barbosa; BARBALHO, Maria Goretti Cabral. Planejamento educacional e gestão democrática: dimensões política e instrumental no PAR. **RBPAE**, Brasília, v. 32, n. 1, p. 131-149, jan./abr. 2016.

HADDAD, Fernando. **O Plano de Desenvolvimento da Educação**: razões, princípios e programas. Brasília: Inep/MEC, 2008. (Série Documentos. Textos para discussão. 30).

HORTA, José Silvério Baia. **Liberalismo, tecnocracia e planejamento educacional no Brasil**: uma contribuição à história da educação brasileira no período 1930 – 1970. São Paulo: Cortez: Autores Associados, 1982. (Col. Educação Contemporânea; Série Memória da Educação).

HORTA, José Silvério Baia. Plano Nacional de Educação: da tecnocracia à participação democrática. *In*: CURY, Carlos Roberto Jamil; HORTA, José Silvério Bahia Horta; BRITO, Vera Lúcia Alves de. **Medo à liberdade e compromisso democrático**: LDB e Plano Nacional de Educação. São Paulo: Editora do Brasil, 1997. p. 137-207.

HORTA, José Silvério Baia. **Gustavo Capanema**. Recife: Fundação Joaquim Nabuco, Editora Massangana, 2010. (Coleção Educadores).

IANNI, Octávio. **Estado e planejamento econômico no Brasil**. 6. ed. Rio de Janeiro: Civilização Brasileira, 1996.

IBGE. Fundação Instituto Brasileiro de Geografia e Estatística. **Divisão Regional do Brasil em mesorregiões e microrregiões geográficas**. Rio de Janeiro: IBGE, 1990. v. 1.

IBGE. Fundação Instituto Brasileiro de Geografia e Estatística. **Pesquisa de Informações Básicas Municipais - Perfil dos Municípios Brasileiros 2011**. Rio de Janeiro: IBGE, 2012. Disponível em: http://ftp.ibge.gov.br/Perfil_Municipios/2011/munic2011.pdf. Acesso em: 20 abr. 2015.

IBGE. Fundação Instituto Brasileiro de Geografia e Estatística. **IBGE Cidades**. Histórico e Fotos. Rio de Janeiro: IBGE, 2017. Disponível em: https://cidades.ibge.gov.br/brasil/go/historico. Acesso em: 6 jan. 2020.

IBM. Instituto Mauro Borges. **Perfil Socioeconômico dos Municípios Goianos**. Goiânia: IBM, [s/d]. Disponível em: http://www.imb.go.gov.br/. Acesso em: 1 maio 2018.

INEP. Instituto Nacional de Estudos e Pesquisas Educacionais Anísio Teixeira. **IDEB - Resultados e Metas**. Brasília: Inep/MEC, 2018. Disponível em: http://ideb.inep.gov.br/resultado/. Acesso em: 23 mar. 2018.

INEP. Instituto Nacional de Estudos e Pesquisas Educacionais Anísio Teixeira. **Notas Estatísticas Censo Escolar 2018**. Brasília: INEP/MEC, 2019.

ITABERAÍ (Município). Decreto n.º 650, de 05 de março de 2015. Nomeia membros para comissão de adequação do Plano Municipal de Educação decênio 2015-2025. Itaberaí: Prefeitura Municipal, 2015a.

ITABERAÍ (Município). Lei n.º 1.351, de 24 de junho de 2015. Plano Municipal de Educação decênio 2015-2025, e dá outras providências. Itaberaí: Prefeitura Municipal, 2015b.

KRAWCZYSK, Nora Rut. O PDE: novo modelo de regulação estatal? **Cadernos de Pesquisa**, São Paulo, v. 38, n. 135, p. 797-815, set./dez. 2008.

LÜDKE, Menga; ANDRÉ, Marli Eliza. D. A de. **Pesquisa em Educação**: abordagens qualitativas. São Paulo: EPU, 1986. (Temas básicos de educação e ensino).

LUZIÂNIA (Município). Decreto n.º 01, de 05 de janeiro de 2015. Altera a Comissão de Pesquisa, Estudo e Revisão do Plano Municipal de Educação de Luziânia, e dá outras providências. Luziânia: Prefeitura Municipal, 2015a.

LUZIÂNIA (Município). Lei Municipal n.º 3.789, de 23 de junho de 2015. Institui o Plano Municipal de Educação de Luziânia – GO. Luziânia: Prefeitura Municipal, 2015b.

MACHADO, Maria Aglaê de Medeiros. O Plano Decenal e os Compromissos de Jomtien. *In*: INEP. **Educação para todos**: avaliação da década. Brasília: MEC/INEP, 2000. p. 39-52.

MANACORDA, Mario Alighiero. **O princípio educativo em Gramsci**: americanismo e conformismo. 2. ed. Tradução de Willian Laços. Campinas: Alínea, 2008. (Col. Educação em Debate).

MANIFESTO dos pioneiros da Educação Nova (1932): a reconstrução educacional no Brasil. Ao povo e ao governo. Documentos. **Revista HISTEDBR On-line**, Campinas, n. especial, p. 188-204, ago. 2006a.

MANIFESTO dos Educadores: Mais uma Vez Convocados (Janeiro de 1959). Manifesto ao povo e ao governo. Documentos. **Revista HISTEDBR On-line**, Campinas, n. especial, p. 205-220, ago. 2006b.

MARTINS, Paulo de Sena. Planejamento e Plano Nacional de Educação. **Cadernos ASLEGIS**, Brasília, n. 39, p. 91-118, jan./abr. 2010.

MATUS, Carlos. O plano como aposta. **São Paulo em Perspectiva**, São Paulo, v. 5, n. 4, p. 28-42, out./dez. 1991.

MATUS, Carlos. **Política, planejamento e governo**. Tomo I. Brasília: Ipea, 1993. (Série IPEA. 143)

MAY, Tim. **Pesquisa social**: questões, métodos e processos. 3. ed. Tradução de Carlos Alberto Silveira Netto Soares. Porto Alegre: Artmed, 2004.

MEC. Ministério da Educação. **Elaboração e adequação dos planos subnacionais de educação**. Brasília: MEC, [s/d]. Disponível em: http://pne.mec.gov.br/. Acesso em: 4 mar. 2019.

MEC. Ministério da Educação. **O PNE 2011-2020**: metas e estratégias [Notas Técnicas]. Brasília: MEC, 2011. Disponível em: http://fne.mec.gov.br/images/pdf/notas_tecnicas_pne_2011_2020.pdf. Acesso em: 18 set. 2019.

MENDES, Dumerval Trigueiro. **O planejamento educacional no Brasil**. Rio de Janeiro: EdUERJ, 2000.

MINAÇU (Município). Decreto n.º 332, de 21 de maio de 2015. Nomeia comissão executiva de sistematização do Plano Municipal de Educação – PME, e dá outras providências. Minaçu: Prefeitura Municipal, 2015a.

MINAÇU (Município). Lei n.º 2.254, de 24 de junho de 2015. Aprova o Plano Municipal de Educação – PME do Município de Minaçu, e dá outras providências. Minaçu: Prefeitura Municipal, 2015b.

MINAYO, Maria Cecília de S. **O desafio do conhecimento**: pesquisa qualitativa em saúde. 13. ed. São Paulo: Hucitec, 2013. (Col. Saúde em Debate. 46).

MINAYO, Maria Cecília de S.; ASSIS, Simone Gonçalves de; SOUZA, Edinilsa Ramos de (org.). **Avaliação por Triangulação de Métodos**. Abordagem de Programas Sociais. Rio de Janeiro: Editora Fiocruz, 2005.

MINAYO, Maria Cecília de S.; SANCHES, Odécio. Quantitativo-Qualitativo: oposição ou complementaridade? **Cad. Saúde Pública**, Rio de Janeiro, v. 9, n. 3, p. 239-262, jul./set. 1993.

MINTO, L. W. **Teoria do Capital Humano** [verbete]. Disponível em: http://www.histedbr.fe.unicamp.br. Acesso em: 17 ago. 2017.

OBSERVATÓRIO da Educação. **Acompanhe a situação dos planos de educação de cada estado**. 2010. Disponível em: http://www.observatoriodaeducacao.org.br/. Acesso em: 14 abr. 2015.

OLIVEIRA, Dalila Andrade. Das políticas de governo à política de Estado: reflexões sobre a atual agenda educacional brasileira. **Educação & Sociedade**, Campinas, v. 32, n. 115, p. 323-337, abr./jun. 2011.

OLIVEIRA, Maria Eliza Nogueira; NASCIMENTO, Tatiane O. Santos; MILITÃO, Silvio Cesar Nunes. O processo de elaboração dos planos municipais de educação: saberes, diretrizes, políticas e práticas. **RBPAE**, Brasília, v. 35, n. 2, p. 491-513, maio/ago. 2019.

OLIVEIRA, Marilice Trentini de. **Conselho Municipal de Educação em municípios do Estado de São Paulo**: instituição, atribuições e Plano Municipal de Educação. 2014. 269 f. Tese (Doutorado em Educação) — Faculdade de Ciências Humanas, Universidade Metodista de Piracicaba, Piracicaba, 2014.

PAMPLONA, Confúcio. **A política e o Plano Setorial de Educação e Cultura**. Brasília: MEC, 1973. Disponível em: http://www.dominiopublico.gov.br/download/texto/me001755.pdf. Acesso em: 15 ago. 2017.

PEREIRA, Luiz. História e planificação. *In*: PEREIRA, Luiz. **Ensaios de sociologia do desenvolvimento**. 2. ed. São Paulo: Pioneira, 1975. p. 11-51.

PERONI, Vera Maria Vidal; FLORES, Maria Luiza Rodrigues. Sistema Nacional, Plano Nacional e gestão democrática da Educação no Brasil: articulações e tensões. *In*: SOUZA, Donaldo Belo de; MARTINS, Angela Maria (org.). **Planos de Educação no Brasil**: planejamento, políticas e práticas. São Paulo: Edições Loyola, 2014. p. 147-165.

QEDU. **Censo Escolar** [Consulta]. São Paulo: Fundação Lemann, [s/d]. Disponível em: http://www.qedu.org.br/. Acesso em: 1 maio 2018.

RIBEIRO, José Quirino. Planificação educacional (planejamento escolar). **RBEP**, Brasília, v. 86, n. 212, p. 85-93, jan./abr. 2005.

ROMERO LOZANO, Simon; FERRER MARTIN, Sebastian. El planeamiento de la educacion. **Cuadernos del Instituto Latinoamericano**

de Planificacion Economica y Social, Santiago do Chile, Serie II, n. 7, jan. 1969.

SANDER, Benno. **Gestão da educação na América Latina**: construção e reconstrução do conhecimento. Campinas: Autores Associados, 1995.

SÃO MIGUEL DO ARAGUAIA (Município). Portaria n.º 01, de 16 de setembro de 2014. Dispõe sobre a nomeação da comissão de organização e sistematização do PME. São Miguel do Araguaia: Secretaria Municipal de Educação, 2014.

SÃO MIGUEL DO ARAGUAIA (Município). Lei n.º 789, de 24 de junho de 2015. Aprova o Plano Municipal de Educação – PME para o decênio 2015-2025 e dá outras providências. São Miguel do Araguaia: Prefeitura Municipal, 2015.

SASE. Secretaria de Articulação com os Sistemas de Ensino. **Apresentação**. Brasília: MEC, s/d. Disponível em: http://portal.mec.gov.br/secretaria-de-articulacao-com-os-sistemas-de-ensino--sase/apresentacao. Acesso em: 6 jan. 2020.

SAVIANI, Dermeval. Sistemas de ensino e planos de educação: âmbito dos municípios. **Educação & Sociedade**, Campinas, ano 20, n. 69, p. 119-136, dez. 1999.

SAVIANI, Dermeval. O Plano de Desenvolvimento da Educação: análise do projeto do MEC. **Educação & Sociedade**, Campinas, v. 28, n. 100 – Especial, p. 1231-1255, out. 2007.

SAVIANI, Dermeval. **Sistema Nacional de Educação e Plano Nacional de Educação**: significado, controvérsias e perspectivas. Campinas: Autores Associados, 2014. (Col. Polêmicas do Nosso Tempo).

SAVIANI, Dermeval. **Da LDB (1996) ao novo PNE (2014-2024)**: por uma outra política. 5. ed. rev. e ampl. Campinas: Autores Associados, 2016a. (Col. Educação Contemporânea).

SAVIANI, Dermeval. O Plano Nacional de Educação e seus desdobramentos. *In*: FERREIRA, Naura Syria Carapeto; FONTANA, Maria Iolanda Fontana; SALOMÉ, Josélia Schwanka (org.). **Políticas públicas e**

gestão da educação: desafios e compromissos. Curitiba: CRV, 2016b. v. 1. p. 21-41.

SEMERARO, Giovanni. **Gramsci e os novos embates da filosofia da práxis**. 3. ed. Aparecida: Ideias & Letras, 2006.

SENA, Paulo. A história do PNE e os desafios da nova lei. *In*: BRASIL. **Plano Nacional de Educação 2014-2024**: Lei n.º 13.005, de 25 de junho de 2014, que aprova o Plano Nacional de Educação (PNE) e dá outras providências. Brasília: Câmara dos Deputados, Edições Câmara, 2014. p. 9-42. (Série Legislação. n. 125).

SILVA, Andréia Ferreira da; ALVES, Miriam Fábia. Análise do PNE e do PDE: continuidade e rupturas? *In*: DOURADO, Luiz Fernandes (org.). **Políticas e gestão da educação**: novos marcos regulatórios. São Paulo: Xamã, 2009. p. 101-118.

SILVA, Luís Gustavo Alexandre da. **Os processos de dominação na escola pública**. Goiânia: Editora da UCG, 2009.

SILVA, Luís Gustavo Alexandre da; FERREIRA, Suely; OLIVEIRA, João Ferreira de. O planejamento educacional no Brasil: políticas, movimentos e contradições na gestão dos sistemas municipais. **RBPAE**, Brasília, v. 30, n. 1, p. 79-95, jan./abr. 2014.

SILVÂNIA (Município). Decreto n.º 339, de 13 de outubro de 2014. Dispõe sobre a nomeação da Comissão Executiva e de Sistematização do Plano Municipal de Educação – PME. Silvânia: Prefeitura Municipal, 2014.

SILVÂNIA (Município). Lei n.º 1.820, de 24 de junho de 2015. Aprova o Plano Municipal de Educação – PME para o decênio 2015-2024 e dá outras providências. Silvânia: Prefeitura Municipal, 2015.

SOUZA, Donaldo Bello de; DUARTE, Marisa Ribeiro Teixeira. Planos de educação no Brasil: projeções do sistema nacional de educação e suas variantes subnacionais. *In*: SOUZA, Donaldo Belo de; MARTINS, Angela Maria (org.). **Planos de Educação no Brasil**: planejamento, políticas e práticas. São Paulo: Edições Loyola, 2014. p. 209-232.

SOUZA, Donaldo Bello de; MARTINS, Angela Maria. (org.). **Planos de Educação no Brasil**: planejamento, políticas e práticas. São Paulo: Edições Loyola, 2014.

SOUZA, Donaldo Bello de; SOUSA, Gustavo José A. de. Planos nacionais, estaduais e municipais de educação no Brasil: balanço qualiquantitativo sobre a literatura acadêmica (1996-2010). **Agenda Social**, Campos dos Goytacases, ano 6, v. 2, p. 50-70, 2012.

STAKE, Robert E. Pesquisa qualitativa/naturalista: problemas epistemológicos. **Educação e Seleção**, São Paulo, n. 7, p. 19-27, jan./jun. 1983.

TEIXEIRA, Elenaldo Celso. **O local e o global**: limites e desafios da participação cidadã. São Paulo: Cortez; Recife: EQUIP; Salvador: UFBA, 2001.

THÉRET, Bruno. O federalismo como princípio de regulação do regionalismo. Uma análise dos programas de perequação destinados a compensar as desigualdades inter-regionais na América do Norte (Canadá - EUA). **Contexto Internacional**, Rio de Janeiro, v. 20, n. 1, p. 107-184, jan./jun. 1998.

THIOLLENT, Michel J. M. Capítulo I. Definição das técnicas de pesquisa. *In*: THIOLLENT, Michel J. M. **Crítica metodológica, investigação social e enquete operária**. 5. ed. São Paulo: Polis, 1987. p. 31-39.

UNESCO. Conferência Internacional sobre o Planejamento da Educação. **Planificação da Educação**: um levantamento mundial de problemas e prospectivas. Tradução de Paulo Rogério Guimarães Esmanhoto. Rio de Janeiro: Fundação Getúlio Vargas, 1971.

VALENTE, Ivan; ROMANO, Roberto. PNE: Plano Nacional de Educação ou carta de intenção? **Educação & Sociedade**, Campinas, v. 23, n. 80, p. 96-107, set. 2002.

YIN, Robert K. **Estudo de caso**: planejamento e métodos. 3. ed. Tradução de Daniel Grassi. Porto Alegre: Bookman, 2005.